钱科英 著

富长事丰成叙

小学『幸福童年教育』理论与实践

江苏人民出版社

FENGFU

CHENGZHANG

XUSHI

图书在版编目（CIP）数据

丰富成长叙事：小学"幸福童年教育"理论与实践／
钱科英著. —南京：江苏人民出版社，2024.3
ISBN 978-7-214-28462-4

Ⅰ.①丰… Ⅱ.①钱… Ⅲ.①小学教育–研究 Ⅳ.
①G62

中国国家版本馆 CIP 数据核字（2023）第 203882 号

书　　　名	丰富成长叙事——小学"幸福童年教育"理论与实践
著　　　者	钱科英
责 任 编 辑	汪意云
责 任 监 制	王　娟
装 帧 设 计	徐立权
出 版 发 行	江苏人民出版社
地　　　址	南京市湖南路 1 号 A 楼，邮编：210009
照　　　排	江苏凤凰制版有限公司
印　　　刷	苏州彩易达包装制品有限公司
开　　　本	787 毫米×1092 毫米　1/16
印　　　张	17.25
字　　　数	275 千字
版　　　次	2024 年 3 月第 1 版
印　　　次	2024 年 3 月第 1 次印刷
标 准 书 号	ISBN 978-7-214-28462-4
定　　　价	98.00 元

（江苏人民出版社图书凡印装错误可向承印厂调换）

序　言

　　早就听说无锡市春城实验小学是一所办得很好的学校，校长钱科英老师提出了"幸福童年教育"的理念，但我一直没有机会去学校看看。当一个偶然机会认识钱校长后，她希望我为他们的新作《丰富成长叙事——小学"幸福童年教育"理论与实践》写个序，我也欣然答应了。当厚厚一叠书稿带着家乡无锡特有的温润柔和呈现在我的案头时，细腻的情绪，缓缓在我心头弥散，荡漾开去。这片记录我青葱岁月的土地，因为有了这样的契机，思绪与情感就由不得我，在门前屋后、乡间小道、转角的青柳处，那常常伴我前行的微光，也似乎明亮起来，清晰起来。家乡学校的热情邀请与热切期待，老师们对教育的认真态度，尤其是义务教育一线的老师们，他们坚韧执着，目标崇高，富有创造性与开拓进取精神，让我这个从事教育工作 40 年的老教育工作者深受感动，也为之骄傲。

一、"不识庐山真面目"，充满幸福的年轻学校

　　"春风育桃李，城高思远道。"踏入校园，一片盎然生机，学校处处洋溢着活力，小朋友清脆的问候、老师恬淡清浅的微笑，幸福流淌在校园的角角落落，滋养着这里的人和物。我走过校园里的一条条长廊，踏足种植园地、开心农场……楼宇间回荡着琅琅书声，是儿童对知识的渴望与追求的快乐回响。师者博学诚朴而精勤不倦，他们用自己丰富的知识和教育的热情，点燃儿童心中的智慧火花。儿童乐学毅行而止于至善，每个儿童都是这个时代的少年英雄、健美的世界公民，在阳光下，他们相互拥抱，共同享受着幸福童年的美好。初来乍到，我感到学校虽然年轻，但充满着幸福气息，真有"不识庐山真面目"

之感。

这是一所真正属于儿童的学校，细节之处尽显对儿童的关心与呵护。学校注重培养学生的品德和道德素养，培养"诚毅"之人——"纯美少年"，在丰富多样的课程实践活动中，始终坚守儿童立场，让儿童动手实践、探索，培养了他们的团队合作、创新和实践能力。儿童在这个充满活力和挑战的学习环境中锻炼自己的思维能力和问题解决能力，发展了全面素养，为未来的发展打下坚实的基础。

这是一所真正浸润幸福的学校，"让师生过一种幸福而完整的教育生活"，为每一位儿童的幸福人生奠基。童年的幸福显得弥足珍贵，幸福的童年更是教育者应该去努力呵护与坚守的。我欣喜听到孩子们的欢声笑语，去操场的脚步是轻快的，回来的步伐是坚实的。美术、科学、音乐等专用教室，成了儿童的探索乐园，即便是普通教室，每个角落都显得那么用心，都能有渊源有故事，显现着想象力的璀璨与童年生活的烂漫。

这是一所真正彰显卓越的学校，钱校长所领导的春城团队展现了远见卓识和舍我其谁的使命感，让我敬佩。短短 10 年，学校从无到有、从小规模到集团化，从内涵深化到品牌强化。学校长长的荣誉墙是无声的高地，是他们每一次冲锋陷阵后的勋章。他们为学校设定明确的目标和愿景，他们始终坚守对教育的初心，所走的每一步都是那么富有节奏，演绎的幸福童年教育丰富灵动、熠熠发光，照耀着春城校园的每一个角落。

这是一所由实干校长引领的学校。钱科英校长睿智干练、风驰电掣的办学声响早已几度耳闻，她的学识、气度、能力和胆识，让与之相识之人赞不绝口，常给人以仁厚、实干之感。在《人民教育》《小学数学教与学》《江苏教育》等期刊上，在教育可及的范围，她的名字总不时映入眼帘，文字、图片所展现的她的思想见识和学校点滴，给人震撼与张力，总有点欲说难尽的味道，他们提出的"幸福童年教育"理念，让我倍感共鸣，倍感欣慰，倍感温暖。

二、"风物长宜放眼量"，追寻理想的教育模样

童年是幸福的，童年应当是幸福的。教育如何让儿童留住幸福、追寻一生的幸福。钱校长的《丰富成长叙事——小学"幸福童年教育"理论与实践》试图在回答这些问题。尽管这些回答是初步的，但其价值不可低估。

全书论述了幸福童年的文化意义与校本教育模型，描绘了纯美少年形象，介绍校本化的幸福童年课程、幸福童年视野下的学习活剧课堂，构建了指向快乐体验的协商性学习评价体系，展示了让快乐成长成为校园生态文化主题，以及学校如何培养圆梦教师团队，建设进化型学校组织等情况。内容十分丰富，叙事生动活泼。

春城实小落实新课改精神，在完成国家课程目标、丰富课程样态、高质量实施国家课程的基础之上，形成具有校本化的课程结构形态，把"成长叙事"课程作为国家课程整体实施的校本化设计。同时学校将幸福童年教育理念融入，结合地方课程和校本资源优化课程体系，构建起具有幸福童年教育特色的校本文化。本章重在探讨"成长叙事"课程的课程理念、课程框架等具体内容，试图全面呈现春城实小"幸福童年教育"理念下的课程样态。

竟然与我多年以来的执着有缘分，或许是乡情，或许同是教育理想的追寻者，竟在教育见解中如此契阔，想来这或许就是我一直在寻找理想中教育该有的样子，真可谓"众里寻他千百度，蓦然回首，那人却在灯火阑珊处"。我2023年3月份出版了《追寻教育的理想》一书，有学者认为"那是一段向光而行的青春旋律，那是一路追光不懈的踔厉奋发，那是一种驭光历练的本领担当……每一个教育人都会从中找到自己的影子而产生共鸣共振共情"。这句话，同样可以用来表达钱校长的《丰富成长叙事——小学"幸福童年教育"理论与实践》这本书的阅读感受。我在自序中有这样一句："作为一辈子从事教育工作的人，我从不懂教育到熟悉教育，从熟悉教育到热爱教育，一直在不断追寻教育的理想。"从"人生的教育"到"教育的人生"之转变，至此，教育已是一种生活方式、一种人生素养，并上升为教育者的人格气象，这是我们教育工作者的共同理想。

那么，春城实小是如何来表述幸福童年教育的呢？他们认为：

幸福童年教育是基于小学素质教育的一种模式建构。

幸福童年教育是用幸福童年描述儿童学习过程中快乐成长样态的教育，以儿童自然生活、自由发展、自觉成长为理念支撑。

幸福童年教育是用幸福童年概括儿童全面素质发展目标的教育，把儿童身心发展作为生命之源，把儿童道德发展作为立身之本，把儿童认知发展作为幸福之根，把儿童审美与劳动素养培育作为进步之基。

　　幸福童年教育是用幸福童年呈现儿童本位育人实践方式的教育，以学科文化与儿童文化的融合为实践取向，以理智探究与符号游戏的统一为活动样态，把学习过程演绎为儿童滋养终身的成长叙事。

　　钱校长凝练了幸福童年教育理念并在办学过程中真正付诸实践，孜孜以求，总在不断地完善丰富其内涵，这就是我所追寻的理想中的教育模样。它强调童年时期的幸福与成长，将幸福作为教育的核心价值。学校以幸福童年为教育理念，致力于培养快乐真诚的时代少年和阳光健美的世界公民。

　　多彩童年是开启幸福的钥匙。童年的幸福是一生幸福的源头，童年是丰富多彩的。童年应是一幅山清水秀的油彩画，是摇曳心头的诗篇，是大鹏展翅的翱翔，是花儿娇艳怒放的自然奇观；童年也应在无忧的天地里缠绵，在顽皮的戏耍中追逐着一抹斑斓；童年又像奔跑的小马，找寻着属于自己的碧草蓝天。春城实小自从2013年建校起，便以幸福童年教育理念为基底，并使之成为师生的共识和精神指引。在尊重每一个儿童的前提下，去发现儿童成长的规律和特点，回归儿童的天性和自然，为儿童锻造开启幸福童年的钥匙，让每一个孩子都拥有幸福而有为的人生。

　　自由快乐是享受童年的密码。儿童是天真的、烂漫的，是自由的、无拘无束的，天性是清澈纯美的，思想是灵动旷达的，性情是天生的快乐派，时刻充满好奇心与探索欲。春城实小在幸福童年教育中，有着乐学教育体系的基因，既有孔子所云"知之者不如好之者，好之者不如乐之者"的以学为乐的愉悦，鼓励孩子们以快乐的态度去学习。不仅追求知识的获得，更强调以学习为乐的愉悦和乐趣。实践的活剧课堂模式也注重学生的主体性和兴趣发展，通过活剧课堂和生活情境再现，激发孩子们的好奇心和学习热情。这种自由快乐的教育方式能够最大程度地提升学习效能，让孩子们在快乐中成长。

　　丰富经历是体验快乐的杠杆。儿童的内心世界充满着奇幻、想象与神奇，结合身体的感知运动、技能、表达和丰富体验，进而实现儿童知、情、意、行的和谐统一。以"让身体动起来"为出发点，儿童全身心参与的学习，是契合儿童认知特点和思维方式的学习。注重儿童身体的解放和身体的开发，追求身体与心智的整体性和一致性，通过身体动作、身体表达、身体经验以及各种身体力行的活动，增强学习体验和切身感受，唤醒儿童的身体感觉，生长新的身体经验，逐渐实现体验自觉自发。据我所知，春城对此实施了各种计划和课程，如"符号狂欢""春收落叶秋赏花""寻疑数学"等，无不充满着想象和妙趣。这种注重体验和富有创造性实践的教育方法，让孩子们在多样的经历中获取快乐，探索适合他们个性的教育路径。通过多彩的童年经历，孩子们可以打开幸福的大门，享受快乐成长的过程。

三、"咬定青山不放松"，成长叙事的幸福胜境

作为锡城教育的一颗璀璨明珠，春城实小以其卓越的努力和创新精神，为我们的学生创造了一个幸福而多彩的童年胜境。

春城实小始终践行着幸福童年教育，致力于为学生提供一个全面发展的成长环境。学校不仅注重知识的传授，更注重学生情感发展、社交能力和综合素养的培养。通过一系列精心设计的课程，学校为学生打造了一个充满幸福的学习氛围。通过持续的努力，学校致力于让每个学生在多彩童年中获得幸福。

其中，"成长叙事"被作为春城实小幸福童年课程的重要组成部分。该课程在提供童年经历的同时，构成儿童的成长叙事。课程即是学生成长的过程，课程即是学生成长的记忆，课程以学生需求为核心，与生活世界具有同构性，课程本身即是儿童的生命样态。由此可见，成长叙事课程作为幸福童年教育的核心，以其独特的理念和结构体系，丰富了学生的幸福经历。课程不仅是学生成长的过程，更是学生成长的记忆。它以学生需求为核心，与生活世界紧密结合，真实地展现了学生的生命样态，丰富了童年的幸福经历。

春城实小还秉持着活剧课堂的理念，通过戏剧化的教学形式，激发学生的学习兴趣和参与度。学生们在角色扮演中探索知识，通过情景模拟和合作互动，培养了创造力和解决问题的能力。这种富有趣味和互动性的学习方式，让学生们在快乐中成长，创造属于他们的幸福胜境。

精彩的课程一定少不了科学的评价体系，春城实小致力于构建协商性学习评价体系，注重师生之间的平等和合作。学校鼓励学生参与评价过程，通过协商和讨论，共同制定学习目标和评价标准。这种评价体系关注学生的全面发展和个性特点，鼓励他们发挥潜力，培养自主学习和批判思维能力。为了培养至美至善的纯美少年，春城制定了一系列培养措施以及评价方式。

同时，为了少年们的茁壮成长，春城实小也非常重视教师的专业成长和素质提升，鼓励教师创新教学方法和教育理念。培养圆梦教师团队，为老师们提供专业支持和发展机会。以激情和责任心为特点，为学生提供优质的教育服务，共同营造幸福童年的教育环境。

春城实小确保学生在学习和成长过程中能够获得全面的发展和快乐的体验。他们通过完备的幸福童年课程和先进的师资团队，为学生创造了一个充满幸福和成长机会的校园环境。这样的努力使得每个学生都能在多彩童年中获得属于自己的幸福胜境。

四、"大雁高飞头雁领"，坚守初心的使命自觉

"聪者观雪，智者见白。"钱校长无疑是一名智者，她深入研究教育理论和最新趋势，具备独到的远见和勇气，这使我深感钦佩。她对教育的思考不仅仅停留在传统的范畴，而且不断探索如何为学生提供更好的教育。钱校长提出并积极落实了"幸福童年教育"学校课程体系的思想。她优化课程结构，探索国家课程校本化的有效实施，使得课程内容更加统整并尝试跨学科教学研究。同时，她提供多样化的课程选择，以满足学生个性化的需求。这种综合而有创新性的课程设计，有助于学生全面发展和充分展现自己的潜能。在"幸福童年教育"理念的统领下，将课堂实践、课程研究有机整合融通，确立了独属于春城实小特色的"幸福童年教育"，引领全体教职工向着实现"幸福童年教育"的远大目标不懈努力。

"知者行之始，行者知之成。"作为行动派，钱校长能够将理念落实到实际行动中，推动学校的改革和发展。她认为人生应当是一次既有目标又有自由的旅游，而不是一场赛跑，只有有了旅游的心境，为师者才能引导孩子学会对人生的欣赏，才能在丰富的体验中让孩子享受幸福的童年，去找寻真正的自我。她为孩子们提供最适切的教育，打开孩子发展的最好可能。她倡导"微笑每一天、温暖你我他"应成为教育者的行走方式，她说唯有具备对孩子、对教育、对未来的温暖情怀，才能真正将教育扎根于人生，才能实现走向人的教育。

"集大成也者，金声而玉振也。"钱校长无疑是集管理、科研、教学于一体大成者。从教30年来，她始终坚守着对教育的初心和使命，她以学生的成长和幸福为中心，致力于提供优质的教育。她关注每个学生的发展，为他们提供

支持和指导，并鼓励他们追求卓越。她通过丰富的教育体验，帮助学生享受幸福的童年，寻找真正的自我，为学生们的未来奠定坚实的基础。化作春泥更护花，钱校长将自己的理念付诸实际行动，推动学校的改革和发展。她强调教育者应该以微笑和温暖的态度对待每一天，亲近学生，传递温暖和关爱。她通过建立多元趣味的素养社团，为学生提供全方位的学习支持，培养他们的综合素质和创新能力。同时，她注重教师队伍建设，提倡教师的专业发展和创新能力的培养，为教师们搭建学习和成长的平台。她还积极倡导家校合作，与家长共同关注孩子的成长和发展，形成了学校、教师和家长的良好合作力量。她的教育理念和实践成果使得春城实小成为一个充满活力和创造力的伊甸园。

钱科英校长无疑是教育实践家，她提出并践行"相拥幸福童年，结伴自然成长"的办学理念，致力于为每个孩子提供优质的教育。她的努力和付出不仅推动了学校的发展和进步，也为学生们的未来奠定了坚实的基础。我为春城实小拥有钱校长而感到幸运，由衷祝愿钱校长在"幸福童年教育"的征程上带领春城实小再创辉煌！

江苏省教育厅原副厅长、党组成员，现江苏省教育学会会长　朱卫国

2024.1.19.

目 录
contents

第一章　幸福童年的文化意义与校本教育模型

烟雨江南，伯渎河畔。2013 年，无锡市春城实验小学（简称"春城实小"）正式创办。这一年，是春城实小的破壳日，它静立于喧居闹市之间，是一所老百姓家门口的学校。学校名英译为"Spring City Elementary School"，和江苏省无锡师范附属小学（简称"锡师附小"）合作办学。春城实小与江苏省无锡师范附属小学（以下简称"锡师附小"）联合办学，一方面体现出对卓越教育、优质教育的追求，另一方面也充分体现了办一所真正属于儿童的学校的初心，以名校品牌为标志，创造性地借鉴学校的办学经验，坚持优质教育旗帜。正因为这些原因，学校确立"诚毅"校训，始终坚持"相拥幸福童年　结伴自然成长"的教育理念，旨在培养博学诚朴、精勤不倦、乐学毅行、止于至善的莘莘学子，努力打造一所真正属于儿童、浸润幸福、彰显卓越的学校。

第一节　乐学教育文化的继承与校本化

2013 年，为进一步放大优质教育资源，努力办好人民满意的教育，经双方主管教育部门批准，春城实小与锡师附小建立友好合作办学关系。"乐学教育"是附小教育改革的一面旗帜，是附小教育理念的集中体现，是附小办学特色风格所在。春城实小与锡师附小联合办学并不是一味地模仿其一招一式，也不是仅仅牵手附小的形式。我们是要站在百年附小的肩颈上，吸收有益经验，立足学校实际，深挖地方特色，打造有辨识度的"幸福童年"教育品牌，走出一条有品位、有质量、可持续、可借鉴的春城发展道路。但是在实践中，我们逐渐发现，锡师附小"乐学教育"思想并不完全适用于春城实小，在不断地探寻与摸索中，春城实小逐渐寻找到了属于自身的一条教育路，以"归真敦厚"为校风，以"博爱守朴"为教风，以"乐知笃行"为学风，搭建"幸福童年"校本化课程，为孩子们提供最适切的教育。

一、联合办学中注入乐学教育血液

联合办学深化了教育资源的契合度，推进优质资源的共享，有助于强化管理，开展协作式发展，改善学校文化、课程体系、教师队伍建设等内容。办学之初，在人员交流、定期研讨、相互开放的基础上，春城实小成立"乐学教育"研究小组，对乐学教育进行本质分析，对学校文化进行理性思考，从不同文化的碰撞中构建起以多元和先进为基本特征的新型群体文化。

（一）联合办学为学校奠定愉快教育思想底色

愉快教育是一种教育模式，更是一种教育思想，它作为一种现代的、科学的教育思想，其实质是充分调动师生的积极性，启动儿童的内在驱力，创设乐学的心理氛围。它是在普及义务教育和义务教育向素质教育转轨的背景下产生的，旨在把欢乐还给儿童，在整个教与学的过程中，让儿童在愉快中学习，从而获得知识，获得主动学习能力的一种教育模式。锡师附小是愉快教育先行先试的学校，是最早进行愉快教育实验的 7 所学校之一，锡师附小的乐学教育就是在落实愉快教育思想过程中形成的基本重要模式。

愉快教育在 20 世纪 90 年代梳理出的"四尊重"理念，即尊重儿童的人格、尊重儿童的情感、尊重儿童的智慧潜能、尊重儿童的个体差异。它们被认为是其核心的理念。[1] 联合办学是借助先进学校优质文化的力量，在与异质文化的互动中不断融合先进文化元素，从而实现优质资源增量。在与锡师附小联合办学的过程中，我们深入学习了愉快教育的实践思想。愉快教育是全面推进素质教育、培养学生创新意识和实践能力的教育实践模式。春城实小在探索愉快教育的基础上，形成了校本的乐学教育模式，回归儿童，倡导以儿童视角进行教育教学，在探索儿童本位发展路径的同时，确立了幸福童年教育思想，奠

---

[1] 李丁. 愉快教育的新时代价值——天府三小的愉快教育理论实践与创新 [C]. 成都：教育：人之为人的生长过程——校长教育思想的凝练与践履会议论文集，2022：65-71.

定了愉快教育思想文化的实践定位。

（二）联合办学为学校提供乐学教育的理论与实践

愉快教育有多种模式，春城实小作为一所崭新的小学，在学习愉快教育模式之时，锡师附小的乐学教育给我们提供了一种路径，因此，在办学之初我们就学习了锡师附小乐学教育思想。联合办学为学校教育思想文化提供了办学取向，对于如何全面实施愉快教育，锡师附小的乐学教育理论与实践提供了重要的思想基础和经验参照。

春城实小紧紧围绕"大力实施素质教育，全面提高教育教学质量，积极推进教育现代化，努力办好人民满意的学校"这一中心任务，坚持走内涵发展之路，以乐学教育为基础经验参照，制定了学校五年发展规划，提出了春城实小实施乐学教育的课堂教学意见，形成"让每一个孩子拥有幸福的童年生活""让每一个教师获得专业成长"的蓬勃向上的精神状态和行走方式，为师生努力营造身心舒展的校园生活，让学校真正成为师生共同生活和精神成长的幸福场所。

（三）联合办学为学校确立了儿童本位教育的文化样态

我国改革开放背景下国家推动的愉快教育实验，锡师附小基于愉快教育思想先行先试所形成的乐学教育经验，其本质都是儿童本位教育的探索。从知识本位教育、成人本位教育转向儿童本位教育，实现了为每一个儿童发展服务的思想。教育任务从单纯的知识传授走向服务儿童发展。教育方式从教师的外在控制走向学生的主动学习。

我们在认真分析和学习了愉快教育思想、乐学教育理论和模式的基础之后，结合自身的实践，认为儿童本位教育是学校需要着力建构和探索的一种文化，是学校长期的教育文化建设任务，这样的儿童本位教育的文化是服务于每一个学生发展的文化，是为每一个学生最佳发展提供相应课程的文化，是能够将原有的教师控制课堂走向学生生动活泼、自由发展课堂的文化。学校科学合理地制定了服务于每一个学生发展的管理制度，为此，我们围绕儿童本位教育形成了我们的文化纲要。

我们试图围绕儿童本位教育的文化建设，提出我们的教育理念，明确了我们课程文化建设的长期愿景，坚定了我们学校儿童本位教育文化的实践性和必要性，也围绕着儿童本位教育逐步形成了我们的一训三风，旨在建立具有学校特色的、体现愉快教育底色的、创新性实施乐学教育理论与实践的春城实小的儿童本位教育文化。

二、学校实施乐学教育需要解决的问题

乐学文化建设的自身特点决定了其缓慢、熏陶、浸润的发展节奏，这需要时间和空间的沉淀，需要人与物的内化与丰富。学校发展至今，即将迈入第二个十年，基于学校的地域差异、文化差异等，乐学教育理念并不完全适用，学校在不断探索与实践中，努力解决先进教育经验的校本化问题、成熟教育经验的前瞻性问题、典型教育经验的迭代升级问题，营造一种快乐的学习情态与和谐的教育生态，构建校园文化品牌。

（一）解决先进教育经验的校本化问题

任何经验产生移植都有一个适应性问题，学校的生源有近 90% 都来源于新市民子女，与锡师附小生源情况截然不同，百十余年名校的办学思想是否完全适用于新校，这对于春城实小是一个机遇，也是一个挑战。所以我们在对锡师附小先进教育经验移植的同时，也要进行教育经验的校本化实施。作为一所新校，春城实小教师团体平均年龄不达 30 岁，在推行乐学教育时，要能够适应以年轻教师为主体的一种实践层次，降低教师自主建构的难度，为他们提供一般规则的指导。学校地处充满生机活力的无锡新吴区商务商贸功能区，而锡师附小位于锡城老城区，为适应新吴区城市化发展要求，在学习乐学教育经验时，除了满足辖区适龄儿童的入学需要，还要体现一种新城区特有的教育土壤，将新城区与老城区的教育土壤特点有机融合，让学生自主学习的方式趋向更加体现个别化关照。

（二）解决成熟教育经验的前瞻性问题

成熟的教育经验是经过长期探索积累的结果，有历史积淀的结果，同时也面临着变革的阻力，具有了保守的品质。锡师附小的乐学教育产生于 20 世纪 80 年代后期素质教育转型时代，当时主要解决了学生从沉浸式学习转向主动性学习的问题。但是事物的发展总是向前的，新时代的背景下，在诸多新的教育影响要素和教育技术革新的前提下，该如何使乐学教育经验呈现旺盛的生命力，这是我们在移植成熟教育经验时需要考量的重要课题。我们在学习移植时仍要在乐学教育理念的基础上有所突破，实现以乐学思想教育为主向幸福童年教育理念的转变，突破传统的教育观念。树立以儿童为本观念，找到贴合学校人文的"适合的教育"。以生为本的育人理念，是幸福童年理念的核心宗旨，做到"一树一策，一苗一案"。我们要坚持"育人为本"的办学宗旨，尊重儿童学习者的主体地位，融入现代化思想，体现其自身发展规律。

（三）解决典型教育经验的迭代升级问题

典型教育经验有着特殊思考问题的视角，具有建构整体性的特点。进入新世纪，教育改革方兴未艾，我们在强调前瞻性的同时，还要保持教育模型的基本颜色，乐学教育经验其典型性、个性化的特点是我们需要保持学习的。我们要在乐学教育经验的基础上进行升级性、整体性的改造，在保持其原有特点的同时进行创新。乐学教育的办学方向、教育理念是一种充满生命活力、直达教育本质的理想教育。我们认同乐学教育的文化标识，但要思考学校参与乐学教育时，学生主体文化自觉意识是否到位。

任何教育经验在发展时都需要改造，我们站在巨人的肩膀上提出了幸福童年教育，这是我们在理解乐学教育的基础上的一种迭代升级，我们追寻的是一种卓越的、有品位的教育。我们需依托自身的学校文化的内涵，来探索适合校情的教育理念，这是一种基于教育经验的文化迭代更新。

三、从乐学教育到幸福童年教育的提出

乐学教育的实践离不开专业理论的指导，古有孔子的"好之者不如乐之者"的理念加持，今有锡城名校锡师附小的乐学教学体系为榜，旨在培养出能够启迪幸福、体验幸福、创造幸福的人。同时以"培育快乐真诚的时代少年，奠基阳光健美的世界公民"为培养目标，顶层设计，整体规划，让"相拥幸福童年　结伴自然成长"能够更接地气，更有抓手。

（一）原型模仿阶段，尝试实践乐学思想

2013年9月—2015年9月，原型模仿阶段。锡师附小"捍卫童年、启迪童年、放飞童年"的教育理念，由内而外地彰显儿童本质的文化意蕴。在这一阶段，锡师附小指导并参与学校的教育科研与教学研究；根据工作需要，以挂职锻炼等方式向学校派驻干部及教师；安排教研部门负责人及小学数学、语文、英语等学科的课程教师到校开展听课、评课等活动，提高学科教师的专业素养；优先安排学校教师参加各类省级培训和锡师附小学术活动等。通过深入研究和学习锡师附小的实践路径，学校以求实环境文化建设为载体，以素质教育文化建设为重点，梳理出"三五六"课堂模式，在"一核六品"的基础上，以"四轮驱动""六块维度"为途径，将五育从外力驱动转向内力吸收。

（二）校本探索阶段，提出幸福童年教育主题

2015 年 9 月—2018 年 9 月，校本探索阶段。"快乐""幸福""童年"是我们的三个关键词，"快乐"是指人类精神上的一种愉悦，是一种心灵上的满足；"幸福"是一种能够长期存在的平和、舒畅的精神状态；"童年"是指幼年和少年之间的时间段。基于这三个关键词，我们提出了幸福童年教育。幸福童年教育作为愉快教育模式的校本探索，是乐学教育改造的新形态。我们试图通过幸福童年教育主题推进课程教学改革，形成学校的特色文化。学校以锡师附小提出的乐学教育体系为基石，努力实现教学设施现代化、学校管理人性化、队伍建设专业化、教育质量最优化，不断提升学校教育的优质度。我们围绕这样的主题，明确了幸福童年教育的三个哲学。

1. 多彩童年是开启幸福的钥匙

自 2013 年建校起，学校便以幸福童年教育理念为基底，并将此作为师生的共识和精神指引。在尊重每一个儿童的前提下，去发现儿童成长的规律和特点，学校以"培育快乐真诚的时代少年，奠基阳光健美的世界公民"为育人目标，这既是学校师生自觉的文化追求，也是学校着重构建的文化标识。我们主张教育回归生活，回归儿童的天性和自然，为儿童锻造开启幸福童年的钥匙，让每一个孩子都拥有幸福而有为的人生。

2. 自由快乐是享受童年的密码

乐学教育体系以"乐学"为核心，这是学校活剧课堂的奠基。学校的课堂模式是以学生学习为主线、以生活情境再现为表征、以生成成长记忆为学习效能的一种教学模式。充盈教学机智的课堂，亦是契合儿童好奇心的课堂。弥散生活品位的课堂，亦是融入生命激情的课堂。科学性与艺术性高度融合的课堂，亦是能够带来学习效能最大化的课堂。

3. 丰富经历是体验快乐的杠杆

幸福童年教育主张凸显学生角色，全面发展学生，在课程经历中丰富儿童快乐的学习体验，努力探索切合孩子心性的教育方法和教学路径。以"九宫格"好习惯养成计划、"职业体验周"好课程实践计划、"幸福家"好团队培育计划为载体全面发展学生的素养能力。加强创客教育，以兴趣为原动力，激发学生创新能力。严格落实音乐、美术、书法等课程，结合地方文化设立二

胡、竹笛等艺术特色课程。

虽然有了"多彩童年是开启幸福的钥匙、自由快乐是享受童年的密码、丰富经历是体验快乐的杠杆"这样三个教育哲学，但是在探索阶段还是发现教育模式存在着不够系统的问题。基于这样的情况，我们开始努力尝试课程构建。

（三）尝试建构阶段，尝试建构幸福童年教育模式

在初步探索的基础上，从2018年起，以乐学教育模式为参照，我们尝试建构幸福童年教育模式。幸福童年教育视野中的课程应该是充满活力、充满生成、充满发展、充满张力的积极样态，呈现出的应该是每一位儿童幸福的童年生活。

1. 明确培养目标，尝试构建世界公民教育活动体系

儿童教育不仅仅要关注儿童的情感、兴趣和学习状态，更要把儿童看作完整而具有丰富可能性的人，通过各种儿童文化的碰撞、相遇，给儿童构建一个幸福而完整的童年。学校在深入研习锡师附小的乐学教育理念后，确立了学校的办学理念，高质量完成了无锡市教育科学"十三五"规划课题《基于幸福童年的校本课程开发研究》，成功申报了江苏省教育科学"十四五"规划课题《指向生命完整教育的"幸福童年"课程深化研究》，进行了"幸福童年"课程体系构建的实践探索。

2. 彰显儿童文化，尝试构建幸福童年课程体系

童本课堂不同于生本，童本既要坚持以生为本、以童为本，同时还要尊重儿童的心理属性和心理年龄，需兼具生本与学本。在追求幸福童年的征途中，学校升级课程框架，让学生向内向外求索，自主驱动生长。学校以"四轮驱动"为途径搭建课程图谱。丰富多彩且高质量校本课程的开展吸引了全校90%的学生参加，丰富了学生的课余生活，促进了学生兴趣和特长的发展。通过学校、家庭、社会三方共同努力，学校幸福童年课程取得阶段性成果，秉承"诚毅"校训，拓宽工作思路，努力打造幸福童年教育品牌，办人民满意的教育，共筑孩子幸福童年。

3. 坚守儿童立场，尝试构建幸福童年课堂模式

基于儿童立场的价值取向，春城实小以鲜明的办学特色为主旨，将国家课程、地方课程、校本课程三者进行有机融合拓展，为学生搭建了将近百个校本化课程的学习平台。学校基于"幸福童年"这一理念，创生了"3251"课堂教

学结构，构建了"三五六"课堂教学模式，创建了具有学科特色的教学文化，优化了师生关系，营造了人文化的教育情态。

通过儿童需求、学科内容的整合，将五育并举落到实处，深入落实"双减"政策和新课标要求，立足树德、增智、强体、育美、重劳的教育目标，幸福童年教育追求的是让儿童在学习中养成"乐学、乐思、乐问、乐做"的品质，培养"手中有活、眼中有光、心中有爱"的新时代好儿童，通过校本化课程，从不同方面与角度引领儿童全面发展，让幸福童年教育充满儿童的整个童年。

第二节　幸福童年的文化意义与教育可能

文化是学校成长的土壤和底蕴，是学校发展的生命力所在。春城实小秉持"相拥幸福童年　结伴自然成长"的办学理念，为儿童营造快乐、健康、有爱的文化环境，帮助儿童形成积极向上的人生态度和价值观。学校课程注重儿童和教师的参与体验、意义建构，让教育的无限可能照耀每一个独特的生命体，帮助学生成长为最好的自己。

一、幸福童年及其文化意义

对学校而言，"幸福童年"既是一种教育理想，也是一种教育实践。学校从生命视野和教育视野的不同层面出发，探讨其背后蕴含的文化内涵与意义，为学生的快乐校园生活提供全方位的关爱与支持，唤醒孩子对幸福的自我认知，培养学生感知幸福、创造幸福、享受幸福的能力。

（一）幸福童年的内涵与时代诠释

幸福是生命个体自身需求得到满足、自我目标得以实现时呈现的心情舒畅与愉悦的状态。童年是指幼年和少年之间的时间段（7岁至13岁的小学阶段）。童年时期是个体学习活动夯实基础知识和学习能力的重要阶段。苏霍姆林斯基提到，"教育学方面的真正的人道主义精神就在于珍惜孩子有权享受欢乐和幸福"①。"幸福童年"意味着儿童与自然、天真为伴，保持童真与创造力，在快乐、充实与美满的情感体验中自觉成长；"幸福童年"意味着儿童充分理解和

_____

① （苏）苏霍姆林斯基. 怎样培养真正的人［M］. 蔡汀译. 北京：教育科学出版社，1992.5.

享受父母长辈的关爱、教育的呵护，在社会期望与自我需求双重满足中发挥潜能，乐在当下，幸于未来。在时代的文化意义中，幸福童年的内涵主要从四个层面来诠释：

1. 幸福童年是人生童年时期的生命样态

其一，儿童的动机是单纯的，因为单纯，所以幸福。孩子眼中的世界是简单的，做任何事情都发自本心，甚少有矫饰和伪装，因而也就没有来自世俗的压力，更为专注和快乐。其二，儿童的思想是自然的，因为自然，所以幸福。儿童用自己的眼睛在看，用自己的耳朵在听，用自己的嘴巴在说，用自己的方式在理解，用自己的脑袋在思考，经常有出其不意的灵感和智慧闪现。其三，儿童的行为是自由的，因为自由，所以幸福。"自由"是儿童成长的自然法则。孩提时代，儿童无忧无虑，尽情玩耍，并借由自由的体验与想象为童年铺设一条精神旅行的通道，从而确保生命自然而诗意地行进。

2. 幸福童年是人对童年生活的情感体验

其一，幸福是人对童年生活的一种总体感受，童年是人生最纯真、最无忧无虑的时期。在这个阶段，儿童通过探索、学习和体验，在幸福的时光中感受爱与温暖。其二，幸福是人对童年时光的一种总体印象。李贽的《童心说》提出童心"自在""自出""自文"的光辉思想。童年生活留给成人的印象，往往是欢愉、恬静而美好的。其三，童年成为人痛苦时的一种安慰。在喧嚣而繁忙的成人世界里，来自童年时代温暖美好的回忆，会鼓励人们在艰难险阻中坚持下来。

3. 幸福童年是人终生的美好记忆

其一，在人的记忆中，童年是幸福的一种符号表达。纯真、自由、游戏、欢乐、梦想、创造等代表着美好和幸福的词汇往往都可以用来形容童年。其二，幸福是对童年生活的一种回忆，能够带来当下的快乐。丰富、立体的童年是一个人一生最为宝贵的财富，更是丰盈、幸福生命的必备。其三，童年是生命时期的清晨时光。它是人生的开端，也是人生的根。童年的经历奠定全部人生的片段记忆，也是一个人一生的原动力。

4. 幸福童年是社会、家庭和学校对儿童关怀的共同愿景

2023 年 1 月，教育部等十三部门联合印发《关于健全学校家庭社会协同育人机制的意见》，提出"学校积极主导、家庭主动尽责、社会有效支持的协同

育人机制更加完善，促进学生全面发展健康成长的氛围更加浓厚"①。在融洽的校园氛围中，学生拓展知识技能，提升素养；在充满爱和关怀的家庭环境中成长，孩子们能够感受到家人的关爱和支持；在社区活动中，儿童增强自我认知和社会责任感，培养社交能力，建立起自信和安全感，让孩子们全面健康地成长，使学生拥有直面未来人生道路挑战的勇气与底气，既是家长和学校的责任，更是全社会共同的课题。

（二）生命视野中幸福童年的文化意义

生命视野即人们从生命成长的视角关注生命的价值与意义，唤醒生命意识、启迪生命智慧。教育指向的是人性的圆满，旨在给予儿童幸福童年的关照，以"人的发展"视角关爱理解学生、包容欣赏学生，凝练童年际遇的纯净品质，感悟童年经历的丰富多彩，筑造人生旅程的精神家园。

1. 童年际遇的纯净品质

每个孩子的内心都拥有一方沃土，和成年人相比，孩子们虽然天真单纯，却拥有坦率、诚恳的特点，孩子在快乐的氛围中邂逅偶然的生命事件时，悦纳自己和他人，才能真正拥有友善感恩、自信豁达等纯粹的心灵品质，受益终身。

2. 童年经历的丰富多彩

童年充满着无尽想象和探索，丰富的童年经历塑造我们的个性、情绪、思维模式，甚至决定我们在面对生活挑战时的反应方式。童年经历的丰富性和多样性，让儿童学会在面对困难和挑战时保持乐观和积极的态度，帮助儿童学习如何处理人际关系、如何应对压力，促使儿童更好地理解自己和周围的世界。

3. 人生旅程的精神家园

童年是人生观、世界观形成的重要时期，也是个性发展最关键、最活跃的时期。儿童活泼单纯、无邪、明亮、充满幻想，人们在童年时期通过与家人朋友和社区的互动，建立了自己的价值观和人际关系模式。快乐的童年生活是人们自信启航的源点，在为儿童终身发展奠定基础的同时，也成为照耀人生旅途的精神之光。

---

① 教育部等十三部门关于健全学校家庭社会协同育人机制的意见［J］. 中华人民共和国教育部公报 2023（03）：17－21.

（三）教育视野中幸福童年的文化意义

学校作为教育生态系统的特殊场域，校园文化潜移默化地对每一个置身其中的学生和教师产生深刻影响，塑造着人的思维方式、人生观和价值观。在学校教育中，我们构建突出儿童经验价值的课程观和教学观，在教育实践中遵循学生的个性、培养孩子的创新思维，用爱心润泽心灵，用情感抚慰心灵，用人格塑造心灵。

1. 教育观的儿童本位取向

传统教育观中，成人认为儿童什么都不懂、什么都做不好，需要被填充、被改造。在幸福童年教育实践中，我们始终坚持儿童本位的教育观，去成人霸权，突出儿童主体地位。儿童本位强调以儿童为中心，关注儿童的需求以及他们的发展和学习过程。成尚荣先生强调："教育是为了儿童的，教育是依靠儿童来展开和进行的，教育应从儿童出发。这就是教育的立场。因此，教育的立场应是儿童立场。"①

2. 课程观回归儿童生活的思维取向

就课程发展历史来讲，传统的课程观有"知识中心课程观""人本主义课程观""社会改造主义课程论""存在主义课程观"等。在幸福童年教育实践中，我们始终坚持以学生为中心，关注学生的日常生活和学习环境，将课程内容与学生的实际生活经验相结合，让学生在真实的场景中学习和实践。课程生活化的本质是通过课程实施，儿童正处于一个符合自身需求、爱好、兴趣、潜能都得以充分发挥的空间中，儿童的生命更具活力，苗壮萌发。

3. 教学观融入游戏方式的行动取向

传统的教学观以讲授为主要方式，强调教学活动为主要形态。在幸福童年教育实践中，我们始终坚持以儿童游戏的方式展开教学，课堂建立在儿童游戏的基础上，关注学生的发展区，从学生生活需要的角度，从学生成长和发展的角度教学。将游戏元素融入教学中，一方面有利于激发学生的学习兴趣和动力，提高学习的参与度和学习效果。另一方面，学生也可以通过角色扮演、竞赛探究等方式，轻松自如地学习和掌握知识，增强合作精神和团队意识。

---

① 成尚荣. 儿童立场：教育从这儿出发［J］. 人民教育，2007（23）.

二、幸福童年教育的可能性

如何提升儿童对童年的幸福感，最好的答案就是通过教育。教育是实现儿童幸福发展的媒介。

（一）幸福童年教育的内涵与时代诠释

幸福童年教育的内涵，可以从滋养童年品性、丰富成长记忆、培植幸福根本、奠基美满人生四个方面来诠释，并在此基础上阐述了幸福童年教育的时代意蕴。

1. 幸福童年教育的内涵

苏霍姆林斯基告诫我们，"教育学方面的真正的人道主义精神就在于珍惜孩子有权享受欢乐和幸福。"[①] 基于此，我们认为，幸福童年教育是用幸福童年描述儿童学习过程中快乐成长样态的教育，以儿童自然生活、自由发展、自觉成长为理念支撑；幸福童年教育是用幸福童年概括儿童全面素质发展目标的教育，把儿童身心发展作为生命之源，把儿童道德发展作为立身之本，把儿童认知发展作为幸福之根，把儿童审美与劳动素养培育作为进步之基；幸福童年教育是用幸福童年呈现儿童本位育人实践方式的教育，以学科文化与儿童文化的融合作为实践取向、以理智探究与符号游戏的同一为活动样态，把学习过程演绎为儿童滋养终身的成长叙事。幸福童年教育是基于小学素质教育的一种模式建构。

（1）涵养高尚道德。亚里士多德说："幸福就是合乎德性的现实活动。"[②] 良好的道德素养使人能够正确处理人生面临的各种困难和矛盾，摆脱精神上的苦恼，从而达到内心的宁静与愉悦，产生幸福感。可以说，幸福是德性的一种结果。幸福童年教育着力让儿童浸润出正直、真诚、宽容、仁爱的道德品性，积极的生命情感引人振奋、达观、昂扬向上，成为人生的动力和光明之源。

（2）丰富成长记忆。学校通过提供丰富的成长经历和积极的记忆帮助学生获得幸福的感受。体验多样化的活动促进儿童丰富的感官刺激和社交互动，帮助培养兴趣爱好、探索欲和记忆力；创造富有创造力和想象力的学习环境，开展绘画、手工制作、科学实验等有趣、互动和启发性的学习活动，激发创造力

---

① （苏）苏霍姆林斯基. 怎样培养真正的人［M］. 蔡汀译. 北京：教育科学出版社，1992：5.
② 亚里士多德. 尼各马科伦理学［M］. 王旭凤、陈晓旭译. 北京：中国社会科学出版社，1999：15.

和好奇心；鼓励儿童参与团队合作、角色扮演和集体游戏等活动，帮助儿童建立与他人的深厚情感联系，并且在共同的经历中留下美好记忆。

（3）培植幸福根本。童年的幸福体验为成人终身的体验奠基。幸福童年教育的主旨是让儿童在受教育过程中回归快乐。其一是通过关怀和支持，建立起与儿童之间的情感连结，让他们能够感受到真正的安全和幸福。其二是鼓励儿童发展良好的自尊心，接纳自己的独特性。提供给孩子充分的探索和尝试的机会，让他们能够从成功和失败中学习，树立起积极的自我认同。其三是培养儿童乐观的态度和有效的情绪管理能力，帮助他们更好地应对困难和挫折，培养积极的情绪表达方式，从而培养幸福思维和情感调节的能力。

（4）奠基美满人生。童年的"快乐资源"，对孩子长大后的感受和行为，发挥着重要作用。其一，通过教育、示范和引导，培养儿童良好的价值观和道德品质，包括诚实、正直、宽容、责任感等。这些价值观和品质将指导他们在人生的各个领域做出正确的选择和决策，从而建立起美好的道德人生。其二是提供多样化的学习和成长机会，培养儿童的多元思维、创造力、批判性思维和解决问题的能力，使他们具备适应不同环境和面对挑战的能力，实现个人价值。其三是帮助儿童培养积极的心态和良好的心理素养，如应对压力、解决问题、自我调节和情绪管理等，在人生中保持积极向上的态度，从而开启美好人生的道路。

2. 幸福童年教育的基本理念

学校追求丰富而完整的幸福童年教育，它致力于引导学生"启迪幸福、体验幸福、创造幸福"，旨在帮助儿童建立积极的人生态度、提升幸福感、增强自我成就感，使他们在成长过程中更加快乐、自信、有意义，并为未来的生活奠定基础，托起儿童幸福童年。

（1）启迪幸福。幸福童年教育致力于启迪儿童对幸福的认知和理解。通过教育环境和教学内容的设计，引导儿童思考、探索幸福的含义，激发他们对幸福的渴望，并为他们提供实现幸福的途径和方法。学校定期进行讨论和分享，引导儿童思考幸福的含义；通过故事、绘本、游戏等方式启迪儿童对幸福的认知；引导儿童设定目标和制定计划，鼓励他们通过努力和坚持实现自己的幸福等。

（2）体验幸福。幸福童年教育注重让儿童通过亲身体验来感知和体会幸福。通过丰富多样的互动活动和与自然、社会等的接触，让儿童体验到成功、合作、友情等带来的快乐和幸福感，培养他们对幸福的真实感知和体验。学校提供丰富多样的互动活动，如户外游戏、实践探究、艺术表演等，让儿童亲身参与和体验；培养儿童的情感表达能力，建立亲密关系，让他们感受到爱和关怀；引导儿童发展兴趣爱好，给予他们机会去发掘和发展自己的才能，从中获得成就感和快乐等。

（3）创造幸福。幸福童年教育鼓励儿童主动参与和创造幸福。通过培养创造力、合作精神和解决问题的能力，引导儿童积极主动地为自己和他人创造幸福。同时，鼓励儿童参与公益慈善活动和社区事务，让他们通过实际行动获得幸福感和满足感，实践着创造幸福的行动。学校鼓励儿童参与公益活动，让他们感受到帮助他人和贡献社会所带来的幸福；提供合作学习的机会，培养儿童的合作精神和团队意识，共同解决问题，共享幸福成果；引导儿童进行创造性的思考和行动，鼓励他们发现问题并寻找解决方案，从中体验到创造幸福的喜悦等。

3. 幸福童年教育的培养目标

幸福童年教育以促进学生全面、健康、和谐发展为主要培养目标，以使儿童获得幸福体验为主要追求的教育。幸福童年教育遵循儿童自然发展，旨在"培育快乐真诚的时代少年，奠基阳光健美的世界公民"。

快乐真诚的时代少年，是指培养儿童积极向上的个性态度，引导他们树立正确的人生观和价值观，追求内心的快乐和成长，并用真诚的态度培养良好的人际关系。奠基阳光健美的世界公民，是指为培养身心健康的青年一代，引导他们具备正直、友善、公正、开放、包容的品质打下坚实基础。习近平总书记指出："青年一代有理想、有本领、有担当，国家就有前途，民族就有希望。"[①]这与幸福童年教育的培养目标不谋而合。

4. 幸福童年教育的时代诠释

（1）幸福童年教育是以立德树人为根本任务的教育。幸福童年教育一是以道德品质发展为基础，注重培养儿童的品德修养和道德观念，使他们树立正确

---

① 新华社. 习近平同团中央新一届领导班子成员集体谈话. ［OL］. 2018 - 07 - 02. https：//www. xuexi. cn/50f538644c72250a1901d3d5663055b2/e43e220633a65f9b6d8b53712cba9caa. html.

的价值观和意识形态；二是以理智水平的提升为主体，要培养儿童的综合素质，注重智育、体育、美育和劳动教育的融合培养。三是以审美的表达为志趣，注重培养儿童通过艺术、文学、音乐等形式来表达和传达情感、思想和创造力的能力，促进创造思维、情感认知和社会交往能力的提升。

（2）幸福童年教育是以智能社会生活为背景的教育。数智化的技术手段与教育的整合，使学生自主发展的空间大大拓宽了，幸福童年教育依托数智化技术，旨在通过丰富的育人学习现场，更好地实现优质教育资源广泛共享，一是要引导学生适应智能生活，二是要引导学生掌握驾驭智能社会的智慧手段，三是要引导学生学会创造新生活的本领。

（3）幸福童年教育是以新时代儿童发展需要为基础的教育。儿童生命中天然蕴藏着人类不断筛选迭代的"真、善、美"基因，这就需要用教育去唤醒、激活、浸润，滋养这些沉睡着的品质。幸福童年教育以尊重学生学习方式的独特性和个性化作为基本信条，尊重每个儿童的生命体验，珍视他们的感悟和选择。新时代儿童发展的需要，一是要明确在人性、理性层面上不变的需要，比如勤奋精神、真诚的待人态度等；二是要准确把握特定时代下学生的需要且切合时代需求的需要，比如应付变革的能力、使用先进技术的能力等。

（4）幸福童年教育是以全球化视野为实践取向的教育。我们现在所教育的儿童，既是中国人，也是世界公民，所以他们必须有国际视野，有"全球村"的格局，更要有对异质文化的包容。人类心理学家霍尔说"儿童是成人之父"；人类学家泰勒说"儿童是未来的人的父亲"；文学家鲁迅说"童年的情形，便是将来的命运"，因此，幸福童年教育必须回到"点化和润泽生命"的原点，真正以全球化视野为实践取向。幸福童年教育应反思性地反映社会现实的需要，应超越性地适应现实。①

（二）幸福童年教育是小学教育的文化选择

小学教育的文化追求，也是学校的必然选择。小学教育是一种具有特定价值取向、目标追求、活动目的的系统性活动，而它的文化选择主要基于小学教育的本质，基于幸福童年教育的理解，基于对现实问题解决三个方面。

---

① 李斌辉. 童年幸福与学校教育［J］. 教育发展研究，2009.08.

1. 幸福童年教育是小学教育本真意义的回归

教育是以人为中心，而幸福童年教育是以儿童为中心。教育是以德行发展为纲，幸福童年教育是建立在德行教育之上。教育是终生的，幸福童年教育是完美生活的起点。幸福童年教育其本真追求立足于回归儿童天性。小学教育是惠民教育，是国民的基础教育，在此阶段追求幸福童年教育，从现实角度出发，培养对社会有用的人。从个人的角度看，让儿童享受幸福童年，创造美好人生，回归快乐的童年。

2. 幸福童年教育是人类幸福生活追求的诉求

对幸福生活追求是人类发展的永恒主题，幸福童年是人类幸福生活的起点，教育作为人类生活的有机组成部分，在小学阶段，必须以幸福童年的打造为总体目标。幸福就是一种感觉，是源于内心的平和与协调，是一个人对自我生存状态的满足，人类对幸福生活的追求始终是回归本真、遵从内心。幸福童年教育不仅是在童年时期构建儿童的自主性，还是人类成长期中的自我导航，儿童在童年期浸润得以养成的品性，将是人类幸福生活中的追求。

3. 幸福童年教育是先进儿童教育思想的具体实践

幸福童年教育体现了儿童本位的一种进步教育理念，体现了为每一个儿童服务的先进教育理念，体现了教育与生活紧密结合的变革教育。幸福童年教育应"以幸福童年为境""以幸福童年为师""以幸福童年为旨"，以儿童自然生长为内核，以先进儿童教育思想的具体实践为时代观照，在儿童幸福童年教育的实践中不在于侧重自然知识的灌输，而是重点体现儿童的自我状态，回归本真。

（三）小学幸福童年教育的问题指向

小学幸福童年教育首先要确立好以儿童为主的中心地位，要顺应儿童的本心。除此之外，在小学阶段实施幸福童年教育时，我们还要关注多方面的现实问题。

1. 小学教育认知中儿童中心地位的误读

小学教育中"去传统化"是幸福童年教育实施的关键所在，而与传统化教育中存在的差异其中一项就是儿童中心地位的误读。我们应以"儿童为中心"，实施"教育无目的"，遵儿童的身心发展规律，追求儿童个性化、自主化的发展。

2. 小学教育实践中生命教育的虚化

夸美纽斯说："人必须尽可能受到教导，通过学习天空、大地、橡树和山毛榉而不是通过学习书本变得聪明。"① 传统化小学教育过于依赖书本、课堂，缺乏实践。幸福童年教育则提倡在小学教育阶段的实践中要遵循自然，以自然为师，以生命教育为旨。

3. 小学课程教学中童年生活样态的缺失

小学课程课堂教学中，强调知识本位，忽视对学生价值的培育，在知识习得过程中缺失了童年生活样态。幸福童年教育扬弃了传统的知识本位价值观，从需求本位切入，倡导和构建核心素养的知识本位观，寻找童年的生活样态。

4. 小学学业评价中儿童主体的异化

小学学业评价只是评价体系中的一部分，过于关注学业评价，使儿童主体地位逐渐异化。小学评价主要是从品德发展、学业发展、身心发展、审美发展、劳动素养发展几方面来考虑，以评促儿童全面发展。核心素养是学业评价的核心，学业评价只是全面发展的其中一项考量因素。幸福童年教育不断探索和建构多元化的评价体系，培育儿童全面发展。

5. 小学家校政社互动中交往关系的错位

学校教育是小学教育的主体，但并不是唯一。家校政社互动中过于依赖学校教育，而忽视了其合力功效。儿童的素养不仅需要学校教育的培育，还需要和谐的家庭氛围、优良的社会环境。幸福童年教育提倡建立家校政社一体化教育网络，实行合力教育，致力开辟家校政社的"幸福通道"。

三、幸福童年教育是小学素质教育的校本建构

苏霍姆林斯基曾说过："教育的理想就在于使所有儿童都成为幸福的人。"② 素质教育的实施使得教育促进学生更全面地发展，在教育过程中以人为本。学生在素质教育的过程中不仅能获得幸福感的体验，更能激发幸福的创造能力，从而收获幸福童年。

（一）幸福童年教育的本质是素质教育

素质教育的本质是促进学生全面发展的教育，是面向全体学生的教育，是

---

① （捷克）夸美纽斯. 大教学论［M］. 傅任敢译. 北京：教育科学出版社，2015：139.
② 曹敏华. 挖掘生态资源　担负教育使命［J］. 小学科学（教师版），2019（07）：13.

促进学生有效成长的教育。而学校追求的幸福童年教育，致力于引导学生"启迪幸福、体验幸福、创造幸福"，所以幸福童年教育的本质是素质教育。

1. 幸福童年教育遵循素质教育核心理念

1999 年 6 月，党中央、国务院召开了改革开放以来第三次全国教育工作会议并颁布了《中共中央、国务院关于深化改革全面推进素质教育的决定》，教育认为先天的素质具有可教性，我们的教育就是要将学生先天的素质尽可能地发展到最优状态，既要做到保护孩子的天性，又要引导他们身上优秀的素质[①]，所以素质教育的核心是——教会学生做人，即学会认知、学会做事、学会共同生活、学会生存。幸福童年是针对当前学生学习过程中缺乏幸福感提出的，是对学生所向往的状态的一种描述。对幸福童年教育的理解往往会侧重于享受快乐，一味地以快乐为目的的教育往往会弱化教育的目的性动力，会使教育缺乏应有的秩序。幸福童年教育满足学生幸福感的方式是间接的，学生的发展越全面、和谐，幸福童年越有保障。因此，幸福童年教育是遵循素质教育核心理念的。

2. 幸福童年教育达成素质教育基本目标

《中共中央国务院关于深化教育改革全面推进素质教育的决定》规定："实施素质教育就是全面贯彻党的教育方针以提高国民素质为根本宗旨以培养学生的创新精神和实践能力为重点造就有理想、有道德、有文化、有纪律的德、智、体、美等全面发展的社会主义事业建设者和接班人"，这就是素质教育的目标。幸福童年教育的目标是不仅要给予孩子一个幸福童年，还要给予孩子一个幸福人生。所谓幸福童年，是指快乐的校园生活，在学习中培养健全的人格；所谓幸福人生，是指为孩子今后人生奠定完整而和谐、可持续发展的人生基础。所以幸福童年教育达成素质教育基本目标。

3. 幸福童年教育落实素质教育实践要求

幸福是现代教育的终极价值，"有灵魂的教育"不仅要将孩子培养成有用之人，而且应教会他们追求幸福，将他们培育成幸福之人。所以我们要坚持素质教育，使学生成为幸福的人，有一个美好的童年生活。从这个意义上说，学校教育就是应该以人为本，而且应该以普通人为本，尤其是基础教育。所以，

---

① 袁振中. 素质、素质教育与素养、核心素养 [J]. 教育文化论坛，2016（05）：106-108.

在学校教育中，幸福快乐是一个重要的元素。[1] 作为小学教师，我们不仅有乐观的精神，还要有属于自己的艺术独特魅力。在不同的教学阶段，根据学生身心发展规律和审美的心理特征，以丰富多彩的教学内容和生动活泼的教学形式，激发和培养学生的学习兴趣。教育的理想就在于使所有儿童都成为幸福的人。

（二）素质教育实践是幸福童年教育的基本参照

实施素质教育，必须把德育、智育、体育、美育等有机地统一在教育活动的各个环节中。学校教育不仅要抓好智育，更要重视德育，还要加强体育、美育、劳动技术教育和社会实践，使诸方面教育相互渗透、协调发展，促进学生的全面发展和健康成长。

1. 幸福童年教育须把学生的道德发展放在首要地位

在新课程改革教育形势的背景下，伴随着素质教育的全面推进，小学教育要求注重学生的"德、智、体、美、劳"全面发展，转变传统重智育、轻德育的思想观念，树立德育与智育融合渗透的新理念，将德育与学科知识紧密结合，将德育与教学形式有机整合，将小学德育教学生活化，结合家庭德育与学校德育，让德育走进课堂、贴近生活，让德育走进孩子心灵。

2. 幸福童年教育须以课程教学改革为核心

何谓"幸福教育"？幸福教育就是追求教育的原生态，以课程为核心，通过教师幸福地"教"和孩子们幸福地"学"，将教育目的和本质回归到人的自身，让每一所学校溢满幸福的笑脸和笑声，让每一位老师拥有幸福的生活，让每一个孩子拥有幸福童年和幸福人生。[2] 课堂教学是课程改革的落脚点，课程改革是教学改革的原动力。学校积极打造活剧课堂模式，让孩子们在学习中感受幸福与快乐，关注学习效益，实施有效教学。在教学策略上，大胆重组、精讲精练。基于课堂开展有效教学，凸显大容量、多反馈、小坡度；在进行教学研究中，凸显发现问题、解决问题和反思提炼的过程。有效教学模式的实施让课堂充满了生机与活力。

---

① 我们需要怎样的"教育家"型校长［N］. 教育导报；2019.01.26.

② 魏文琦. 为孩子的终身幸福奠基——佛山市南海区罗村实验小学"幸福教育"特色办学探幽［J］. 广东教育（综合版），2018（06）：80 - 83.

3. 幸福童年教育须以教育科研为导向

学校成立了既有纵向又有横向的教师教研团队，开展以问题式和主题式为主体的校本研修活动。形成了基于课堂教学的研修活动——关注实效；基于同伴互助的研修活动——助力成长；基于专业引领的研修活动——走在前沿；基于立项课题的研修活动——内涵深化的校本研修机制。幸福创造力量，快乐铸就魂魄，幸福就是舒心优美的校园环境；是和谐关爱的人文情怀；是阳光进取的团队力量；是不断成长的自信满满。

4. 幸福童年教育须以评价体系创新为关键

在教学中，学校坚持尊重个体差异，少横向比较，多纵向发展性的综合评价原则。从教师基本素质、教师履职行为和教师工作绩效三个要素群进行评价。同时，学校还特别注重对教师团队的捆绑式评价，让教师感受到成长不仅仅是个体的成长，更是一个团队的成长。同时在学生评价体系中，更注重指标多元化，发现和发展学生多方面的潜能，同时也加强评价方法多元化，多方面考查学生的综合素质。最后是评价主体多元化，促进评价功能的充分发挥。

5. 幸福童年教育须以教师发展与管理变革为保障

国家现代化离不开教育现代化，基础教育的发展与变革离不开教师的专业发展。同时，教师专业发展水平的层级决定了学校的社会评级。学校管理是引领教师专业发展的基础。为推动教师专业发展，义务教育学校应在学校管理方面进行变革。本书结合学校的校本研训实践与成功案例，探讨了学校管理变革的方法与途径，对提升学校教育教学质量有一定的借鉴意义。教育大计，教师为本，只有教师发展了，教育发展才有保障。

(三) 小学幸福童年教育的素质教育使命

学校是教育的实践场所，是教育变革的基本单元。再先进的教育理念，再完美的改革蓝图，都需要通过广大学校来最终落实，真正的变革必然最终发生在学校"内部"。因此，幸福童年教育赋予学校发展、教师发展、学生发展都要有新的使命。

1. 建构高质量小学教育实践模式

高质量的小学教育发展除了优质、均衡外，还包含发展全过程中的实践状态，强调为达到优质均衡而使用的现代理念、方法、路径，是一种动态品质，内涵更为丰富。另外，教育高质量发展不是通过数量和规模扩张来实现，而是通过内部要素的优化与调整实现，这是一种内涵发展。但同时，教育高质量发展并不限于仅在系统内部挖潜，而是倡导建立更加丰富而高效的实践模式，激活内外部要素合力，共同推进教育发展，是教育追求更高质量发展的整体性功能的再升级。①

2. 探索幸福童年教育理念的课程化与教学化

想要童年教育幸福，学校课程必先丰富多样。那么，未来社会生活是个什么样子，今天的学校有责任让学生在走上社会之前预先触达。那种学科之间壁垒森严、把课程与社会生活相割裂的现象，已经无法满足育人目标的需要。所谓多样，其实就是课程与学生个性的契合度。与工业化社会不同的是，未来人才需要彰显"人之为人"的特性，这种特性必然表现为不同人的不同特质，发现每一位学生不同的潜能、优势并提供各种相适应相匹配的课程，这就必然对课程体系提出多样化的要求。②

3. 突破小学素质教育的评价瓶颈

2020 年，中共中央、国务院印发了《深化新时代教育评价改革总体方案》，提到教育评价事关教育发展方向，有什么样的评价指挥棒，就有什么样的办学导向。③ 的确，什么样的评价机制就会培养出什么样的学生，而学生的素养则决定了学校的格局和品质，指引着学校发展的朝向。学校构建协商性学习评价体系，联合所有任课教师结合学生的日常行为表现和学科素养对学生进行综合考量。协商性学习评价体系旨在打破评价标准的单一性、重知识学习、轻道德学习、德育小众化等困境，以评价促进立德树人，提升学生核心素养。

4. 推动新时代小学教育文化的创新

多年来，我国教育事业发展之所以能够取得举世瞩目的成就，根本上靠改革创新；办好新时代中国特色、世界水平的教育，更需要改革创新。通过深入推进教育改革创新，进一步破除制约教育事业发展的体制机制障碍，加快构建与新时代教育事业发展要求相适应的现代教育治理体系，更好地培养德智体美

---

① 邬志辉，范国睿，李立国等. 教育高质量发展笔谈［J］. 清华大学教育研究，2022（2）：29-44.

② 李希贵. 构建高质量基础教育育人模式的思考［J］. 基础教育课程，2021（21 期）：12-16.

③ 中共中央. 中共中央国务院印发深化新时代教育评价改革总体方案［N］. 人民日报，2020-10-14（001）.

劳全面发展、能够担当民族复兴大任的时代新人，是一项重要而紧迫的任务。学校的幸福教育的实施也是推动新时代小学教育文化的创新。

第三节　小学幸福童年教育的理论思考与实践思路

幸福童年教育作为理想的教育样态，是学校全体师生教育的愿景，其围绕"人"的幸福成长，一切为了人、发展人、成全人。幸福童年教育的提出，并为此执着奋斗、艰苦耕耘，在苦难的泥沼中找寻回学校教育的应有的模样，显得那么富有理想属性与未来价值，由此，我们有必要明晰教育理念与实践路径。

一、小学幸福童年教育的四大理论支柱

幸福童年教育以自然成长、儿童文化、幸福生活、终身发展等四大理论为支撑，通过横向的关联与衔接，纵向的贯通与进阶，共同奠定幸福童年教育的坚实学理和厚重逻辑之基。

（一）自然成长

"教育即自然发展"是现代教育学的理论内核，是"明日之学校"的理论基础。自然成长是指儿童能感知自然界带来的无穷奥秘。儿童是自然的存在，他们的天性是无拘无束、自由自在的，他们的成长离不开大自然的馈赠，让心灵与自然万物产生联系，唤醒幼儿创造力的发展。苏霍姆林斯基说："大自然的美使知觉更加敏锐，能唤醒创造性的思维"，升华幼儿生命力的自由成长。人自身的自然（天性）对儿童成长的方向、速率以及需要怎样的外部条件的规定，是儿童实现其成长最根本的内部依据。作为儿童内部的指挥者和协调者，儿童天性的指令总是体现了自然意志与自然规律。它要求儿童的成长遵循其自然目的、自然节律，从而决定了儿童是沿着一条自然发展的"必经途径"。

（二）儿童文化

儿童到底是身心尚未发育完全的个体，还是特定年龄段的人群？我们不会把一个身材矮小的成人称为儿童，也不会把个子高的孩子就当作大人，但我们的确会把一些童心未泯的成年人称作"大小孩"或"老顽童"。很显然除了生理学意义上的差异，儿童与成人还有着其他许多不同。丰子恺曾说："儿童对于人生自然另取一种特殊的态度。他们所见、所感、所思都与我们不同……"

儿童文化要点是尊重自然、尊重儿童、信任儿童。让每个儿童都过着幸福的生活是成人的人生责任和义务。认识儿童、了解儿童也是人类进入民主社会的动力和结果。如果把"儿童文化"看成和"成人文化"相对应的概念，儿童文化则体现着儿童与成人之间非生理性的内在差别。儿童文化是儿童这一群体特有的行为、观念、态度和思想方式的总和，是儿童群体特有的精神生活和物质生活的复杂的复合体，体现着儿童用自己的视角观察周围的世界的所见、所思、所感与所为。

（三）幸福生活

人的生活包含两个既相互关联又相对区分的领域：一是个人的"私人生活领域"，二是人与人在交往过程中形成的公共、重叠的社会生活领域。幸福是一个开放性、活动性的存在。随着时代的发展，幸福的内涵会不断涌现，而丰富多彩的它不仅作为一个实体的概念形式，更是人的一种存在状态与生活方式，既涉及理性的活动和非理性的活动。儿童幸福生活要成为可能，一个必不可少的重大前提是"私人生活领域"的"个人自由"与"公共生活领域"的"社会正义"。幸福意味着什么，幸福有何意蕴的方式？言说学生的幸福，不在于表明"幸福包含着什么"，而在于"怎样去获得幸福"的论证，不致力于寻求一种普适性的观念，而意在探索幸福的意蕴，体悟幸福所内蕴的精神诉求。

（四）终身发展

终身发展理念，就是发源于个人为了应对环境变化，主动提升自身竞争力，以谋求发展的理性诉求。其核心是以人为本，基本要求是全面、和谐、可持续。新时代以高质量发展为首要任务，奉行"以人民为中心"思想，终身发展被赋予三方面新内涵。基于人类对自身发展的最高追求，我们正致力于培养学生从一点一滴的小事做起，教育他们成长为一个懂得感恩的人；致力于培养学生从谦虚诚实和善良做起，教育他们成长为一个人格健全的人；致力于培养学生从勤奋刻苦和自律做起，教育他们成长为一个德才兼备的人。要让每一个孩子都在原有基础上有大幅度提高，使原来一般的能成为优秀，使优秀的更加优秀，真正做到使孩子"对自己有信心，对未来有希望"。

二、幸福童年教育的模式架构

幸福童年教育脱胎于美好畅想与现实困境之中，孕育于优质均衡的时代背景之下，跃升于广大市民迫切需要高质量教育之际。幸福童年教育以"培养快乐真诚的时代少年，奠基阳光健美的世界公民"为目标，以"圆梦教师团队、进化管理制度"为保障，以"纯美少年形象、成长叙事课程、协商学习评价、学习活剧课堂、主题生成校园"为实践路径，其基本理念、培养目标、实践要素、教师团队和管理保障等有着坚实的生活土壤与邈远的发展天际。

基本理念："相拥幸福童年　结伴自然成长"以儿童为中心，尊重、关爱、快乐、成长，尊重儿童人格和权利、身心发展的规律和学习特点，坚持自然即教育、生活即教育、兴趣即教育，鼓励他们以积极的态度，在自主参与、发现学习中快乐探索，在探索中体验成功、快乐成长，拥有一个多姿多彩的"幸福快乐的儿童世界"。

培养目标："培养快乐真诚的时代少年，奠基阳光健美的世界公民。""少年智则国智，少年富则国富；少年强则国强，少年独立则国独立；少年自由则国自由；少年进步则国进步；少年胜于欧洲则国胜于欧洲；少年雄于地球则国雄于地球。"幸福童年教育时代少年的形象、世界公民的视野就是梁启超先生少年气概的百年梦圆。

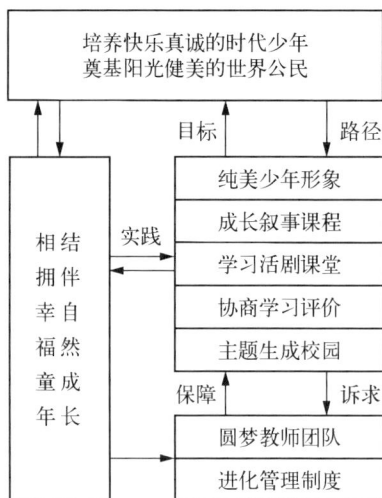

图 1-5

实践要素："纯美少年形象、成长叙事课程、协商学习评价、学习活剧课堂、主题生成校园。"幸福童年教育在实施的过程中，出发之始与结果聚焦都应是生动的活泼的，有纯美少年形象赤子纯真，有成长叙事课程格调轻灵、协商学习评价纯净而富有生命力，映照出少年真实模样的学习活剧课堂，有幽谷清泉般澄净的主题生成校园，诸要素若日月山川、星空浩渺，绚烂至极。

管理保障：（1）"圆梦教师团队"。幸福童年教育坚持发展好每一位教师，突出人本、强化引领、注重内化、自主发展，通过愿景指引目标管理，校本研修"引"、师徒结对"带"、各种培训"育"等多种办法鼓励教师发展，努力打造一支"学习型""研究型""专家型"的教师队伍。教师们在自主发展中体验成功，享受育人幸福，为学生幸福人生奠基。（2）"进化管理制度"。幸福童年教育是活泼的有机体或生命系统，生命带着它所有的进化智慧，管理着深不可测又妙不可言的生态系统，朝着更加完整复杂和有意识的方向进化。

三、小学幸福童年教育的实践思路

习近平总书记指出，要坚持把立德树人作为中心环节，把立德树人工作贯穿教育教学全过程，实现全员育人、全程育人、全方位育人。这一重要讲话对学校提出了"三全育人"全过程的要求。全员育人是指学校中的每一个人都是育人主体，发挥各自的教育作用。全程育人是指将道德教育贯穿学生成长的全过程，贯穿学生学习生活的始终。全方位育人是指学校的每一个要素包括课程、课堂、管理、文化、环境、人员等都要发挥育人作用，实现立德树人空间的全覆盖、无死角。幸福童年教育实施思路如下：

（一）建构指向学生快乐成长的校园生态文化

在价值取向上，主张将学生快乐成长作为幸福童年教育文化的价值核心；在教育目标上，秉持生态整体观和动态发展观，切实处理好人与环境、人与社会的辩证关系；在教育内容上，倡导理智游戏与符号狂欢，谋求生活世界与科学世界的整合，在自然科学课程中渗透伦理精神和审美体验；在教育目标上，致力于让"每一个孩子拥有不一样的幸福童年"，致力于人的一致性与差异性、个人需要与社会需要的统一；在教育行为中，让学生经历从事物世界到符号世界，实现由事物世界的具体性、直觉感性到符号世界逻辑理性和整体性，并注重建立民主平等的新型师生关系，通过理智游戏与符号狂欢两大支柱，实现幸福童年教育的校园文化活动持续创新。

（二）塑造纯美少年形象

在遵循儿童发展规律、尊重儿童天性的教育规律基础上，通过建立纯美少年的进阶制度，开展纯美少年德育系列活动，纯美少年形象塑造融入"活剧"课堂教学及相关学科活动之中，广泛开发纯美少年形象塑造校内外资源，围绕纯美少年形象塑造组建家校社教育共同体等系列举措。构建具有幸福童年教育特色的美育文化，使学校注入美育元素，充盈着美育氛围，饱满纯美少年形象，以全面贯彻党的教育方针和落实立德树人根本任务为突破点，强化"五育"并举整合，从而实现纯美少年形象在学校全面育人基础上的创新。

（三）整体规划成长叙事课程开发

学校教育中，课程才是育人的载体，课程内容元素必须体现国家意志。三级课程管理，为学校在课程实施方面提供了创造空间。幸福童年教育的落脚点在于成长叙事课程建构与开发，通过规划"成长三维""叙事三体""童年三事"成长叙事课程结构与计划，围绕叙事，我们尝试用生活化的表达方式，以故事的形式还原经历并转达意义。聚焦"课程即灵动的成长""课程即完整的经历""课程即共同的行走""课程即自我的理念"，用课程叙事记录学生成长的故事，开放适合儿童发展的，具有科学性、适宜性与有效性的，进而构建其发展的成长叙事课程，以实现适应时代变化，重建课程体系；整合分科知识，优化课程结构；改善疏离现象，完善课程组织；着眼真实生活，变革课程实践；聚焦童年经历，创新课程形态的成长叙事课程改革目标。

（四）经营幸福童年视野下的活剧学习课堂

教学永远具有教育性，这是教学的基本规律。幸福童年教育视野下的活剧学习课堂，必须把知识传授与思想教育相统一，发挥学科教学内容、教学方式方法和教师人格的育人作用。活剧学习课堂要实现转变"教"的方式，真正实现教师主导；转变"学"的方式，真正实现以学为本；转变"评"的方式，真正实现全面评价。活剧学习课堂要走向以学科素养为核心的育人本位，以立德树人引导教学体系建设，统领课堂教学改革，将立德树人贯穿教学全过程，融入教学各环节。

活剧学习课堂通过关联与整合，以各学科的独立性为前提对课程内容进行多维多向的组织，打破学科固有的界限，寻找课程要素之间的内在联系。关注知识应用，注意内容的深度与广度，在整合基础上，加强各学科之间、课程内容与个人学习需求之间、课程内容和校外经验之间的广泛联系。"活剧"课堂设计源于儿童对课程整合的需要,采用射线式和聚焦式整合,以学科为圆点,以特定资源为主题,加强学生与社会生活的多学科、多活动的关联与整合。正确理解深度刺激与目标引领的关系,将实践范式转化为具体学科的教学模式,如异趣语文、寻疑数学、和乐英语等学科教学建设。广泛开发活剧课堂中的实施工具,创新运用学生学习中的冲突和挑战,丰富学习活动的形式和创意。强化课程资源拓展意识,灵活应用课堂中的生成,活剧学习课堂设计应该置于单元整体设计之中,与新课程标准中所倡导的大概念、大单元教学相承,实践过程中活剧反馈要注重鼓励学生经历多种体验,成长叙事课程要建立活剧课堂表现性评价体系,及时反馈激励,不断完善进步。

(五)构建协商性学习评价体系

协商性学习评价在评价工具开发时,坚持突出学生的主体性,坚守"儿童立场",让儿童站在教育的中心。强调协商性评价的实效性,坚持"真、善、美",凸显"纯美少年形象",让少年形象成为家长、教师、学生间的牢固共识。努力落实协商性评价的可操作性,坚持脚踏实地,立足于新吴教育的实际,校情学情,立足于新市民子女占据绝大部分的现实,立足于学生生活差异、个性差异、文化差异等情况,对协商性学习评价工具进行设计与开发,设计出学习契约书、学习记录卡、评价反馈表、自我评价单、协商评价单、同伴评价调查单、家长意见征求表、任课教师调查单、最优事件记录单、问题事件记录单等。

(六)培养圆梦教师团队

2022年4月,教育部等八部门联合印发《新时代基础教育强师计划》,指出高质量教师是高质量教育发展的中坚力量,提出要着力推动教师教育振兴发展,努力造就新时代高素质专业化创新型中小学教师队伍。这系列政策的出台,一方面为新时代高素质教师队伍建设提供了强力支撑,另一方面也对专业化创新型教师培养工作提出了更高要求。

幸福童年教育需要怎样的教师呢?我们需要追求幸福人生的教师、真正理解儿童的教师、执着童心崇拜的教师、富有教育智慧的教师,需要他们有博爱之心、守望之心、超越之心、至善之心、共荣之心。我们的圆梦教师团队应具有前瞻教育视野、本真专业信念、宽广为师胸怀等。只有这样,才能面对教育中一系列拦路虎，如成长过程中如专业信念不足的问题、儿童情怀缺失的问题、职业幸福缺席的问题、教育信仰不定的问题、团队形象模糊的问题等，只有心存星辰大海，眼中有光，执着于信念，我们的团队建设之路才能一路花香。

（七）创建进化型学校组织

管理学家弗雷德里克·莱卢结合后人本心理学和认知理论，从人类意识形态进化的角度，用颜色将组织形态的发展划分为五个不同阶段。而每一个阶段，通过高通路从"具体——抽象——具体"这个过程，让企业建设巧妙地与学校团队建设成功移植并完美复合呈现。如第一阶段是红色——冲动型组织，没有正式等级，也没有职位头衔，靠武力凝聚在一起；第二阶段是琥珀色——服从型组织，开始制定中长期计划，并且创造出稳定的组织架构；第三阶段是橙色——成长型组织，突破点在于创新、责任和精英制；第四阶段是绿色——多元型组织，主张废除权力和等级制度，实现权力的平等；第五阶段则是青色——进化型组织，成员将组织视为一个不断进化的生命体，每一个成员都能够实现自主管理，形成活生生的有机体或生命系统。这与幸福童年教育，与新吴教育"人人皆成长"的理念形成彼此呼应、彼此呼吸的生态系统，并朝着更加完整复杂和有意识的方向进化。在进化型组织的创建和运作中，沿着青色模式进行组织变革，成为幸福童年教育的进化型学校组织的前行方向。

第二章　型塑纯美少年形象

　　幸福童年教育的目标是使学生的整体面貌、整体形象呈现出幸福童年教育特有的气质。这种形象的外在显现是内在发展、内在学习和教育作用影响的结果。这就需要从自然的气质呈现，走向一种自觉的教育追求。所以，学校需要把塑造纯美少年形象作为幸福童年教育的总体目标和成果追求，有意识地经过教育目标、教育行动的制定，教育活动的组织和教育过程的优化来呈现学生特有的气质和整体形象。实质上，这样一种纯美少年形象也是习近平总书记提出的"有志向、有梦想，爱学习、爱劳动，懂感恩、懂友善，敢创新、敢奋斗，德智体美劳全面发展"的好儿童形象的校本表达，也是立德树人教育目标这一根本任务的校本实施，更是人民群众对优质教育期待的具体落实。这样一种纯美少年形象，实际上就是广大家长心目中理想的小学生形象。据此，学校需要明确幸福童年教育与纯美少年形象之间的内在逻辑，研制纯美少年形象的标准，围绕标准的达成来整体建构学校幸福童年教育活动。

第一节　幸福童年教育呼唤纯美少年形象

　　春城实小希望通过构建一系列纯美少年形象标准，让孩子们的成长过程有目标，有更丰富的收获，让他们真正地充分体会童年生活的幸福与快乐，从而实现学校幸福童年教育的目标与意义。

一、幸福童年教育中学生形象建构的必要性

　　老师要将学校教育理念能准确地转化为自身的教育行为，对学生的思想行为进行积极干预，让学生在行为表现上体现出来，从而让学校教育特色在学生

形象上得以显现。

（一）幸福童年教育需要将教育理念转化为学生形象

幸福童年教育与学生形象之间有着密不可分的联系。首先，幸福童年教育是学校少年形象建构的重要基础；其次，学校少年形象建构是幸福童年教育的体现和反馈；再次，幸福童年教育与学校少年形象建构相互促进。总之，幸福童年教育与学校少年形象建构之间存在密切的互动关系。通过关注学生的幸福童年教育，学校可以更好地塑造学生的良好形象，并为社会培养更多积极向上、有责任心的公民。

1. 幸福童年转化为学生的成长主题

幸运的人一生都在被童年治愈，不幸的人一生都在治愈童年。我们必须将学生在童年时期获得的幸福感受和成长经验转化为他们在学习和生活中关注的主题。而学生的成长主题大致分为以下四个方面：第一，亲密的同伴关系。儿童需要有亲密的同伴关系来促进他们的社交技能、心理健康、情感发展和社会化发展，从而感受到同学间结伴成长的幸福体验。第二，丰富的求知行为。丰富的求知行为对于儿童的认知发展、问题解决能力、创新精神、自信心和自主性的培养，以及社会责任感的培养都非常有益，能激发他们的学习兴趣和创新精神，感受到获得新知的幸福体验。第三，自由的玩乐时光。自由玩乐是儿童的天性，是儿童身心发展的需要和自然表现。通过自由的玩乐时光，孩子们可以探索和学习新事物，感受快乐游戏的幸福体验。第四，广泛的兴趣尝试。通过尝试不同的兴趣爱好，儿童可以获得更多的认知、技能和能力，提高自己的适应能力和灵活性，激发创造力和创新思维，增强自信心和自我认知，感受自我认知的幸福体验。

2. 幸福童年转化为学生的精神样态

童年不仅涉及学生的身体发展和认知学习，还涉及情感、心理和社会性发展等方面。学生在童年时期获得的积极情感和成长经验，将转化为他们成年后的精神面貌和人格特质。学生精神样态能基本反映出童年是否幸福。幸福童年教育下的学生的精神样态主要体现在以下三个方面。第一，精神面貌方面。拥有幸福童年的学生抱有积极向上的精神面貌，对生活充满乐观的态度，能勇敢面对困难和挑战，同时能感知自我价值，树立自信。我们应鼓励他们大胆地去追求自己的梦想。第二，形象气质方面。童年时期过得幸福的人往往在言行举止、待人处事等方面具有积极的形象气质。我们应努力培养学生拥有大方的仪表、稳重的气息、谦和的态度、自律的精神、健康的体魄、开朗的性格等。第三，积极情感方面。幸福的童年经历往往能够给孩子带来积极的情感。我们应该引导学生在学习和发展过程中培养自尊自爱、开放包容、和谐共生、乐观向上的积极情感，帮助学生更好地应对挑战和困难，提高自我意识和社交能力，增强幸福感。

3. 幸福童年转化为学生的生活方式

学生的生活方式和童年是否幸福之间存在密切的关系。通过培养健康的生活习惯和积极的思维方式，可以促进个人的生活质量和幸福感的提升。因此，我们应该重视培养学生拥有良好的生活方式，通过建立积极的生活态度和健康的生活习惯为学生提供一个幸福、健康的成长环境。我们要为学生提供室内游戏、户外游戏、亲子游戏、团队游戏、创造性游戏等不同活动和挑战的机会，从而促进他们的全面发展。主要通过三个方面进行培养：第一，交往方式，学生在不同的场合下需要掌握不同的交往技巧和方法。在游戏中或者课堂上，我们要培养学生的合作精神和团队意识；在竞赛或者比赛中，我们要培养学生以争取胜利为目标，同时培养他们积极的生活态度和的坚毅的品质；在与人日常交流中，我们要培养学生善于表达情感、理解和尊重他人的能力，促使他们形成良好的社交技能。第二，学习方式。学生喜欢尝试多样化的学习方式，比如积极探索的自主学习方式、与他人合作学习方式、创造性学习方式等。学校通过运用多种学习方式，培养学生的学习兴趣、态度和习惯，提高学习效果，从而使学生获得学习的幸福感。第三，日常行为方式。在幸福童年教育下，我们要帮助儿童养成良好的生活习惯，如健康的饮食习惯、规律的作息时间、良好的运动习惯、整洁的卫生习惯等。

学校的教育理念可以影响学生的形象和行为。而学生形象体现了学校办学的特色和整体的精神风貌。春城实小以"相拥幸福童年 结伴自然成长"为办学理念，以"培育快乐真诚的时代少年，奠基阳光健美的世界公民"为培养目标，不断开展教育教学实践。这些幸福童年教育的理念必须通过成长主题、精神样态、生活方式转化为学生形象，从而让学生形象成为幸福童年教育理念的一个重要标识。

（二）幸福童年教育需要以学生形象为目标表征

学校教育以学生形象为目标表征是为了明确教育的目标和方向，衡量教育的成果和效果，体现学校的品牌形象和社会认可度，以及推动学校教育的不断发展和提高。基于幸福童年教育的办学理念，我们需要通过学生形象的建构来彰显办学目标及品牌特色。

1. 幸福童年教育需要以学生形象塑造为愿景

在实施幸福童年教育时，应该从多个角度关注学生的发展，帮助他们建立积极向上的个性品质、群体文化素养和阶段发展目标。因此，我们要从以下三个方面的学生形象塑造为愿景，培养学生独立思考、自我决策、团队合作精神和领导能力等优秀品质。第一，个人形象塑造。个人形象塑造是幸福童年教育的重要组成部分。在幸福童年教育中，通过关注学生的个人形象塑造，可以帮助学生建立积极向上的个性特质，培养健康、自信、有爱心、有责任感等积极的品质，有助于增强学生的自我认同感和幸福感，有助于培养学生的创新精神，有助于学生形成积极的学习态度和习惯。第二，群体形象塑造。学生群体形象塑造是幸福童年教育的重要目标。在幸福童年教育中，通过关注学生群体的形象塑造，可以帮助学生建立积极向上的群体氛围和良好的文化素养，培养团结、友爱、互助的品质，有助于增强学生群体的凝聚力，有助于培养学生的团队合作精神和领导能力，有助于形成积极的学习氛围和良好的行为规范。第三，阶段形象塑造。在幸福童年教育中，学生的发展在不同的年龄阶段有不同的特点和重点。针对不同阶段的学生特点，幸福童年教育应该灵活地调整学生形象塑造的内容和目标，以适应学生的发展需求。

2. 幸福童年教育需要以学生形象塑造为过程

塑造良好的学生形象是实现幸福童年教育目标的重要途径。学校通过塑造学生的形象，可以让学生感到积极的情感体验，培养出认知能力、学习能力和社交能力等多方面的优秀品质，感知幸福童年教育给他们带来的童年快乐。幸福童年教育应该以培养学生积极向上的形象为目标，并采用一系列教育方法和手段来实现这个目标。第一，要设定形象目标。幸福童年教育应该明确要将学生培养成什么样的形象，即确定学生在品德、人格、情感、学习等多个方面进行形象塑造的目标，培养学生形象特质。第二，要制定教育计划。根据设定的形象目标，幸福童年教育应该制定相应的教育计划和实施方案，包括课程设置、教学方法、教学手段、评价体系等多个方面。第三，要实施教育计划。在制定好教育计划后，幸福童年教育应该积极实施并落实计划中的各项措施。同时，也需要家长的配合和支持，共同营造有利于培养学生积极形象的教育环境。第四，要监测与评估。在实施教育计划的过程中，需要对学生的学习情况和表现进行监测和评估，以便及时发现问题并进行调整。第五，要调整与优化。根据监测与评估的结果，幸福童年教育应该及时调整和优化教育计划和实施方案，以提高计划的针对性和有效性。

3. 幸福童年教育需要以学生形象塑造为归宿

春城实小幸福童年教育的最终落脚点应该是塑造学生的良好形象，在实施幸福童年教育时，还要关注学生群体气质的塑造、家长的满意程度和学校名片的打造，以实现教育的全面优化和提升。因此，我们要从以下三个方面的学生形象塑造为归宿。第一，群体气质。在幸福童年教育中，关注学生群体气质的塑造可以帮助学生建立积极向上的情感态度和行为习惯，形成一种独特的群体气质，例如，待人有礼、团结互助、乐学善思、包容宽厚、自信阳光等。第二，家长满意。幸福童年教育的成果往往需要通过家长的参与和反馈来评价。一般家长期望孩子养成具有品德优良、学习积极、自信独立、身体健康、全面发展等特质的形象。因此，我们要充分考虑家长的诉求来塑造少年形象，因为家长满意是评价幸福童年教育成果的重要指标之一。第三，学校名片。塑造优秀学生形象是打造学校名片的重要手段。在实施幸福童年教育时，应该将关注点放在培养学生形象上，以塑造积极向上、全面发展的学生形象。通过培养学生具有自信、自律、勤奋、礼貌、责任感等优秀品质，形成良好的学生形象，可以向外界展示学校幸福童年教育质量和成果，吸引更多的社会关注和认可，从而提升学校幸福童年教育的知名度和美誉度。

因此，要使幸福童年教育成功，我们就必须建构出符合幸福童年教育实践需求的少年形象标准，为学校一系列指向幸福童年教育的研究与实践提供依据，以确保幸福童年教育实践的有效开展，促成儿童在各方面向好、向善、向美，获得幸福。

（三）幸福童年教育需要以学生形象为生命表达

在实施幸福童年教育时，应该把学生视为有生命、有情感、有独立人格的个体，而不是简单的知识接收器。每个学生都有自己的兴趣、特长和学习能力，而教育的目标应该是帮助他们发现和发展自己的潜力，实现自我价值。

1. 借助学生形象表达成长需求

少年儿童时期是一个人发展的关键阶段，也是形成身份感和归属感的关键时期，更是一个渴望取得成就和被认可的阶段。因此，在幸福童年教育背景下，我们需要通过塑造和借助学生形象来展现和表达学生三方面的成长需求。第一，发展性需求。学生形象是表达学生发展需求的重要载体。在幸福童年教育的理念指导下，通过观察和分析学生形象，了解学生在发展过程中言行举止、兴趣爱好、学习情况、社交能力等方面的需求和问题，塑造学生形象。第二，归属感需求。归属感是一个人在集体中的位置感和自我认同的重要体现。当学生感到自己归属于某个集体时，他们自然会感到更加安全和稳定，这种安全感对于学生的心理健康和成长至关重要。同时，归属感也可以培养学生的集体荣誉感，产生积极的情感体验。第三，成就感需求。幸福童年教育也十分强调学生的情感和心理健康，而成就感是学生在成长过程中非常重要的心理需求。我们可以从学业成就感、社交成就感、自我实现成就感、兴趣爱好成就感四个方面塑造少年形象，激励学生通过努力学习和获得好成绩，拥有良好的人际关系和获得他人的认可和赞扬，参与各种活动、挑战自我、展示自我、实现自我价值，获得成就感，从而获得幸福感。

2. 借助学生形象表达群体意愿

幸福童年教育强调了要面向全体学生实施幸福教育。由此可见，塑造出的学生形象也是要符合少年群体的意愿，主要分为三个方面。第一，共同的理想追求。当代学生的共同特点和理想追求可能包括对知识的渴求、对真理的探索、对社会贡献的愿望、对自我实现的追求等。我们可以通过树立榜样、开展社会实践等多种途径和形式来鼓励他们积极追求共同的理想。第二，集体的凝聚力。学生渴望在个人成长和发展、归属感和安全感、社会交往和人际关系、提升自信和自尊以及共同目标和价值观等方面获得支持和帮助。通过在集体中的合作和交流，学生们可以相互学习、互相帮助、共同成长，并在成长过程中感受到自己的价值和重要性，从而培养他们的集体凝聚力和荣誉感。第三，团队精神。团队精神作为非智力因素的重要组成部分，能够提升个人的竞争力和适应社会的能力。当代学生在学习和活动过程中也渴望具有团队精神，在团队成员之间建立共同的目标和愿景，良好沟通、相互支持、协作互补、共同承担责任和相互包容理解等。

3. 借助学生形象表达个性发展

了解学生的个性发展需求是实现幸福童年教育目标的重要途径。同时，培养学生的个性发展也是幸福童年教育的重要组成部分。因此，在幸福童年教育背景下，我们需要通过塑造和借助学生形象来表达学生以下三方面的个性发展：第一，兴趣的多元性。幸福童年教育强调关注学生的兴趣爱好，通过培养学生多样化的兴趣，可以激发他们的潜能和创造力，提升他们的综合素质。第二，能力的互补性。幸福童年教育强调关注学生能力的互补性，让他们在团队合作和活动组织中互相支持、互相帮助、互相学习。第三，性格与情感的相融性。当代学生在性格和情感上存在差异，不同的性格和情感会导致不同的行为和表现。学生性格与情感的相融是他们全面发展的重要组成部分，也是幸福童年教育所追求的目标之一。我们应借助学生形象表达当代学生性格与情感的相融性。

基于上述观点，在幸福童年教育的实施过程中，我们要以学生的生命表达为依据，构建出幸福童年教育下的少年形象。将幸福童年教育的主张落实到学校的每一个学生身上，释放每一个学生的生命活力、天真无邪和求知欲望，规范每一个学生的日常行为和社会主义核心价值观，积极探索育人新途径。

二、从诚毅少年到纯美少年

诚毅少年是春城实小在建校初就提出的少年形象。但是，随着社会的变迁，国家对义务教育提出了新要求，学校的教育理念也在不断更新完善。如今，学校需要重新审视和调整少年形象标准，打破传统的束缚，更好地满足学生的需求，在少年形象标准上更加具备多元化和包容性。

（一）诚毅少年形象的提出

2013 年，无锡市春城实验小学和无锡师范附属小学合作共建办学，在锡师附小"诚勇"校训的基础上确立"诚毅"校训，旨在培育博学、诚朴而精勤不倦，乐学、毅行而止于至善的莘莘学子。"诚毅"精神来源于著名教育家陈嘉庚的家训。陈嘉庚先生吸取中华民族优秀文化传统，结合自身立身处世的感悟，概括提炼了"诚毅"二字，于 1918 年立为集美学校校训，用以教育和规范学校师生的言行。[①]"诚毅"的含义是"诚以待人，毅以处事"。

自建校以来，春城实小一直秉承"诚毅"校训，坚持立德树人的根本任

---

① 辜建德. 集美大学办学特色的文化内涵［J］. 集美大学学报（教育科学版），2009，（1）：3－5.

务，践行学校"相拥幸福童年，结伴自然成长"的教育理念，打造学校"生活德育"品牌，形成学校"诚毅少年，幸福成长"德育活动序列，在活动中育德，在生活中育人，在生活中促成儿童道德的发展，培育具有春城特质的诚毅少年，形成良好品格。

（二）诚毅少年形象建构的经验与反思

10 年来，通过学生核心素养的涵育工程建设、"诚毅少年"职业启蒙实境体验创享行动的品格提升工程建设、"诚毅"德育核心团队的培养、"诚毅"德育课程群的搭建、"九宫格"好习惯养成行动的进阶、主题周好课程实践活动的实施、"我能行"好生活劳动等多种德育途径，在诚毅少年形象的建构上初步取得了研究成果，学生的品行得到大步提升，使学生内在品格"诚"与外在行为"毅"趋同，形成良好的精神面貌。

诚毅少年形象是在学校"诚毅"校训的基础上建构起来的。校训有追求真理、服务社会、完善人格和凸显特色等内涵，其功能具有多样化，但并非都体现了办学特色。大多数学校的校训都着重某些要素，追求某一方面，强化一端，具有片面性。"诚毅"强调的往往是培育学生的道德修养层面，只在德育。而我们常说"德育为先"，但教育不应该止于德育，应该坚持"五育并举"，促成学生德智体美劳全面发展。另外，如果说"诚毅"校训是体现学校着重某一方面的文化建设载体，那么学校的少年形象构建不应该只是指向"诚毅"校训，还应该是对办学理念、人才培养要求和学校特有精神的一种文化建设，是学校展示给社会的一张"文化名片"。学校少年形象构建必须具有全面性、独特性、时代性。

（三）纯美少年形象的内涵与建构意义

1. 纯美少年形象的内涵概述

纯，最早见于战国文字，其本义表示蚕丝，后又引申为大，也指纯正、纯粹。诸葛亮《出师表》中写道："此皆良实，志虑忠纯。"纯，是指心志单纯、纯洁、纯真、纯粹。"纯"即"真"。

美，初见于商代甲骨文，其古字像戴着头饰站立的人，本义指外表漂亮、好看。"美"除了表示具体事物的美好外，还用来表示抽象意义，如形容一个人品德高尚称为"美德"。

纯美，意为纯真而美丽，它是人类生命初始所拥有的一种精神状态，是一种没有被尘世沾染的至高无上的美，清澈而透明，求真、求实、求善、求健、求美。

纯美少年形象是一个体现多元发展的形象。春城实小幸福童年教育不是培养出满腹经纶的麻木之躯，而是要培养出既拥有"仁义礼智信"等美德又追求身心健美的纯美少年。纯美少年形象的建构旨在保护少年儿童的天真、率性，做真人，说真话；塑造诚实、善良、阳光、健康，有审美能力等健全的人格品质，正如春城实小提出的培养目标——培育快乐真诚的时代少年，奠基阳光健美的世界公民。

2. 纯美少年形象的建构意义

（1）纯美少年形象的建构聚焦国家义务教育目标和任务

我国义务教育的目标和任务是贯彻国家教育方针，实施素质教育，培养有理想、有道德、有文化、有纪律的社会主义建设者和接班人。习近平总书记围绕坚持立德树人这一教育的根本任务作出了许多重要论述，提出了明确要求。党的十九大报告和党的二十大报告进一步强调"要落实立德树人根本任务"。习近平总书记指出："少年儿童是祖国的未来，是中华民族的希望。新时代中国儿童应该是有志向、有梦想，爱学习、爱劳动，懂感恩、懂友善，敢创新、敢奋斗，德智体美劳全面发展的好儿童。希望同学们立志为强国建设、民族复兴而读书，不负家长期望，不负党和人民期待。"

春城实小作为培养社会主义建设者和接班人的一分子，建构学校的纯美少年形象也必然要聚焦国家义务教育目标和任务，自上而下，让国家标准沉下去、散开来，使得纯美少年形象的标准与国家培养少年形象的目标有机结合，科学建构。在教育教学实践工作中，学校要培养出国家需要的德智体美劳全面发展的社会主义建设者和接班人。

（2）纯美少年形象的建构明晰诚毅少年品格

上文已指出，"诚毅"为学校的校训，强调的是道德修养方面，旨在促成学生拥有抱诚守真、弘毅宽厚的道德品质，学校要培养的是一个具有健全品格的人。显然，学校在校训基础上构建的诚毅少年形象具有一定的片面性。而"纯美"从儿童的天性、内在心理、外在仪表、身体素质、行为方式等多方面提出要求，力在培养出完整而全面发展的人。相比诚毅少年形象，纯美少年形象的覆盖面更清晰、更广泛、更全面、更科学。当然，纯美少年形象的建构标准是建立在诚毅少年形象标准之上的，是对诚毅少年形象的一种扩散与升华。

（3）纯美少年形象的建构彰显幸福童年意蕴

春城实小创建的"幸福童年教育"品牌是学校开展德育工作的基石。自建校以来，学校一直秉承"育人为本，德育为先"的工作思路，坚持立德树人的根本任务，践行学校"相拥幸福童年，结伴自然成长"的教育理念，打造"生活德育"品牌。通过学生核心素养的涵育工程、"诚毅少年"职业启蒙实境体验创享行动的品格提升工程这两大培育工程来锤炼儿童诚实守信、坚毅执着、忠诚担当、弘毅志远的品格；通过专题教育、常规教育、混龄走班、主题教育为主要内容的德育课程群，学生受到思想道德方面的教育，形成良好品质；通过"九宫格"好习惯养成计划，围绕听、问、答、写、吃、赏、坐、站、行九个方面，按低、中、高三个年龄段提出日常行为习惯基本标准，通过从细节入手，开展好习惯的养成和内化活动……以上这些举措在学校办学实践中已取得了很大的成效。学校必须紧扣"幸福童年教育"品牌，从实践经验中凝练出"纯美少年形象"的建构标准，以促进学生发现幸福、创造幸福、传递幸福，为童年抹上亮丽的色彩，从而擦亮春城实小幸福童年教育特色品牌。

三、纯美少年形象的具体描述

衡量一个人的形象，往往围绕以下六个要素：仪容、表情、举止、服饰、谈吐、为人处世的态度。一个人的形象构成，简单地说就是他所具有的内涵和外延。英国作家培根说，形体之美要胜过容颜之美，而优雅的行为之美又胜过形体之美。因此，把美的形体样貌和优良德行结合起来，美的形象才会熠熠生辉。

（一）纯美少年的外在形态

1. 纯朴容貌

纯美少年要有纯朴的容貌，强调少年应该展现出一种自然、朴素、真诚的外在形象，不矫饰或刻意装扮自己。在家庭中，穿着上可以选择一些轻松休闲的服装和鞋子，以表现出自在和舒适的状态；在校园中，穿着应该符合学生身份，简洁大方，不过分追求潮流或奢华，体现出少年的自然美；在公共场合，男孩可以选择一些整洁、大方的服装和鞋子，避免过于花哨或奇特的装扮。女孩可以选择一些简洁、可爱的服装和鞋子，以表现出自信和得体的态度；在妆容上，应该注意细节处理，如修剪整齐的指甲、干净的面部肌肤等，给人留下良好的印象。

2. 纯正仪态

纯美少年要有纯正的仪态，强调少年应该具备正确、端正的姿态和举止，以展现出自身的良好素质和修养。站立时，保持正确的站立姿势，直立挺拔；坐立时，保持正确的坐姿，入座轻盈，两腿并拢，腰背挺直，两臂自然放松，双手放在膝盖上或桌子上；行走时，保持正确的走姿，步伐平衡，两臂自然摆动，步速稳健；语言交际时，用词准确、语速适中、声音清晰、表达简洁明了；在与他人交流时，微笑注视对方，不要东张西望或中断话题；在公共场合，尊重他人，遵守社会公共秩序，爱护公共设施和环境卫生。

3. 纯真表现

纯美少年要有纯真的表现，强调少年应该展现出一种真诚、率真、无邪的特质，以体现出自身的美好和纯洁。纯美少年应该以真诚的态度待人，在与他人交往时，表里如一，不虚伪不做作，不欺骗不欺诈；保持单纯无邪，有一颗纯净善良的心，不恶意中伤他人，不参与勾心斗角；保持乐观向上的心态，积极面对生活中的挑战，有自信、有勇气，不轻易放弃；保持对生活的热爱，积极投入到各种活动中去，发现和体验生活的美好和乐趣；保持对知识的渴求，不断提高自己的素质和能力。

（二）纯美少年的内在情致

1. 道德美

道德美是纯美少年所应具备的核心品质，它们在个人成长和社会发展中都起着重要的作用。纯美少年有一份尊师孝亲的心意，真诚对待身边亲友；有一种助人为乐的精神，关爱他人，服务社会；有一颗自强自立的决心，勇于承担责任；有一种诚信守礼的品质，遵纪守法；有一种文明环保的素养，热爱劳动。

2. 理智美

理智美的品质有助于纯美少年形成健全的人格，增强理性思维能力，促进个人成长和社会发展。纯美少年勤于思考，能够在学习和生活中主动发现问题、分析问题并解决问题；能追求真理，具有强烈的好奇心和求知欲；善于理性表达，在表达自己的观点和看法时，尊重他人的观点和感受，善于与他人交流和分享；会冷静处事，能够理智分析问题并采取有效的应对措施；崇尚科学，具备科学素养和创新意识，关注科技发展和社会进步，积极参与科技创新活动。

3. 灵动美

灵动美的品质为纯美少年增添了无限的魅力和活力，促进他们更好地适应不断变化的世界，同时也在一定程度上引领着青少年成长的风尚。纯美少年具备敏锐的感知能力，能够察觉到身边细微的变化和情感起伏；勇于尝试新事物，不断拓展自己的视野和认知范围；具备独特的创意和想象力，能够在学习和生活中提出新颖、独特的想法和建议；具备强烈的激情和投入度，坚持不懈地追求自己的梦想和目标；具备灵巧机智的特质，善于运用自己的智慧和能力，灵活解决学习和生活中遇到的难题。

（三）纯美少年的行为方式

1. 有礼貌

纯美少年应该具备礼貌的行为表现，以体现他们的美好形象和修养。纯美少年懂得见面分手打招呼，真诚问候、礼貌道别；会用礼貌用语和适当的称呼，如"请""谢谢""对不起""非常抱歉""老师""叔叔""阿姨"等；对人态度诚恳，认真听取他人的意见和建议，并且礼貌地回答问题，不交叉讲话、不随意打断别人说话、不窥探他人隐私；具备有礼貌的表情与动作，如微笑、点头、致意等。

2. 有风度

纯美少年应该具备文明、有格调的风度表现，以展现出自己的美好形象和高尚气质，赢得他人的好感和尊重。纯美少年能遵守约定，不迟到、不早退，体现自己的诚信度和责任心；具备高尚的教养和礼仪，尊重他人，举止得体，遵守社交礼仪和行为规范；具备良好的品味和审美观，注重自己的形象和仪态，追求美好的事物，并能够欣赏他人的优秀品质和成就；展现稳重自然，待人接物真诚有礼，能够展示出大方得体的言行和态度；尊重弱势群体，给予他们适当的关注和照顾，展现出自己的绅士风度；具备高雅的兴趣和特长，如音乐、绘画、阅读等，体现自己的文化素养和品味。

3. 有气度

纯美少年应该具备宽容大气的气度表现，以提升个人魅力和素质，增进人际关系，促进个人成长，塑造积极心态。纯美少年具备开阔的心胸，能够容忍他人的缺点和不足，不轻易发怒或与人斤斤计较；不炫耀自己，自信和谦虚，保持低调和谦逊；具备大气和豁达的品质，在面对冲突和矛盾时能够保持冷静，不会为了小利益而斤斤计较；具备宽容的心态，能够接纳他人的不同观点和意见；具备平和的心态，能够调节自己的情绪，保持平衡和稳定；有远见卓识，能够超越自己的个人利益看待问题，并具备为未来做出贡献的眼光和决心。

综上所述，纯美少年形象不是单一的，而是一个多面的综合形象。就纯美少年群像来说，它融合了素养的内化意蕴，在必备品格和关键能力的双重加持下，实现对社会意识和自我发展的更高追求。同时，学校也注重个性发展，以包容的姿态尊重不同学生个体的独特色彩。纯美少年建构目标要以时代特点为背景，立足多层面的期许，以学生年龄为依据，以核心素养为参考，以"纯美"为关键词，制定出孩子们在方方面面能够内化和外延的品质形象。培养孩子天真活泼、仁爱至善、阳光自信、抱诚守真、弘毅宽厚、团结互助、自立自强、乐学向上等品格和丰富的学识，使孩子们外在形象和内在品质有共同向好的趋势，促使他们自由、健康、幸福地成长，并受益终身。

第二节　纯美少年形象标准

"立德树人"是我国教育的根本任务，在我国社会发展、教育改革的各个阶段，党和国家都对学生寄予了深切的关怀，也从不同层面表达了对当代少年儿童的希望。这不仅为我们教育工作者指明了培养人才的方向，也反映了社会所需要的未来人才的形象。春城实小构建的纯美少年形象不仅要符合国家培养人才的标准，还需要充分结合学校幸福童年教育的理念，制定出一系列参考指标，引导学生有目标地正向成长，让学生在学校教育中既能习得文化本身带来的知识与内涵，又能从文化知识中汲取心灵与精神发展的养分，迸发出更新的发展样态。

一、纯美少年形象标准设计的指导思想

党的十八大提出把立德树人作为教育根本任务，培养德智体美全面发展的社会主义建设者和接班人。党的十九大报告和党的二十大报告又进一步强调"要落实立德树人根本任务"。因此，首先从国家层面来看，"立德树人"是教育的中心环节，为纯美少年形象标准的设计提供了重要参考。其次，人是有社

会属性的，不孤立地存在于世。对于少年形象标准的设计，从社会的层面来看，少年形象应能够与社会有效融合。再次，少年形象是一所学校办学理念的体现，春城实小秉持着"相拥幸福童年，结伴自然成长"的办学理念，在设计少年形象标准时同样需要融入春城实小自身办学理念。

（一）纯美少年形象标准设计的基本原则

纯美少年形象是对少年内在素质和外在表现两方面表现的界定，同时也是对德智体美劳"五育"的基本要求，符合少年个体向上发展的目标和国家人才培养的需求，契合春城实小幸福童年教育的基本理念，致力于引导学生启迪幸福、体验幸福、创造幸福。在设定纯美少年指标时，应遵循以下原则：一是综合性原则。指标体系从宏观角度来全面地考察少年，需要把国家、社会、学校层面中，关于好少年发展的各种指标有机地、科学地联系起来，以便综合地、系统地进行纯美少年的总体建构。二是科学性原则。指标要能够客观反映少年成长发展的实际状况，在应用上具有充分的可信度和有效性，为具体实施提供可重复、可检验的科学标准。三是操作性原则。指标要能够解释清楚，相对独立，可以横向比较，避免交叉重复。

（二）纯美少年形象标准设计的依据

设计纯美少年形象指标与标准体系应以实现以下目标为前提：一是符合当下时代发展中国家与社会对好少年必备品质发展的需求；二是符合春城实小幸福童年教育理念以及学校在办学特色推进中对纯美少年形象的期望；三是对纯美少年形象各个方面的指标有何必要性做出解释；四是对照指标，能够对纯美少年发展中的现象、行为、态度等做出客观评价。

综上所述，纯美少年形象的标准和指标体系，应在系列化的文献资料、标准化的调查问卷、本土化的实践观察的基础上构成。为此，我们需要在三个层面做研究：一是进行国内外相关理论文献的检索和研究，以确定纯美少年形象指标和标准体系构成要素的理论参照，确定中心指标或核心指标；二是进行系统内外专家的咨询，以确定纯美少年形象指标和标准体系的专家意见参照；三是进行问卷调查和实地观察，以确定学校学生本身对纯美少年形象认知的参照。在此基础上，初步构建起该指标体系的基本结构。

（三）纯美少年形象标准设计的经验参照

自 2018 年六一儿童节起，中央文明办、教育部、共青团中央、全国妇联、中国关心下一代工作委员会举办"新时代好少年"先进事迹发布活动，宣传发布全国10名优秀青少年的先进事迹。这些学生是争当新时代好少年活动中涌现出的先进典型，在热心公益、关爱他人、热爱科学、勇于创新、助人为乐、知恩图报、乐观向上、爱护环境、积极弘扬中华优秀文化传统、勤学善思方面有突出表现。从"新时代好少年"身上，我们可以看到国家对于优秀少年形象的树立，主要立足于勇于创新、关爱他人、助人为乐、乐观向上等个人自身内在品质，以及热心公益、爱护环境、积极弘扬中华优秀文化传统等社会正能量外在表现。而"纯美少年"是春城实小幸福童年教育的价值理念与追求，反映了时代新潮对人才的期望与要求，是包含了道德修养、言谈举止、学业基础、为人处世等多方面的综合素质体现和特定风貌表征，是春城学子新时代少年形象塑造的进一步细化和深入。

春城实小在设计纯美少年形象标准时，也向名校进行了学习、参考和借鉴：例如清华大学附属小学以"为聪慧与高尚的人生奠基"为办学使命，着力塑造"言行得体、协商互让、诚实守信、自律自强、勇于担当、尊重感恩"的成志少年。这六大养成教育侧重于对学生品格素养、阳光乐学、学业水平、体质健康等方面的培养。再比如无锡师范学校附属小学以"诚勇"为校训，旨在培养赤胆忠"诚"、"诚"恳踏实、"诚"朴谦逊、精"诚"团结、忠"勇"为国、"勇"攀高峰、"勇"为敢当、沉着"勇"敢的诚勇少年。无锡师范附属小学对少年形象的塑造侧重于爱党爱国、品格素养、道德情操、人际交往等方面。这些学校对少年形象标准的设计可以说是多角度、全方位的，为春城实小的纯美少年形象标准的确立进一步打开了思路。

二、纯美少年形象指标的确立

在借鉴国内少年发展指标和学校办学特色发展的基础上，我们提出了纯美少年形象的六项指标，即道德美、理智美、健康美、行事美、语言美、仪表美。道德美、理智美这两项指标体现了对纯美少年形象的内在素质要求，塑造诚实、善良、乐学等优秀品质。而行事美、语言美、仪表美这三项指标是对纯美少年形象外在表现的要求，塑形务实、包容、得体等行为举止。其中，健康美既是对纯美少年内在素质的要求，也是对外在表现的呼唤，既表现为心理健康，又表现为身体健康。道德美、理智美、健康美、行事美、语言美、仪表美以下简称"六美"。

"六美"满足党中央、国务院对义务教育阶段教育教学改革的要求：坚持"五育"并举，全面发展素质教育。同时，这也是春城实小教育教学工作的主旋律。道德美、行事美、语言美属于德育范畴，理智美属于智育范畴，健康美既是体育、美育、德育的培养方向，又是劳育培养目标，仪表美是德育、美育范畴。"六美"各美其美，但又美美与共，充分彰显"五育"并举的理念。不仅如此，道德美、理智美、健康美、行事美、语言美、仪表美这"六美"是依托中国学生发展核心素养提出来的，它的上层概念是文化基础、自主发展、社会参与三大维度统辖下的人文底蕴、科学精神、学会学习、健康生活、责任担当、实践创新，最终指向是培养"全面发展的人"。从这一点看，"六美"的指标不仅可以指向"道德、理智、健康、行事、语言、仪表"这六个方面的素养，随着学生年龄和能力的提升，"六美"还可以增加更多具有价值导向的新内容。

图 2-1 纯美少年形象核心素养架构图

（一）道德美

道德是一种社会意识形态，是人们共同生活及其行为的准则和规范。道德美涵盖有社会公德、个人品德高尚等。在构建纯美少年的"六美"形象时，我们将道德美着重指向诚信和坚毅这两方面。因为诚信、坚毅是做人的基本素养，以便于让自身取得他人的尊重和获得成就感，且春城实小的培养目标之一是培育快乐真诚的时代少年。诚信、坚毅更是与学校"诚毅"校训紧密贴合的两个品质特征。

诚信，是培养学生讲诚信，做一诺千金的少年。待人处事真诚、老实、讲信用，尊重事实，实事求是，言行一致，信守承诺。

坚毅，是培养学生讲坚毅，做执着果敢的少年。遇到困难不服输，遇到挫折不气馁，有坚持不懈的精神与坚忍不拔的毅力，乐观向上，永不言弃。

（二）理智美

理智是一个人用以认识、理解、思考和决断的能力，能明辨是非，明了利害关系及控制自己的行为。在构建纯美少年的"六美"形象时，我们将理智美着重指向乐知和笃行这两方面。因为要达成理智美，一定离不开专心致志的学习和乐于思考的品质。春城实小"乐知笃行"的学风是对理智美的内涵的体现。

笃行，是引导学生专心学习，做师生眼中的学习标兵。不受外界事物的影响和诱惑，坚定地进行自己学业的学习，养成良好的学习习惯，争取优异成绩。

乐知，是培养学生善于钻研，做积极探究的创新少年。喜欢思考，愿意动脑筋，思维活跃，想象丰富，具有创新意识，为学校或班级的发展建言献策。

（三）健康美

健康是指一个人在身体、精神和社会等方面都处于良好的状态。健康是每一个人进行学习、工作、生活的首要前提。我国注重深化教育改革，推进素质教育。2018 年 9 月 10 日的第 34 个教师节，习近平总书记在全国教育大会上的重要讲话指出："要树立健康第一的教育理念，开齐开足体育课，帮助学生在体育锻炼中享受乐趣、增强体质、健全人格、锤炼意志"。春城实小所属的新吴区教育局为进一步推动学校体育和艺术教育的改革与发展，制定出"体育、艺术 2＋1＋1 项目"，要求学生有两项体育运动技能及音乐、美术各一项特长，且春城实小的培养目标之一就是奠基阳光健美的世界公民。因此，在构建纯美少年的"六美"形象时，我们将健康美着重指向健体、好艺两个方面。

健体，是培养学生爱好运动，积极向上，做身体强健、阳光自信的少年。主动践行科学健康文明向上的生活方式，积极参加体育锻炼，拥有健壮的体魄，自尊自爱、阳光自信、拥有积极的心理状态。爱劳动，愿意主动为集体或家庭承担劳动任务，从而促进身体与心理的健康趋向。

好艺，是培养学生艺术方面的兴趣爱好，做多才多艺的少年。热爱艺术，兴趣广泛，在音乐、美术方面各掌握一项特长，并善于乐于在校内外各种艺术展演的场合上表现自己，拥有阳光自信的品质。

（四）行事美

行事美，是受到他人舆论肯定和赞扬的行为，能够体现一个人高尚的为人处事之道，通常表现为待人真诚、待人有礼、尊重他人、谦虚谨慎、踏实做事等。江苏省文明办制定下发了《关于在全省开展未成年人文明礼仪养成教育的意见》和《江苏省未成年人基本文明礼仪规范》，强调要突出抓好未成年人的"八礼四仪"。这就要求我们要重点培养学生的文明礼仪。另外，春城实小的校风是"归真敦厚"，希望学生保持原来天真的状态，老实厚道，真诚质朴。马克思主义的根本观点中也提到，做事要讲究"实事求是"，因此，在构建纯美少年的"六美"形象时，我们将行事美着重指向讲礼和求实两个方面。

讲礼，是引导学生知礼行礼，做文明有礼的少年。说普通话，使用礼貌用语，态度友善。日常吃得静、赏得雅、站得直、坐得稳、行得正，拥有良好的文明行为规范。尊重父母长辈，体贴孝敬父母，懂得感恩，关心亲人。

求实，是培养学生追求实际、探索真理，做实事求是的少年。拥有正确的价值观念和为人处世的态度，求真务实，说真话、做真人，脚踏实地做好每一件事情。

（五）语言美

语言是人际交往的重要工具，是连接人与人之间心灵的纽带。它可以传递人的思想、经验、知识和情感等信息，是人认识世界和表达自我的重要方式。语言是影响人际关系的重要因素。因此，培养学生的语言美尤其重要。在培养未成年人的"八礼四仪"中涵盖了"言谈之礼"。"言谈之礼"要求用语文明、心平气和、耐心倾听、诚恳友善，这些关键词都要求我们在语言表达上要有包容之心，在语言交流过程中要直抒胸臆、大方自信、勇敢表达。因此，我们将语言美指向包容和开放两个方面。

包容，是培养学生拥有包容个性的胸怀，做宽容大度的少年。助人为乐，善解人意，对别人犯的错能够表示谅解，不斤斤计较。热爱集体，同学之间合作学习，在集体活动中懂得顾全大局、以集体利益为重，发扬互帮互助，团结共进的精神。

开放，是引导学生善表言辞，做热情大方的少年。待人真诚，拥有天真的表达，纯净的心灵，情感真切，敢于表达自己的见解。在合适的场合，用准确的语言完整地表达自己的思想，不做隐藏，说儿童的话，做儿童的事，去成人化。

（六）仪表美

仪表美是我们精神面貌和内在气质的外在体现，是内心素质和内在修养的显露。仪表是给人留下直接而敏感的"第一印象"，美好的仪表总能令人心生好感。"仪表之礼"位于培养未成年人"八礼四仪"之首，这也充分证明了仪容仪表美的重要性。仪表的美丑主要在于面容是否整洁、衣着是否得体、仪态是否大方。因此，春城实小将仪表美着重指向整洁、得体两个方面。

整洁，是引导学生讲卫生、爱干净，做衣冠整洁的少年。从头到脚要保持干净，养成良好卫生习惯，每天洗脸、洗脚，经常洗澡、洗头，头发梳理整齐，坚持漱口、刷牙。穿着整洁干净，衣领翻好、拉链拉好、扣子扣齐，腰带、鞋带系好，里层衣服不得长出外层衣服，衣裤鞋袜整体搭配舒适、美观。

得体，是引导学生明确身份，做穿着得体大方的少年。发型简便、整洁、自然、长短适中，不化妆，不戴耳环、戒指、手镯等首饰和护身符等宗教饰物，不纹身或使用文身贴纸，不留长指甲，不涂指甲油。穿着不成人化，不穿奇装异服，不穿过于透明和裸露的服装，反映青少年朝气蓬勃的精神面貌。

三、纯美少年形象的指标架构

为了将理论塑造的纯美少年形象外化为学生具体的形象，我们必须出台具体的、可操作的、指向各类指标的行为要素，构建出纯美少年形象的指标架构，便于在日常教育教学中有效实施，从而达成目标。这一指标架构是我们对纯美少年形象的基本要求，也是对纯美少年培养、评价的重要依据。

表 2-1 纯美少年形象指标架构表

一级指标	二级指标	行为要素
道德美	诚信	1. 说真话：敢于说真话，促使在人际交往中建立良好的信任关系。 2. 做实事：能够实实在在做事，收到实效。 3. 讲信用：能够守信，说过的话尽力去做到。
	坚毅	1. 有坚持力：做事能够坚持到底，不半途而废。 2. 有忍耐力：遇到困难不轻易服输，在逆境中寻求突破。
理智美	笃学	1. 乐学：能够热爱学习，从学习中获得快乐。 2. 会学：能掌握好学习方法，提升学习效率。 3. 好学：能持之以恒地学习，以学益智。
	乐思	1. 敢质疑：敢于提出自己的疑问，能够从多个角度去质疑问难。 2. 会推理：能够联系自身经验和生活实际，做出合乎逻辑的推理。 3. 善判断：能依据事实和一定推测，做出合理判断，明辨是非，明了利害。 4. 爱抽象：能够深刻、全面地去认识事物，抽取出其中共同的、本质的特征。
健康美	健体	1. 知健康：了解健康知识，借助运动调节身体和心理的健康。 2. 讲卫生：科学讲卫生，遵守卫生规则。 3. 爱体育：能够热爱运动，把它作为强健体魄的好方式。
	好艺	1. 有一项运动特长：掌握一项体育运动方面的技能。 2. 会一种乐器：掌握一项器乐方面的技能。 3. 有一项美术爱好：有一项美术方面的兴趣爱好。
行事美	讲礼	1. 待人有礼貌：与人说话谦和，注意礼貌用语。 2. 生活遵常规：生活中遵守基本的社会秩序和公共秩序。 3. 做事讲规范：做事情的过程中，按照规范操作，不要小聪明。
	求实	1. 有目标：目标合理，不好高骛远。 2. 重过程：做事情注重过程，不唯结果论。 3. 求结果：做事不虎头蛇尾，要善始善终，努力求得一个好的结果。
语言美	包容	1. 喜倾听：乐于倾听他人的发言，不急于表达自己。 2. 看场合：说话分场合，不破坏人际交往中的气氛。 3. 顾面子：注意照顾他人情绪，不说让别人难堪的话。
	开放	1. 抒心意：直抒胸臆，大胆表达。 2. 愿分享：愿意和别人分享心事、成果等。 3. 无偏见：对待他人不带偏见，讲话不具有攻击性。
仪表美	整洁	1. 正衣冠：衣帽穿戴整齐，穿着整洁大方。 2. 懂妆容：合理装扮修饰自己的外在容貌。
	得体	1. 重自然：衣着打扮朴素自然、落落大方。 2. 会搭配：懂得服装搭配，色彩和谐。

上表从纯美少年的外在形态、内在情致和行为方式三个维度，对"六美"进行基本表现的细化与明确。我们要将《纯美少年形象的指标》作为学生自我发展、学生形象进阶培养、学生活动组织、纯美形象评价考核的重要依据。在幸福童年教育理念的引领下，打造纯美少年形象品牌，培养学生核心素养，让学生在六年的小学生活中逐步养成优良的品德，获得丰富的技能，感知童年的快乐。

第三节　纯美少年形象建构行动

纯美少年形象的建构是多方面、多维度、多角度行动的，主要以进阶方式培养。学校建立播种季、耕耘季、绽放季的纯美少年进阶制度，将"六美"品质渗透于德育系列活动，融合于学科系列活动，以 36 个人物形象争章为主要方式，以红领巾寻访研学活动为创建平台，以职业体验主题课程为表现路径，利用周边资源广泛开发纯美少年形象塑造，围绕纯美少年形象塑造组建家校社教育共同体，宣传符合纯美少年的典型案例，力求塑造出"道德美、理智美、健康美、行事美、语言美、仪表美"的纯美少年。

一、以争章为主要方式，建立纯美少年进阶制度

学生的成长是具有阶段性的，春城实小从"生活德育"理念出发，结合小学生的年龄特点和心理特点、小学 6 年的学段要求、学校"九宫格"行为好习惯进阶表（听得清、问得明、答得响；写得好、吃得静、赏得雅；坐得稳、站得直、行得正），建立纯美少年的进阶制度，依次是播种季纯美少年（一、二年级）→耕耘季纯美少年（三、四年级）→绽放季纯美少年（五、六年级）。

在三季的大维度下，纯美少年进阶制度以"道德美、理智美、健康美、行事美、语言美、仪表美"为一级指标，每一美包含的两个方面为二级指标，又将"六美"在日常生活中的具体行为作为考核鉴定是否达标的指标要素，参考过程性评价，如活动前期收集资料、活动过程图表记录、活动结果表演展示、活动内容绘出笔记等，与 36 个人物形象争章体系的结果性评价相结合，形成一个学校、年级组、老师、家长联合组成的评价操作系统，最终在绽放季的六年级评选出"纯美少年大使"。

表 2－2　评价操作系统表

行为要素	合伙人	依据
统一标准	学校	《纯美少年考核标准》
细节	年级组	《班主任工作手册》
落实	老师、家长	36 个人物形象的星级积分兑章表
激励获得成就感	学校	"纯美好儿童、纯美好少年、纯美大使"荣誉

没有细节，就没有教育。同样，没有细节，也就没有评价。在"六美"的框架下，每个评价细则的制定权交给了离学生最近的老师，让评价更加精准，也更加实际。学校从学生心理和生理出发，在一个大的系统中有计划地制定"六美"要求，同时有目的地提出行为要素要求，让老师的培养对象更符合时代的需要，也让学生在小学六年时间实现能力和素养的螺旋上升。

以表中"道德美"为例，一、二年级的孩子是不说谎话、不欺骗他人，不随便拿别人的东西，借用物品有借有还；三、四年级是勇于承认错误，承诺他人的事说到做到，不违约，做事有责任心，不作假、不浮夸；五、六年级则是不说大话、空话，言行一致，讲事实，不弄虚作假，勇于承担责任，不推卸，与人相处讲信用。三个学段考核标准的制动体现逐步深入的层次进阶，同时也会关照学生六年整体发展，根据孩子们成长过程中出现的问题，针对性地进行调整和完善。

表 2－3　播种季纯美少年考核标准表（一、二年级）

六美	内容及分值	考核标准
道德美 20 分	诚信 10 分	1. 不说谎话、不欺骗他人。 2. 不随便拿别人的东西。 3. 借用物品有借有还。
	坚毅 10 分	1. 坚持一节课 40 分钟专心致志听讲，不做小动作。 2. 不怕犯错，及时改正。
理智美 20 分	笃学 10 分	1. 喜欢学习，产生强烈的学习兴趣。 2. 掌握低年段文化课程标准规定的要求。 3. 养成良好的书写习惯，坚持做到三个一，一拳一尺又一寸。
	乐思 10 分	1. 上课发言大方、大声、大胆，抓住要点且回答完整。 2. 能从熟悉的、感兴趣的情境主动思考。 3. 对于知识的理解有一定判断力，直接判断是非对错。 4. 会生动具体地反映各类事物的形象。

六美	内容及分值	考核标准
健康美 20分	健体 10分	1. 每天跳绳100—200个，运动半小时。 2. 掌握一定整理和劳动技能，如课本不折角、不卷边且无破损、所有物品归位、叠被、拖地、整理书桌等。 3. 讲究个人卫生，勤洗手，勤剪指甲，勤洗澡，勤理发。
	好艺 10分	1. 喜欢体育运动，并能结合自身特点，培养一项运动爱好。 2. 喜欢上音乐课，喜欢一种常见乐器，培养自己学习该乐器的兴趣。 3. 喜欢上美术课，热爱艺术，学会用色彩和线条画出简单事物的能力。
行事美 20分	讲礼 10分	1. 见到老师主动问好；上课下课规范用语；进入教师办公室先喊"报告"；离家回家会打招呼。 2. 上下楼梯靠右行走；公共场所不大声喧哗、不随地吐痰和大小便；遵守秩序不插队；食不言、寝不语。 3. 认真听从师长的教诲。
	求实 10分	1. 在师长的帮助下制定成长目标。 2. 重视学习、生活过程中的方法体验。 3. 做事有始有终，期盼达成目标。
语言美 20分	包容 10分	1. 开会、集会时，不喧哗，保持安静，认真倾听。 2. 会说"你好""谢谢""不用谢""请""对不起""没关系"等文明用语，和同学友好相处，不起冲突，会拥抱、拉拉小手。 3. 对别人犯的错能够表示谅解。
	开放 10分	1. 能表达真情实感。 2. 乐于分享自己的快乐。 3. 与班级每一位同学面带微笑友好交谈。
仪表美 10分	整洁 5分	1. 穿着整洁干净，衣领翻好、拉链拉好、扣子扣齐、鞋带系好，里衣不长于外衣。入队后每天坚持佩戴红领巾。 2. 男生短发长度不过耳朵，女生的长发要扎起来。
	得体 5分	1. 不穿无袖的衣服和短裤。 2. 懂得根据课程来穿合适的衣服，例如：体育课穿运动装和球鞋。

表 2 - 4 耕耘季纯美少年考核标准表（三、四年级）

六美	内容及分值	考核标准
道德美 20分	诚信 10分	1. 勇于承认错误。 2. 承诺他人的事说到做到，不违约。 3. 做事有责任心，不做假，不浮夸。
	坚毅 10分	1. 坚持阅读、坚持热爱劳动。 2. 保持对生活和学习的热情，排队、绘画、做作业、体育锻炼等时有耐心。
理智美 20分	笃学 10分	1. 乐于学习，产生强烈的学习好奇心。 2. 掌握中年段文化课程标准规定的要求。 3. 对所学知识活学活用，理解透彻，举一反三。
	乐思 10分	1. 上课积极举手发言，主动提问。 2. 能运用所学习的知识和技能解决问题，并初步运用于生活。 3. 能间接判断、自主探究、动手实践。 4. 会通过整合、提炼、创新等思路做出决策。
健康美 20分	健体 10分	1. 每天跳绳300—400个，运动45分钟。 2. 养成早睡早起和锻炼身体的习惯，形成健康的生活方式和积极进取、乐观开朗的生活态度。 3. 注意用眼卫生，认真做好眼保健操，保护视力；关注饮食卫生，不买小摊小贩"三无"食品。用餐完毕，保持餐桌和地面清洁。
	好艺 10分	1. 能利用音乐课、社团活动和课余时间的练习，熟练掌握一种乐器的演奏方式。 2. 能利用体育课、大课间和课余时间的练习，熟练掌握一项运动。 3. 能利用美术课、社团活动和课余时间的练习，学会用画笔画出身边的人、事、物。
行事美 20分	讲礼 10分	1. 不讲脏话、粗话，用语文明；不插嘴、顶嘴，耐心倾听。 2. 专心欣赏，礼貌喝彩；善待公物，爱护环境。 3. 遵规守纪，恪守公德。
	求实 10分	1. 寻找问题，自主制定成长目标。 2. 重视学习、生活过程中的成功和失败，积累经验。 3. 做事一丝不苟，力争达成目标。

六美	内容及分值	考核标准
语言美 20分	包容 10分	1. 当别人说得不够流畅时，要耐心地听完。 2. 会说"不好意思，我不是故意的""没关系，下次注意。我原谅你了"。不斤斤计较，宽容大度，对别人犯的错能够表示谅解。 3. 乐于帮助他人，能和谐、融洽与人交往，互相赞美，会说"你真厉害""我要向你学习"等话语。
	开放 10分	1. 能加以修饰地表达真情实感，避免对方产生不适。 2. 乐于分享自己的学习方法与成功经验。 3. 对于对方的言论表达正面的情绪。
仪表美 10分	整洁 5分	1. 全天保持衣着整洁，能够及时整理仪容、仪表。
	得体 5分	1. 随身材的变化，及时更换长短合适的衣服、裤子。 2. 服装颜色的搭配上，能够和谐自然。

表2-5 绽放季纯美少年考核标准表（五、六年级）

六美	内容及分值	考核标准
道德美 20分	诚信 10分	1. 不说大话、空话。 2. 言行一致，讲事实，不弄虚作假。 3. 勇于承担责任，不推卸，与人相处讲信用。
	坚毅 10分	1. 坚持热爱生活，保持微笑。 2. 遵守学校纪律，积极参加各类学校活动，享受过程，追求卓越。 3. 学习过程中遇到困难，不轻言放弃，积极寻找解决问题的办法。
理智美 20分	笃学 10分	1. 享受学习，产生强烈的学习成就感。 2. 掌握高年段文化课程标准规定的要求。 3. 及时总结和反思学习方法，触类旁通，付诸实践。
	乐思 10分	1. 善于发现问题，有解决问题的热情、兴趣、技能和行动表达。 2. 能联系生活实际发挥想象力和创造力，训练逆向思维。 3. 能合作交流、反思质疑、展示分享。 4. 会运用推理、归纳、演绎等思维方法处理各种复杂问题。

六美	内容及分值	考核标准
健康美 20分	健体 10分	1. 每天跳绳500—600个，运动1小时，积极参加各项体育活动，形成灵敏、力量、耐力、协调等身体素质。 2. 珍爱生命，能控制自己的情绪，形成健全人格。掌握基本的安全自护知识和健康机能。 3. 关注自己个人卫生的同时，能及时发现他人不文明、不卫生的行为，及时制止，保持校内外环境整洁、美观。
	好艺 10分	1. 坚持体育锻炼，积极参加校内外体育运动比赛，如校运动会、区篮球赛等。 2. 坚持音乐训练，积极参加校内外艺术类展演，如校园艺术节、区市级"百灵鸟"展演。 3. 坚持培养美术特长，积极参加校内外美术类比赛或作品展出，如校园艺术作品展、区市级绘画比赛等。
行事美 20分	讲礼 10分	1. 尊师爱师，心存敬畏；友爱伙伴，宽容礼让。 2. 遵守交规，礼让三先；尊老爱幼，主动让座。 3. 自立规矩，坚守原则。
	求实 10分	1. 找差距，自主制定成长目标。 2. 重视学习、生活过程中的情感体验，养成良好心态。 3. 做事精益求精，超出预期目标。
语言美 20分	包容 10分	1. 当身边人需要倾诉时，做个耐心的倾听者，听完后暖语宽慰。 2. 会说"如果我是你，我会……"能换位思考，顾及他人感受。 3. 在集体活动中掌握与人交往的方法，先肯定他人观点，再表达自己观点，用积极的方式解决问题。
	开放 10分	1. 表达完整想法，大胆表达不同意见，不藏着掖着。 2. 善于总结自己失败的经验，并乐于分享给他人。 3. 在坚持自己观点的同时，能考虑其他人的意见和观点。
仪表美 10分	整洁 5分	1. 衣服穿戴整齐，不穿裸露的衣服，不落肩、不挽裤脚等。 2. 发型自然、长短适中，前刘海不遮眼睛，不烫发、不染发，不化妆等。
	得体 5分	1. 根据场合穿合适的衣服，不穿奇装异服及成人化服饰。 2. 懂得服装上衣、下裤、鞋子的搭配，能够协调统一。

校园少年形象作为一种目标教育力量对凝聚师生精神，创设浓郁氛围，陶冶高尚情操，构建健康人格，提高学校办学质量和学生素质等方面发挥着重要

作用。在纯美少年形象初步探索阶段，为了能设计出立体的、全方位的纯美少年形象，学校深入了解每一位家长的育人祈盼，积极聆听采纳教师对于学校培养学生工作的建议，关注每一位学生的成长需求。

经校务会多次研讨，在广泛征求意见的基础上，学校通过学生、家长、老师收集了3926份《春城实小纯美少年形象师生问卷调查表》。结合学校办学思想和主旨，分析学校教育理念和教学实际，凝练出新的校训校风、教风学风等校园文化精神内核，利用调查表分析与学生、家长、教师共同目标，描摹出纯美少年的模样。

学校面向全体学生，落实以生为本，贴合学生生活经验，紧密围绕理想信念教育、社会主义核心价值观、中华优秀传统文化教育、职业启蒙教育等方面开展德育主题系列活动，将主题教育、仪式教育、常规教育、传统节日、班队教育、劳动教育、实践活动等进行一体化设计，创建"六美"争章系列活动，贯穿学生学习、生活的全过程、全方位，依托元宵佳节开学季、学雷锋月、爱在女神节、入队仪式、成长仪式、"六一"系列活动、心理健康活动月、毕业典礼、入学仪式、体育节、读书节、校园文化艺术节等德育教育主题活动，采用星级积分兑换制度，实现纯美少年形象的晋升，为塑造纯美少年实现学校、家庭、社会教育活动全空间全覆盖。

学生可以在春学期和秋学期的各类活动中积极参与，如传统节日类、仪式教育类、常规主题类、职业体验类等，每次参与活动得到★★★、★★★★、★★★★★的综合性星级评价，不同的星级评价对应不同的积分，★★★得5积分、★★★★得10积分、★★★★★得15积分，等到每学期结束，学生凭借参加多种活动所得积分前往四楼"春之梦想城"的"梦想银行"兑换"六美"章，100积分兑换1枚章。

表2-6 学生个人参与各类活动星级积分兑章表

活动主题	秋学期	春学期	星级积分	六美章
传统节日	中秋节 重阳节 春节 ……	元宵节 清明节 端午节 ……	★★★5积分 ★★★★10积分 ★★★★★15积分	道德美章100积分 语言美章100积分 仪表美章100积分 理智美章100积分 行事美章100积分 健康美章100积分

活动主题	秋学期	春学期	星级积分	六美章
仪式教育	教师节 升旗仪式 入学仪式 入队仪式 开学典礼 ……	妇女节 升旗仪式 成长仪式 开学典礼 毕业典礼 ……	★★★5 积分 ★★★★10 积分 ★★★★★15 积分	
常规主题	校园文化艺术节科技节 消防安全月 秋季社会实践 心理健康活动月 ……	校园读书节 六一儿童节 学雷锋月 春季社会实践 体育节 ……	★★★5 积分 ★★★10 积分 ★★★★★15 积分	道德美章 100 积分 语言美章 100 积分 仪表美章 100 积分 理智美章 100 积分 行事美章 100 积分 健康美章 100 积分
职业体验	农业 工业 商业 服务业 ……	农业 工业 商业 服务业 ……	★★★5 积分 ★★★10 积分 ★★★★★15 积分	

在"六美"章的设计上，我们巧花心思，希望每一枚奖章既是对孩子成长的肯定，也能作为一个珍贵的纪念品。我们面向全校老师、学生和家长，在历史人物、近现代各行业代表人物、神话传说人物和动漫人物这四类中广泛征集能代表各种美的典型人物，最后经过层层筛选，确定"六美"章中的 36 个典型代表人物形象元素，预示着小学六年学习生涯的进阶，同时师生的评价也在进阶。

人物形象元素充分体现道德美（诚信、坚毅）、理智美（笃学、乐思）、健康美（健体、好艺）、行事美（讲礼、求实）、语言美（包容、开放）、仪表美（整洁、得体）六种品质，我们在道德美中选择了孔子、孟子、老子、庄子、徐霞客、荣毅仁这六个中国历史人物形象；在理智美中选择了钱学森、邓稼先、袁隆平、南怀东、爱因斯坦、牛顿这六位古今中外科学家；在健康美中选择了华佗、扁鹊、张仲景、孙思邈、李时珍、达·芬奇这六位名医名画家，在行事美中选择了周公旦、孔融、杨时、诸葛亮、周恩来、雷锋这六位中国名人；在语言美中选择了司马迁、晏子、钱穆、鲁迅、老舍、冰心这六位中国历史学家、文学家；在仪表美中选择了女娲、嫦娥、洛神、雅典娜、维纳斯、阿波罗这六位中外神话传说人物。

表2-7　36个人物形象元素表

"六美"类别	形象元素					
	播种季		耕耘季		绽放季	
道德美	孔子	孟子	老子	庄子	徐霞客	荣毅仁
理智美	钱学森	邓稼先	袁隆平	南怀东	爱因斯坦	牛顿
健康美	华佗	扁鹊	张仲景	孙思邈	李时珍	达芬奇
行事美	周公旦	孔融	杨时	诸葛亮	周恩来	雷锋
语言美	司马迁	晏子	钱穆	鲁迅	老舍	冰心
仪表美	女娲	嫦娥	洛神	雅典娜	维纳斯	阿波罗

对于个体而言，学生可凭借阶段性的星级积分兑章个数，获得相应的纯美少年周边文创物质产品：书签、贴纸、证书。36个人物形象元素和三季"六美"的分季考核标准在该文创产品上也有所体现。如有学生集齐三季所有"六美"章中36个人物形象元素，在小学六年级毕业时颁发"纯美少年形象大使"荣誉证书和纪念品。

对于群体而言，实行一个月一小评、一学期一大评的模式，如每月中队里80%的学生都能集全"六美"章，这个中队整体达标，可评为该月的"纯美先锋"中队；一学期，中队里80%的学生都能集全"六美"章，这个中队则整体达标，可评为该学期的"纯美先锋"中队。

二、以红领巾寻访研学活动为创建平台

学校以红领巾寻访研学活动为抓手加强中队建设，以此为创建平台培养"道德美、理智美、健康美、行事美、语言美、仪表美"的纯美少年。结合无锡市"英雄中队"和"魅力中队"评选要求，学校的"英雄中队"以英雄模范的名字命名，主要是为党的事业做出突出贡献的优秀中国共产党党员，例如雷锋中队、王莘中队、袁隆平中队。英雄中队以该英雄模范为榜样，聚焦政治思想引领，结合队员自身实际，用好英雄模范人物等相关红色教育资源，进行红领巾寻访研学活动，引导队员学习二十大，争做好少年，从小学先锋、长大做先锋，坚定听党话、跟党走的决心，践行"六美"。学校的"魅力中队"是富有自己特色的少先队中队，有积极的中队舆论氛围和良好的队风队貌，有鲜明响亮的个性化中队名称和中队口号，例如鸿雁中队、小水滴中队、阳光中队等。"魅力中队"围绕特色开展丰富的红领巾寻访研学活动，体现中队特色的氛围布置，中队特色深入每位队员心中，受到少先队员喜爱。

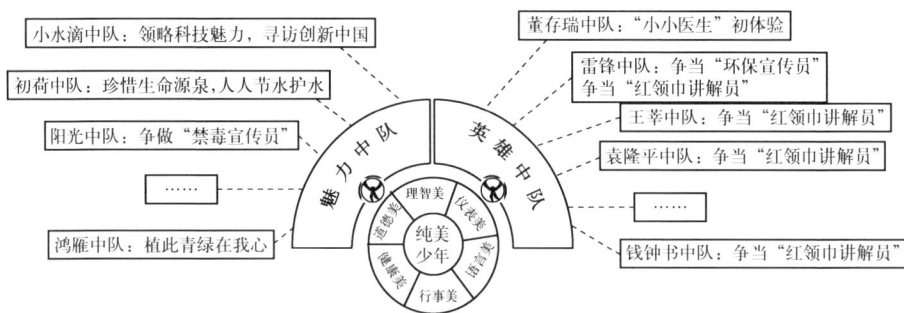

图2-2　无锡市春城实验小学纯美少年红领巾寻访活动安排图

假期是青少年心智飞速成长的阶段，红领巾寻访研学活动利用假期进行，能为学生提供由浅入深、由点到面的实践体验，提高未成年人的思想道德素质，充实学生的精神世界，促进少先队员达成"六美"的全面发展。参与红领巾寻访研学活动的孩子首先要针对寻访研学的主题和对象进行背景学习，了解相关历史文化、作用贡献。其次，在争当红领巾讲解员的过程中，进一步组织、拓展所收集的资料，为学生达成行事美、语言美、仪表美、道德美、理智美、健康美提供机遇，同时也给予了学生锻炼和展示的舞台。例如在向家人、同伴、其他游客介绍的同时，展现新时代少先队员的自信与风采，体现了语言美和行事美。寻访活动让孩子在听、看、说、思的过程中获得立体的、全方位的"六美"体验，引导广大少先队员增强中国特色社会主义道路自信、理论自信、制度自信、文化自信，培养热爱党、热爱社会主义祖国、热爱自然等朴素情感。

表 2-8　红领巾寻访活动具体安排表

活动安排		活动内容	六美
活动前	寻访知识我搜集	1. 收集寻访对象资料，如文化背景、名人知识、历史影响等。 2. 开展竞答活动，考一考大家的知识掌握情况。	理智美 行事美
活动中	寻访过程我懂礼	1. 提前观看八礼四仪的视频，过程中关注自身礼仪。 2. 寻访活动中能相互帮助、团结他人，表现出良好的精神风貌。	仪表美 健康美
	寻访对象我讲解	1. 说一说，你所了解的寻访对象，针对你看到的、听到的发表个人观点。 2. 向大家自信宣讲，可以是朗诵、文字讲述、合作表演等多种形式。	行事美 语言美
活动后	寻访所得我来思	1. 采访现场的工作人员，倾听他们讲述背后的故事，在课程活动中能有所触动，感悟伟大精神。 2. 用 A3 大小的纸制作活动笔记。笔记内容可以是活动前收集资料、活动中积极参与、活动后的心得体会等，图文并茂，清晰美观。	道德美 健康美

纯美少年的形象塑造不单在学校推行，还以少先队员带动家庭，以家庭辐射社会。通过家校社合作的方式，将纯美少年形象在社会中广泛传播，学校围绕纯美少年形象塑造，组建家校社教育共同体。

作为学校教育的决策参与者，家委会也会参与学校管理，帮助学校制定教育目标，提供少年形象塑造的依据。春城实小有完善的家委会制度，明确家委会的定位、职责、权利和义务，为家委会规范有序地开展工作提供保障。学校家委会自上而下分为三级管理方式，推进校家委会、年级家委会、班级家委会，采用主任负责制，对应落实、条块分明、职责清晰。每年3月和9月召开家长委员会代表大会，共同商议家校合作计划，评价纯美少年形象。

学校开展"诚毅"百家讲坛、"春之伞"家长志愿者、"春之影"家长跟岗班主任、"家长半日开放"等活动，让家长走进课堂、听课评课、查看作业，了解教师的教学和学生的学习情况，参与到塑造纯美少年的红领巾寻访研学活动中来。发挥家长的评价体系作用，让家长参与到纯美少年的评价中，并吸收家长好的建议加以修正。开展家长志愿者活动，结合学校品格提升工程，书香校园、体育节、艺术节、科技节等特色活动，招募家长志愿摄影师、家长志愿辅导员，参与学生活动、学生社团教学，让家长体验到塑造纯美少年带来的价值与成果，并做好网络媒体的宣传。

三、以职业体验主题课程为表现路径

人有百样人，业有百样业。学校坚持从"工匠精神"中汲取营养，带领学生走进各行各业，并以全方位塑造纯美少年为目标行进职业体验主题课程。学校利用市级品格提升工程项目，以职业体验劳动周为主题的德育活动为载体，将纯美少年的"六美"品质融合贯穿在"播种季""耕耘季""绽放季"中。

在"播种季"的纯美少年们进行了"我爱春城实小""寻味无锡""金牌小导游""诚毅消防员""蜜桃小果农""纯美慈善家"等职业体验活动，培养爱校园、爱家乡的道德美，更在语言美和行式美上渗透纯美品质。在"耕耘季"的纯美少年们进行了"诚毅小交警""二胡小工匠""印刷小工匠""梦想金话筒""仁爱小夫子""弘毅小记者""妙趣设计师"等职业体验活动，从理论到实践，从理想到现实，从行事美、语言美到仪表美、道德美，此阶段的学生通过学习、合作、探究多种方式展示交流各自的体验成果。在"绽放季"的纯美少年们进行了"金牌小厨神""仁心小医者""灵草小神农""纯朴手艺

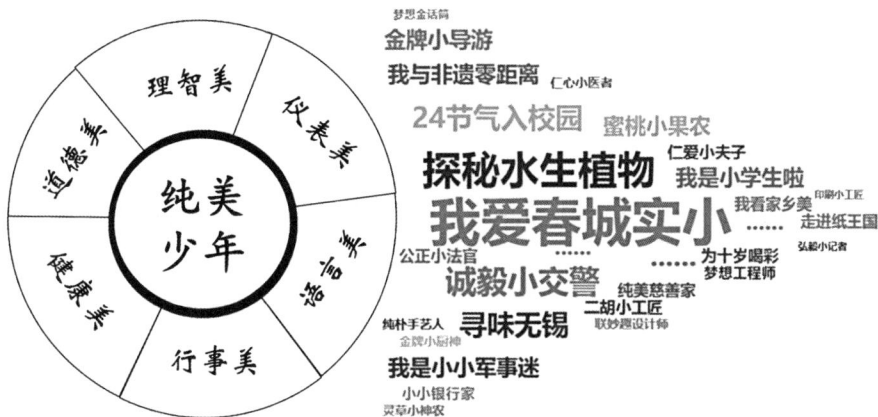

图 2-3　纯美少年职业体验主题课程图

人""公正小法官""梦想工程师""小小银行家"等职业体验活动，提高艺术审美，向高雅转变，促进发展理智美、健康美。这些职业体验活动都有助于他们表现自我，展示自信，为纯美少年提供了锻炼能力的机会和舞台，职业跨度"工业、农业、商业、服务业"四大类，在真实的实境体验下获得最纯真的职业感受，从而获得"六美"多方面的成长，受到相关的职业启蒙，埋下未来美好梦想的职业种子。

　　学校自始至终都以塑造纯美少年个体形象为己任，以形成群体形象为愿景，在立德树人的大背景下，在幸福童年教育理念的加持下，描摹出家、校、社三方都认可的纯美少年形象，呈现出更丰富的"六美"品质和内涵。

第三章　"成长叙事" 作为幸福童年课程

进入 21 世纪以来，我国基础教育课程改革持续推进。2022 年 4 月，教育部公布新版《义务教育课程方案和课程标准》，新版课程方案围绕"课程育人"的基本理念，以素养导向为显著特征，提出了一系列有关课程与教学的新举措。

春城实小落实新课改精神，在完成国家课程目标、开足课程形态、高质量实施国家课程的基础之上，形成具有校本化的课程结构形态，把"成长叙事"课程作为国家课程整体实施的校本化设计。同时学校将幸福童年教育理念融入，结合地方课程和校本资源优化课程体系，构建起具有幸福童年教育特色的校本文化。本章重在探讨"成长叙事"课程的课程理念、课程框架等具体内容，试图全面呈现春城实小"幸福童年教育"理念下的课程样态。

第一节　成长叙事课程的基本理念与理论基础

"成长叙事"作为学校课程的表达方式与呈现载体，有着自身的理论基础与理念价值。关注理论基础和基本理念，对成长叙事课程进行理论论证，从而赋予这个课程的合理性和合法性，这是成长叙事课程实施的前提。将我们对课程的理解通过理念的形式表达出来，形成校本化的思想表达，是课程实践建构的前提。本节重在探讨成长叙事课程的基本理念与理论内涵。

一、幸福童年教育视野中的成长叙事课程

成长是学校课程的价值起点，也是学校课程实施的第一要义。每一所学校都需要拥有自身独特的课程理念。无锡市春城实验小学建校于 2013 年，在当

时，作为一所承载着社会殷切期望的新学校，春城实小有着自身发展的文化期盼，学校师生更有着迫切的课程需求：我们要实施什么样的课程来满足儿童生命成长的需要，拓宽教师专业素养提升的渠道？

童年的本质是成长，教育中的学习经历是一系列童年事件，幸福童年教育的重要方向是丰富学生的体验和童年经验，助推学生的幸福童年体验，而这些幸福体验和童年经历对于学生来说，其生命意义就是"成长叙事"。由此，初期的"成长叙事"课程构想应运而生。"成长叙事"课程本质上是幸福童年教育理念的体现与实践表达，10年来，春城人始终坚持"给孩子一个幸福童年"的教育理念，全力打造幸福童年教育品牌，综合考虑儿童的身心发展，以多元化、生活化的方式统筹学生成长历程中各阶段的需要。

（一）"成长"与"叙事"

成长，意味着长大，泛指事物从稚嫩走向成熟的过程。但其又与"长大"有着显著的差异，"成长"和"长大"，是两个不同的概念。长大是生命体发展的客观规律，每一个人的一生从童年起步，变成少年，再迈入青壮年直至步入中年、老年，完成生命的周期。但是成长不一样，立足于自然成长的基础，我们通过学习在生命的不同发展阶段实现精神、能力、认知等各个维度的提升。

随着基础教育课程改革的不断实施，"叙事"模式已成为当下的研究热点，"叙事教育""叙事学习""叙事研究"等热频词反映的"叙事"的重要价值和意义越来越受关注。叙事即叙述，简而言之，叙事就是"讲故事"，通过生活化的描述方式，以故事的形式，还原经历并提炼意义。"叙"是成长叙事课程实施的前提，只有准确充分展现课程研究素材，才能推进叙事质量。叙事关注实践、经验、事件、生活，坚持用事实说话，而且它重视人的情感、体验、价值观。

"成长叙事"意味着我们在实施教学活动的过程中从儿童视角出发，基于各类活动中对儿童的观察、倾听、对话，以人的生命成长为主线，去寻找儿童能力发展与生命成长的"点"，呵护其自然生命，完善其社会生命，滋养其精神生命，让每个生命实现最大的价值，让每个独立个体成为最好的自己，出落成童年最美丽的模样。

（二）成长叙事课程的概念

课程是在过程中逐渐生成、建构起来的。关于叙事课程，从各类文献研究来看，最早见于结构主义叙事学家热奈特提出的叙事三元素，被应用在文学创作中。20世纪80年代，加拿大著名学者康纳利和克兰迪宁将"叙事"正式引入教育学视野，强调故事的意义，强调课程中故事的互动。这种叙事课程是不同于理论学习、研究的另一种方式，它更关注于个体生活中的具体事件及其经验的详细描述，它使每一个个体都能参与到学习讨论中来。它面向真实的生活世界，使课程学习从传统的建构抽象理论回归到具体、生动的真实生活情境与经历，从微观的真实情境中去理解复杂的课程意义。我们吸收康纳利和克兰迪宁关于"叙事"的基本思想理念，把春城实小"幸福童年"教育文化下的课程体系命名为"成长叙事"课程，并生成了自己的界定和主张。

我们理解的成长叙事课程是幸福童年教育哲学的课程化，是幸福童年教育实践的课程结构体系。成长叙事课程总体目标是丰富童年的幸福经历。成长叙事与幸福童年经历通过课程实现双向建构，在这个意义上，课程在提供童年经历的同时，构成儿童的成长叙事。成长叙事作为课程的隐喻表述，意味着课程是学生成长的过程，意味着课程是学生成长的记忆；成长叙事作为课程的内容结构，意味着课程以学生需求为核心，意味着课程与生活世界具有同构性；成长叙事作为课程的实施方式，意味着课程以童真、童趣、童乐为行动支柱，意味着课程本身是儿童的生命样态。

基于对"成长叙事"课程的理解，各个学科有各个学科不同的叙事方式，如科学学科总是通过实验来叙事，哲学学科总是通过思辨来叙事，数学学科通过符号的关系来叙事。"成长叙事"课程背后的教育思想是春城人一贯追求的教育理念，即课程为丰富儿童的童年经验而服务，它的功能在于将知识本位转向儿童本位，将学科知识经历化、活动化，让课程成为儿童的一种经历。当我们讲要强调儿童的个性发展的时候，实际上是寻求它有不同的叙事、不同的故事可续，我们的课程就是要给他们不同的故事，所以它是一种课程的总体表述。

（三）成长叙事课程的意义与价值

课程是教育的核心领域，它集中反映着特定的知识观、学习观和教育观。艾伦·奥恩斯坦和弗朗西斯·P. 亨金斯在《课程：基础、原理和问题》一书中提到："与课程开发相关的每个人，都应当将其视为一个开放系统、一段旅程，而不是一个目的地一个终点。"① 我们有时候把教材看作知识的载体，这时，课程内容就是学生要学习的知识。教材就是一个载体，类似于跑道。我们把课程理解成在跑道上跑的活动、跑的过程。跑道从起点到终点，包含了课程的各个要素，这就是课程的意义，也是课程经历。学生在参与课程的过程中也完成了一段段生命历程，学生本位得以凸显。"成长叙事"课程的主体内容就在于将教育的目光投注到儿童生命的成长与发展，在学习与生活中倾听儿童的内心与需求，追随儿童的兴趣与爱好，以"微"见"著"，课程的意义与价值主要体现在：

1. 适应时代变化，满足儿童的发展需求

随着新课程改革的不断推进，国家课程的校本化实施逐渐进入学校教育的实践领域，成为中小学推进素质教育、彰显学校特色的重要途径。新一轮的课程改革更加关注学生，更加指向每一个学生完整全面、有个性的发展，关注每一个学生的健康快乐成长，而这恰好与春城实小"幸福童年"的理念相契合。课程是创生幸福童年的可能和希望。现行国家课程和教材内容注重的是知识的逻辑性和系统性，很难考虑到儿童的个别差异，课程结构过于统一的现状不能适应信息化时代需求，不能适应每个学生个体的需求。相比较而言，国家课程在基层学校的校本化实施，更贴近学校发展需要，符合学生个性发展需求。立足儿童文化的成长叙事课程的研究正是回应了基础教育课程改革的呼唤，满足了新课程的实践需要。它为学校有效实施国家课程提供了一种文化视角，为国家课程校本化开发提供了一种范式，同时也为学校课程文化的形成指明了方向。

2. 唤醒内在驱动，激发儿童的自主意识

在日益激烈的社会竞争中，儿童充满对学习的焦虑、恐惧、疲劳，缺乏爱好甚至厌学。学校分门别类的科目是前人构建的知识体系，而不是儿童自身经验的积累产物。传统的被动学习是基于外在的诱因和强制，这使大部分儿童学习动机降低，无法有效地集中注意力，以至产生习得性无助。然而，年龄特点让儿童内心充满幻想，对周围的现实世界充满强烈的好奇心和求知欲；他们爱

---

① （美）艾伦·C. 奥恩斯坦，（美）费朗西斯·P. 汉金斯. 课程：基础、原理和问题［M］. 王爱松译. 南京：江苏教育出版社，2013.

提问，好体验，活泼好动，酷爱游戏，喜欢自主探索和参加集体活动。他们也具有发展自己、完善自己的内在冲动以及把目标转化为现实的潜在能力，我们期待改变教与学的方式，在成长叙事型的课程旅程中，增加儿童学习的生活体验、经验分享和成功的喜悦。儿童能根据自身已有的、目前的和未来的成长需要，自主选择学习内容和学习方式，建构起适切的思维体系与学习策略。当课程成为儿童自主发展的个性选择，成为儿童生命成长的有益历程时，儿童就真正成了课程的主人。

3. 着眼真实生活，滋养儿童的生命成长

学校课程要让儿童有动力去参与并对学习任务感兴趣，那么课程就必须建立在实际生活经验的基础之上。怀特海在《教育的目的》一书中提到："儿童从一开始接受教育起，就应该体验发现的乐趣。他必须发现，一般的概念能使他理解他一生中遇到的、构成他生活的种种事件。"① 课程意义的生成离不开儿童对外部成长世界的感知和探索。没有高度相关与丰富多样的真实生活情境，没有一种内在心灵与外在世界的交流应答，儿童就难以把握读懂世界的方式，无法实现知识与现实生活相结合的深度感悟，学校课程也难以与生活建立起人性化的关系，进行有效的经验还原。近十年间，春城实小回归学生生活世界，开展成长叙事课程的专题研究，充分发挥课程育人功能、优化学校课程结构、推进学习方式的变革，倡导学生在真实情境中进行开放式的深度学习，提高对人与自然、人与社会的整体认识。同时，站在儿童自我需求和自我发展的角度，让儿童自主地认识、选择课程并主动积极地体验课程内容，不断引领发展儿童，促进学生的生命成长。

二、成长叙事课程的理念与特点

"成长叙事"是将"叙事"作为学生学习活动和认知发展的主要方式，创设立体、丰富的课程情境与空间，引导学生回归生活、回归天性，在体验中提出学习需求，获取学习经验，分享学习成果，获得伴随其终身发展所需要的必备品格和关键能力。我们把课程看作是学生生命成长的旅程，而叙事则意味着我们在实施教学活动的过程中要从"生命意义""生命内容""生命事件"这三个维度设计丰富多彩的叙事方式，关注儿童的学习感受和真实表达，动态地

---

① （英）怀特海. 教育的目的［M］. 徐汝舟译. 北京：生活·读书·新知三联书店，2002：3.

反映学生的学习曲线，学生课程关怀和人性温暖，深化学生对课程过程的感悟。

"成长叙事"课程积极寻觅不同儿童个性化发展的可能方向，为每一个充满发展可能性的儿童提供发展的机会，为孩子提供深入不同领域学科的学习机会。学生作为故事的探索者、亲历者和分享者，其学习方式是自然的、自主的；学习伙伴间的交往是友好的、互助的，学生拥有了更宽广的学习空间和选择机会，课程也在理念方面呈现出不同的样态与特征。成长叙事课程认可每个孩子的生命体验，尊重他们的选择和体验。其具体理念与特点包括：

（一）课程即灵动的成长

成长叙事课程让学生体验生命发展的各个阶段，这一过程是灵动活泼的，是纯真烂漫的，是自由无羁绊的。在这样的课程旅途中，学生学习是主动的，教学内容是鲜活的，课堂活动是具身的，学生素养也在潜移默化中逐步提高。为了让每个学生都能在群体中灵动生长，学校认识、尊重、保护和激发儿童天性，用积极的教育生态模式去激发每一个孩子内在的生命力，让孩子在生动有趣、富有挑战的课程实践中洒脱行走、独立思考、自信表达。课程行走的方向，就是儿童拔节成长的方向。

（二）课程即完整的经历

朱永新教授倡导师生"过一种幸福完整的教育生活"[1]，享受教育的幸福。可见，课程存在于儿童每天真实经历的生活里，教育自然场域中发生并发展着的真实事件都可以作为课程的资源。只有当学习者作为课程主体，通过合作、探究、体验等多样化的学习方式去组织、关联信息，获取技能与经验，在亲历的过程中理解并建构知识、发展能力、产生情感，课程才能真正实现知识与生活、生命的共鸣。学校将学生视作"完整的人"，引导学生认识自我、世界，生成个性化经验，丰富对于学科知识与社会生活的整体认知，逐步还原学生"完整的生活"，给学生积累"完整经验"的机会，以此来促进学生生命的完整发展。

---

[1] 朱永新. 新教育实验二十年：回顾、总结与展望［J］. 华东师范大学学报（教育科学版），2021，39（11）：1-44.

（三）课程即共同的行走

课程是通往幸福美好生活的教育旅程，它改变着师生伙伴间的学习行走方式，"行"既是行走，同时也是行动，在课程活动中，我们不仅关注儿童自身的言语表达与素养发展，也关注着教师与学生间的互动，学生与学生之间的交流过程。师生依托各类项目研究和课程实践，组建起功能和类型多样化的"学习共同体"，拟定主题、分工实施、共同参与，开展主题式研究性学习，实现课堂即生活、教学即交往的样态目标。学生通过课程开发变得乐于交往与合作，责任意识和担当意识得到培养。教师的课程开发、课程组织、课程实施、课程管理与课程评价能力也得以提升。课程是一场相遇，是一场对话，倾听与对话的师生伙伴课程模式帮助我们用行走的脚步去丈量和感悟课程文化的宽度与厚度。

（四）课程即自我的叙事

在课程实践中，学习者进行自我反思与自我认知是所有好课程的起点，也是实现课程目标的基本要素和必要条件。由于课程本身能为儿童提供丰富的生活资源和生活故事，这些经验和信息会随着时间的流逝循环往复地进行更新与迭代，每项知识经验都在前一个知识经验的基础上拓展，因而以学习者为中心的自我叙事可以帮助个体认清自我、审视现状，对课程事件进行有序地排列、解释和推断，支持个体的深度学习与融合成长。叙事是一种自省，为我们提供了一种情境复现、阐明关联、定义自身的学习路径，学习者通过"自我控制"（self-control）和"自我探索"（self-exploration）建构起关于其生活的叙事方式，历经真正自我实践与体悟，最终找到适合自己的发展方向。

三、成长叙事课程的实践取向

"成长叙事"课程是一种回归儿童的课程建构，以多元化、生活化的方式呈现出教育的幸福感与魅力。在运用成长叙事方法研发校本化课程的同时，学校以促进"幸福童年"美好愿望的达成为目的，始终站在儿童的立场，去反思课程，总结经验，更新体系，改善行为，坚持科研强师、科研育人、科研兴校的发展战略，关注"成长叙事"课程对师生、学校协同发展的重要价值，让教师们对自己在教育过程中的角色有新的认识与定位，致力于给予儿童充溢着"真善美"的完整生活和幸福童年的教育。注重学习过程与学习经历的成长叙事课程呈现出如下取向：

（一）在叙事与课程的关系上，它把叙事作为课程的表达方式与呈现载体

"成长叙事"课程是一个知识整合的过程，它使课堂成为叙事场所，学习者卷入到叙事学习中去，个体的故事被他人阅读和理解，引起叙述者和聆听者情感的交流。课堂不再是从枯燥的概念到概念的理论化的学习场所，而是一个充满情感交流的叙事场所。"成长叙事"课程并非提供一种现成的答案，而是提供一种刺激，一种参照，一种可能，常常能够引发思想的碰撞，生成新的经验，为"听者"和"诉者"服务。学生在参与课堂学习的过程中，充分挖掘自身学习兴趣与潜能，逐步具备感知幸福、创造幸福以及享用幸福的能力，为终身发展奠基。

（二）在课程设计与实施上，它是整合式、多元化的课程

成长叙事课程通过体验、归纳的方式进行学习者知识的建构，学习者从课程中了解情况，产生疑惑，找出问题，对有关的人和事进行解释和描述，从而达到对问题的不断深入理解。课程契合儿童发展的诉求，拥有自然自主的学习方式与友好互助的学习体验。课程丰富了儿童学习和认知的领域及内容，为儿童提供生活经验的学习内容，同时改变工具性课程所造成的儿童消极接受文化技能的现实，还给儿童主动的、自主的幸福化的权利，为儿童课程的开发与实施提供了一条新的探究路径。

（三）从师生在课程设计与实施过程中的作用看，它是一种共创课程

课程育人的新理念改变了教与学的方式，促进学生全面而有个性的发展。叙事课程对于学习者来说，能引发、激发群体性的思考，产生认同及共鸣。学习者之间也打开了各自的触角，实现了思维的交流与碰撞，这是一种更深层次的学习而非表面的知识学习，是触及学习者深处的世界观、价值观的交流学习。在成长叙事课程中的师生关系，是一种民主平等的共创关系，师生之间共创故事，获得故事意义、故事策略、故事经验。这种良好的师生关系有助于创造轻松的学习氛围、促进学习的发生、唤醒儿童的生命自觉，帮助儿童找寻自我人生价值。

（四）成长叙事是一个传递性的过程，帮助儿童表达学习感悟

成长叙事不是白描式的写实，而是叙述者通过叙事，向其他人传递自己的观点、看法、想法。好的成长叙事课程是课程档案的一种形式，其中包含活动的照片、儿童的对话、教师的记录等丰富的过程性资料，就像一部电影一样生

动再现。叙事主体在叙述过程中要不断地去理清自己的叙述思维，原本可能模糊的认识经过叙述变得明朗甚至深刻，经过叙述意义凸显出来。学习者在经验分享交流的互动过程中产生了感受和顿悟，并且联系以往的经历，产生新感受、新经验、新见解，获得新的认识，实现学习的目的。这个过程中，学习者主动探索、主动改变，极大地发挥了学习主动性，这也是有效的学习。

（五）成长叙事是一个情境性的过程，教会儿童梳理课程经验

从情境性上来看，课程经常被理解成一种学习的过程，但在现实教育场景中，它却是由参与事物和参与者在特定情景所形成的一系列流动的思想与技能所形构，是由真实的"情节"和"情趣"所构成，而不是由抽象的概念和符号所堆砌。完整的成长叙事课程应是以儿童为本，以充分满足儿童的学习兴趣需要、释放儿童的潜能为出发点，以解决真实的教育问题为导向，以真实的教育情境为背景，以提升教师专业化素养为手段，真正地去观察孩子，解读孩子。对于课堂教学来说，教师在课程中的实践不是随遇而安的，而是体现了一定的目标和意愿。因而，情景的发生、发展及与历史经验的携手又体现在一定的目标指向上。情景与目标之间既相关，又有张力，如此构成了鲜活的教育情景，形成了各自独特的教育故事。

（六）成长叙事是一个建构性的过程，引领儿童探索成长意义

叙事是一个反思学习、重新建构的过程，在叙述的过程中，叙述者按照事件发生的一定逻辑展开，完整地、系统地呈现出来，其实是对众多的故事发展线索的重新整理。这个过程本身就包含了对故事的思考。条理化分析故事的众多线索，表明叙述是反思后的叙述，是经验的总结。反思的产生建基于对个体的正确认识，又是建构的基础。学习是一种构建手段，比较起来，反思之后的重构改造了那些想当然的和习惯化的应对课程情景的方式，可以使得课程意义得到再现。通过对自己过去教育生活中司空见惯的微细节进行重新审视，发现其中蕴藏的教育意涵，从而把作为叙事者的教师自身的思维触角引向自我教育的深层空间，使看似平淡的日常生活显现出并不平凡的教育意义。在叙述过程中，学习者不仅仅是聆听或者叙述故事，而是通过故事的叙述来获得新的理解，揭示新的意义，得到某种启示，使学习者获得建构意义。

第二节　成长叙事课程规划

"成长叙事"课程作为幸福童年教育的课程样态，需要在国家课程的基础上进行系统规划与整体建构。基于课程规划的一般思路，我们需要厘清成长叙事课程开发的背景、课程理念、明确课程实施目标和计划，并在实践过程中不断完善。

一、课程开发背景

在围绕育人目标整体规划、实施、评估成长叙事课程的持续性进程中，学校认真分析课程实施背景和课程情境，重新审视自身的课程哲学，准确把握课程功能，搭建课程框架，落实学校课程评价，推进学校的课程管理，以激活系统建构课程的新生态，让办学愿景与育人目标落地，实现学生、教师与学校三方协同的最佳发展。

（一）10 年课程改革经验的总结与提升

对于学校来说，课程改革是机遇也是挑战。办学 10 年，学校贯彻落实《教育部关于全面深化课程改革落实立德树人根本任务的意见》，紧紧抓住区域内外教育高质量发展的契机，聚焦课程改革的关键领域和主要环节，发挥学科教学的育人功能，转变教师课程理念，不断凝练和梳理课程实施经验与成果，积极推动学校课程改革，全面提升学校课堂教学水平和育人质量。春城实小先后被评为无锡市中小学课程基地和学校文化建设项目学校、无锡市"课题进课堂"实验学校等，实现了学校的内涵式发展。从初期的"一核六品、四驱六维"的幸福童年课程模型，到聚焦生命成长各个维度的"成长叙事"课程体系，春城实小这 10 年的课程改革历程，不仅是对学校发展历史的细致回望与总结，同时也能为学校品质建设带来全新的视角与创新的思路。

（二）幸福童年教育哲学的课程转化

学校教育哲学（school philosophy）是学校办学的灵魂与核心。办学伊始，基于对童年价值和儿童特性的充分认识，学校构建了师生认可并自觉追求的"幸福童年"目标文化，旨在满足儿童生命成长的需要，为儿童的终身发展提供持续的精神动力。然而，先进的学校教育哲学只有转化成学校共同体，即包括校长、教师、学生以及家长在内的群体等都认同的、具体的、可操作的课程目标，并且通过具体的课程体系的规划与实施才能真正实现。为了提升学校教育品质、探索学校发展的有效策略，使校园成为"师生向往和留恋的幸福家园"，学校关注学生成长的每一串脚步，着力规划"成长叙事"课程，在学校目标文化的浸润和感召下，师生的学习和生活有了一种自觉的价值引领，一种习惯的自然习得，逐渐形成了温暖、包容、互赖的美好校园生态文化氛围。随着"成长叙事"课程开发研究的不断深入，"给孩子一个幸福的童年"已逐渐成为全体师生的共识，也成为我们办学的逻辑起点和自觉行动。成长叙事课程在助推学校办学品质持续提升的同时，也塑造了独特的课程文化记忆，勾勒出学校发展的新模样。

（三）新时代国家课程的校本化实施

基层学校在探索国家课程校本化实施的过程中常会遇到以下瓶颈和问题，如"课程系统过于固化不能适应社会信息化发展变化"、"课程结构过于统一不能满足学生个性化需求"等等。围绕核心素养，学校要实现国家课程的校本化实施，就必须触摸孩子的本真，促进课程的创新，实现学校课程教学整体的结构性的变革。在规范施行国家课程的基础上，春城实小基于学生品格、能力和素养的发展，积极思考国家课程在基层学校的校本化实施，自主研发具有儿童适切性的"成长叙事"的课程，增加儿童学习的生活体验、经验分享和成功的喜悦，力求凸显儿童立场和幸福指向，真正能让课程引领学校走向儿童发展的未来。

（四）课程实践问题的系统解决

课程改革的基本走向就是让课程更贴近儿童的生长需求，激发儿童活动的自主性和积极性，以便儿童获得更丰富的生活经验，促进其全面发展。深入分析课程实施的各个环节和各个层面，还存在一些亟待解决的现实问题，这需要学校用反思的眼光去重新或深度审视课程资源挖掘、课程实施效果等方面影响因素。在新课改的背景下，学校结合自身的培养目标和办学条件，从社会环境、家长期望和学生需要出发，坚持以课程改革为突破点，创建学校内涵特色；以课程建设为载体，提高学科教研水平；以课程开发为抓手，提升教师专业素养；以课程实施为途径，满足学生个性发展。在课程创新实践的过程中，春城实小始终以学生为本，聚焦核心素养，融合多学科要素，重组课程内容，让学生在真实情境中解决真实问题，从而促进学生真实、全面发展。

（五）教师课程能力的持续提升

作为课程的学习者、研究者和开发者，教师要具备完成课程设计、实施、评价、管理等各类课程活动的"胜任力"。在基础教育课程改革中，教师的课程能力是教师综合素质的重要组成部分，决定着课程实施的质量。近年来，春城实小以无锡市首批"四有"好教师团队培育单位、无锡市首批教师发展示范基地校等项目建设为抓手，广设平台，分层指导，加强教师课程能力培训，依托成长叙事课程建设，在课程项目的研究中不断发展教师的课程认知能力、课程开发能力、课程设计能力、课程实施能力、课程评价能力和课程研究能力。随着研究的深入，学校"秋日丰收乐"、"寻味无锡"等课程精品案例纷纷荣获无锡市一等奖。我们欣喜地看到，教师逐渐从强调学科、强调知识技能偏向强调学生在生活中、学习中获得的经验与体验，设计出还原儿童生活经历、能够满足儿童发展需求的成长叙事课程。

二、课程目标

课程目标是确定课程内容、教育目标和教学方法的基础，它既是整个课程编制过程中课程设计的起点，也是评估课程实施效果的依据。"成长叙事"课程立足学生生活实际，整体规划、系统设计，围绕改革目标与培养目标，着力凸显学校课程理念，创新优化课程组织与实施方式，帮助学生在游戏化、项目化的学习中获取经验，为每个学生的全面健康成长提供优质课程，为纯美少年的培育打下生命底色。

（一）唤醒儿童的自主意识

"成长叙事"课程让儿童站在课堂的中央，遵循儿童的身心发展的特点和育人规律，以"成长中的我"为原点，立足儿童生活的方方面面，用温和的方法唤醒儿童的自主成长意识，激发儿童的创造力，在潜移默化中发展其自觉吸收知识的本能，使儿童乐于交往、勇于实践、敢于说出自己的想法，心灵获得解放，生命得到绽放，创造力得到觉醒，使其天性和能力得到健康、持续、自然生长。

（二）滋养儿童的生命成长

生命具有个体独特性、状态自由性、情感愉悦性的特征。心灵的滋养对孩子生命成长有重要作用。在"成长叙事"课程中，我们希望儿童呈现出自由、天真、向上的模样。儿童在课程实践与体验中喜欢同学、老师和学校，学会选择，学会学习，发现自我，建立自信，个性得到张扬，差异得到尊重，从而感受到成功和幸福。课程成为学生成长的平台，学生得到了更多与同龄、差龄儿童学习交流的机会，得到了与社会生活接触的机会，获得了体验生命成长的丰富经历。

（三）铸造终身的精神家园

课程是教育的风景。好的课程可以引导师生诗意地行走，让每一个孩子成为一朵绽放的向阳花。"成长叙事"课程打造学生的精神家园，强调课程内容要能激发学生的好奇心与求知欲，引导学生在学习过程中能像科学家一样思考，像艺术家一样想象，像设计师一样规划，像工程师一样创造，像演讲家一样表达。细雨湿衣看不见，闲花落地听无声，教育最美妙的境界是有心而无痕。精神的丰富性让学生变得鲜亮而活泼，铸魂无痕，增慧有方，也是"成长叙事"课程追求的理想精神境界。

（四）建构融通的核心素养

在"成长叙事"课程的实施过程中，我们寻求各学科核心素养培育的相互融通，使之形成合力，交相辉映。本课程致力于培养拥有治平责任、纯美境界、灵秀才情、强健活力的纯美少年。学生拥有强烈自主的责任担当，做学习的小主人，做人生的主导者；拥有纯净美好的心灵世界，善于发现美的事物；拥有聪慧灵动的眼界才华，表达不断进取的人生意志；拥有可持续发展的健康活力，身心和谐、快乐成长。

三、课程结构与计划

作为学校课程体系的骨架与支撑，课程结构是课程目标转化为教育经验与成果的纽带与桥梁，同时也是课程活动得以顺利实施和开展的必要条件。"新课标"对学校教育教学提出了要求：学校需优化课程内容结构，坚持素养导向，将学科紧密结合起来，让跨学科主题课程在课程改革中落地生根。

学校"成长叙事"课程梳理了组成课程体系的学科门类，引导作为叙事主体的学生努力在课程旅途中构建"生活、学习、修业"相契合的成长维度（即"成长三维"课程），探索生命意义，解读生命内容，关注生命事件（即"叙事三体"课程），生成叙事化的表达方式与思维模式，形成诚信、坚毅、雅趣（即"童年三事"课程）的课程品格，保障儿童个体自由而全面的发展。

（一）"叙事三体"课程

春城实小坚持国家课程在课程结构、学校教育中的主导地位，同时注重课程与学生个人生活实际、经验世界的联结，《义务教育课程方案（2022 年版)》要求在各年级每学期的总课时中，各学科类的跨学科课时不少于 10%。跨学科主题学习的设立有利于弥补当下分科课程的局限性与不足，引导学生以开阔的视野观察问题，以灵活的思维分析、研究问题，以整合的知识与方法解决问题，促进学科综合育人任务的完成。

"叙事三体"课程（见图 3-1）的内容聚焦生命意义、生命内容、生命事件三个维度。它将学科知识经历化、活动化，通过跨学科主题学习这一新举措，在常规课堂教学中对国家课程进行有益补充和拓展延伸。各学科组根据学生的年龄特征与各类学科特点，参照新课标对跨学科主题学习的定位及表述，搭建了跨学科主题学习框架，并结合学科特征对其进行概念化命名，让课程成为儿童的一种经验。

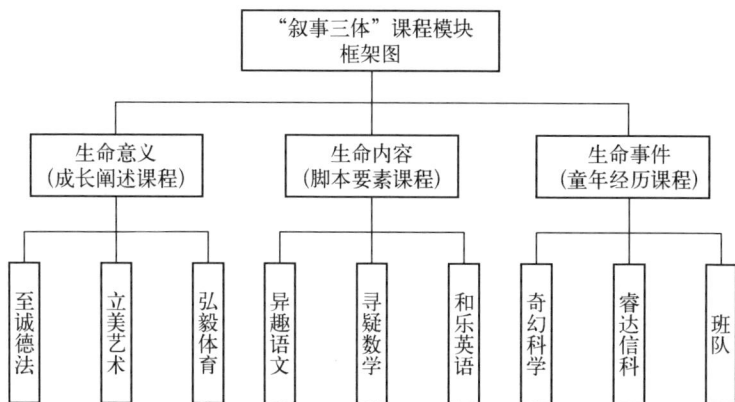

图 3-1 "叙事三体"课程模块框架图

成长阐述类课程着重探究生命意义，包含"至诚"德法、"立美"艺术与"弘毅"体育等多门学科，其中艺术类课程又囊括了音乐、美术、舞蹈、戏剧、影视各领域。教师引导儿童展开自然自主学习，帮助学生正确地认识到生命的价值，唤醒儿童内心的信念目标与理想追求，提升儿童生命的高度。学生通过接触提高审美能力，强健体魄，学会积极健康地生活，不断丰富自我，树立正确的人生观和价值观。"至诚德法"包含"我的新朋友""我的新技能""绘制传统节日图""制作传统游戏卡""我的成长手册""我的家乡宣传册""垃圾的瘦身行动""一起快乐买买买""石榴的家谱图""那年那兔那些事""普法文案大赏""我的偶像"12个主题；"立美艺术"包含"秋天来了""美丽的雪花""校园节拍""你好，小动物""形形色色的人""舞动奇迹""水乡韵""江南好""乡音多喜乐""理想的居住环境""中国军人""我的童年"12个主题；"弘毅体育"包含"青草池塘处处蛙""一起来投掷""五彩飞绳""长途奔袭，火速增援""鲤鱼跳龙门""手可摘星辰""武艺武德""足球嘉年华""飞奔追夸父""小篮球、大梦想""女排精神""飞跃地平线"12个主题。

脚本要素类课程旨在探索生命内容与现象，积累和掌握学科基础知识。儿童通过学习"异趣"语文、"寻疑"数学、"和乐"英语等学科，在具体详细的学习内容中了解知识的丰富性、个体性。通过形成学科基本技能、发展学科思维，让学生多视角、多维度地对问题进行探究解读，学会解决问题的一些具体方法，发散多元认知、多元思维。"异趣语文"包含"汉字中的'怪物'""汉字中的'怪事'""水汽冰三兄弟""风雨雷电大家族""秋天正是赏花时""绘制春天落叶地图""月亮的30张脸""太阳的24小时旅程""不一样的家谱""我们是相亲相爱的一家人""喜怒哀乐都是歌""相逢一笑泯恩仇"12个主题；"寻疑数学"包含"数字奇遇记""图形魔法师""花园里的数学探秘""风雨数字图""秋冬服装节""春天时间赞歌""趣味数字地球""图形银河系""我们家的钱都哪去了？""蒜叶生长记""黄金螺旋线""液体里的比例"12个主题；"和乐英语"包含"Frozen—A puppet show""A magic clock""My snack bar""My dream school""Our new friends""Asking the way""Idiom stories and Fairy tales""Being a good student"8个主题。

童年经历类课程如"奇幻科学""睿达信科"班队活动课等注重激发学生的探究兴趣，鼓励学生体验探究过程，发展其初步的探究能力。儿童通过具体的生命事件来感知、参与、体验实践性课程，在各类综合性、项目化的课程活动中充分挖掘自身学习特长与潜能，逐步具备感知创造的能力，从而拥有活力进取、自信包容的生命经历，为终身发展奠基。"奇幻科学"包含"动力小车""多样的生命""今天天气怎么样""水培小葱生长记""信息安全小卫士""用符号表达情感""制作LED手环""探究昆虫的奥秘（蚕之蜕变）""游戏博弈中的策略""小型开关系统""探索宇宙奥秘""绿色节能小屋"12个主题；"睿达信科"包含"做时间的主人""向世界介绍我的学校""智游新吴""班级大改造""定格动画""智慧声控廊道""生肖计算器""聪明的相册"8个主题。

（二）"成长三维"课程

"成长三维"课程（表3-1）包含生活、学习、修业三个维度。其中，生活是主体，学习是条件，修业是样态。学生在生活中学习，在学习中成长，在修业中润泽心灵。生活主题课程包含"快乐的学校生活""学会与同伴相处""双手动起来""家庭班级我当家"四个探究主题；学习主题课程包含"好成绩从好习惯开始""大家一起学""上课作业读书有方法""了解我们的学习心理"4个探究主题；修业主题课程包含"工人工业与工厂""农民农业与农村""商人商业与商店""二十年展望：从班级到社会"4个探究主题。

表3-1　春城实小"成长三维"课程

年级	成长三维	探究主题
一上	生活	快乐的学校生活
一下	学习	好成绩从好习惯开始
二上	生活	学会与同伴相处
二下	学习	大家一起学
三上	生活	双手动起来
三下	学习	上课作业读书有方法
四上	生活	家庭班级我当家
四下	学习	了解我们的学习心理
五上	修业	工人工业与工厂
五下	修业	农民农业与农村
六上	修业	商人商业与商店
六下	修业	二十年展望：从班级到社会

低年级是学生迈入小学学习的起始阶段，开端尤为重要。所以一年级的"成长三维"探究主题与认识学校和养成良好的习惯息息相关。学期伊始，教师带领学生了解校园环境、校园文化，读故事、做游戏、画图画……在丰富多彩的活动中寻找学校生活的乐趣。好习惯是孩子一生的重要基石，《春城实小

"九宫格"日常行为习惯进阶表》在"听、问、答、写、吃、赏、坐、站、行"九个方面为学生习惯的培养提供了具体可视化路径。学生通过学习、互助、实践等方式让自己的学习习惯、行为习惯得到提升。二年级的探究主题着眼于同伴交往,学生研究中外友谊故事,如桃园三结义、马恩革命历程等,讲故事、进行经验分享交流会、交友情景模拟……在活动与研究中拓展学习自身交朋友的方法,鼓励学生与同伴交往时学会共同学习与互鉴长处,合作、分享、共赢,学会社会交往技能以及发展同学间的情谊。

进入中年级,学习得法者事半功倍。在生活的维度,三年级学生能够自理自立,学习如洗衣、做饭、整理内务等必要技能;在学习的维度,继续坚持巩固学习习惯,发掘身边的榜样,开展"小小书法家""听课小明星""表达小能手"等评选交流活动,总结经验,以希望学生拥有善于倾听与灵活表达的能力为目标。四年级的探究主题围绕做班级、家庭的小当家和认识学习心理展开。学生当一回小老师,协助老师管理班级,进行授课;当一次家里的小主人,帮助家人完成日常计划安排,发展社会适应性技能。通过知识讲座等方式了解简单的心理学常识,教会学生如何合理分配学习时间与学习任务;在头脑风暴、想象和联想训练中锻炼学生思维的独创性、灵活性与敏捷性。

高年级学生在积累沉淀后,更多进行的是岗位体验修业活动。修业的主要形式是岗位体验,了解各种职业的前景,学会初步规划职业,学习职业道德,掌握相应的职业技能。例如,五年级的主题为了解工业与农业,学生走进工厂、农场、果园等实践基地,操作机器、参与劳动,了解大国工匠精神,弘扬中华文明;体验收割、采摘农作物,增强劳动技能,体会丰收的喜悦。六年级的主题是学生了解商人、商业与商店,学习中国商业的发展史,走进商店,切实体验商业文化,回到校园,进行交换集市、爱心义卖等活动,传承商业文明,坚持文化自信。最后进行二十年展望活动,写下职业心愿,畅想今后自己的职业发展道路,并为之不懈奋斗。

(三)"童年三事"课程

学校秉持"诚毅"校训,致力于培育诚朴、坚毅、有雅趣的纯美少年。学校理解和关照儿童的学习特点,让课程发展从重"教"走向重"学",将校本化特色课程设计为"诚""毅""趣"三个维度,梳理成"童年三事"课程模块,其中:

1."诚"意为诚信，是做人的根本

"诚"是德行、品德，是君子的重要品格。诚信也是中华民族的传统美德，是学生立身为人、成长成才的必备品质。"诚信人格"课程（表3-2）以诚信人格的培养为总体目标，以阅读探究、自我反思为学习路径，是一种课内外相结合的课程。诚信人格课程包含12个主题性课外阅读任务，老师在课堂上进行阅读指导，学生利用课后服务的时间进行自主阅读，学校每学期机动安排一周时间进行阅读成果展示。阅读的主要内容是名人故事、伟人传记、传统美德故事等。

表3-2 春城实小"诚信人格"课程

年级	学期	主题	阅读任务描述	备注
一	上	说谎有害	听寓言故事、成语故事录音，了解说谎的危害。	
	下	说话算话	听寓言故事录音，阅读绘本，明白要说话算话。	
二	上	不占便宜	阅读绘本，能读懂简单故事背后的道理，做到不占便宜。	
	下	学会谦让	阅读礼仪类绘本，知晓不同场合下的礼仪。	
三	上	关爱生命	阅读童话、寓言等故事书，学会关爱动物、植物。	
	下	关注小节	阅读童话等书，关注学习生活中细节，做个有心人。	
四	上	尊重他人	阅读传统启蒙读物，学会尊重他人，尊重别人的选择。	
	下	学做真人	阅读童话、科学小品，追寻正直、善良品质。	
五	上	守护文明	阅读儿童小说、经典文学作品，了解人类文明。	
	下	奉献社会	阅读红色经典、革命文学，感受英雄人物精神。	
六	上	尊重规则	阅读经典文学、外国名著、科学类著作，知晓规则。	
	下	信守承诺	阅读名人传记、经典著作，做到遵诺言、守诚信。	

阅读素养不是一种纯粹的语言技巧，而是受益终身的综合文化品格。学校甄选出一批体现"诚信"品格的优质经典读物，指导学生朗读圣贤故事，帮助各年级学生从温暖的故事中感悟人性的诚挚美好，学习先哲名人诚实守信的感人事迹，穿越亘古苍穹，与经典同行。在阅读中，学生通过对人物情节的揣摩，对自然社会的思考，对人物情感的领悟，生成健全的人格和独立的思想，

潜移默化地培养自身良好的行为习惯和得体的处事方式。

2. "毅" 既可以理解为意志坚定，也可以解读为坚毅之精神

"毅" 是做事的根本，代表坚韧不拔的精神品格。"坚毅精神" 课程（表3-3）是立足于挑战的真实课程，学校每学期布置学生完成一件具有真实情境性和考验性的挑战任务，小学六年学生共参与12次活动。该课程以服务自我、服务他人、服务社会作为挑战性任务的取向，在主题性活动中以劳动任务挑战为基本方式，培养孩子的坚毅精神。

表3-3 春城实小 "坚毅精神" 课程内容

年级	学期	主题	挑战任务描述	备注
一	上	早睡早起	不用父母提醒，可以自觉做到，作息有规律。	
	下	省心书包	书包内的物品井井有条，不落东西。	
二	上	家务助理	能够帮助家长做力所能及的家务。	
	下	文明用餐	争做文明用餐示范员，不浪费、不喧哗，用餐有礼仪。	
三	上	走进市场	走进市场观察，发现不同人物销售特点。	
	下	小小工匠	制作特定主题的工具，设计、选材、做手工。	
四	上	救护天使	了解伤害处理注意事项，学会伤口处理、急救知识。	
	下	创意拍客	学习摄影技巧，学会构图、布景、拍摄方法，拍出漂亮照片。	
五	上	绿色农夫	走进校园 "百草园"，进行班级绿植养护等，了解现代农业知识。	
	下	公益达人	做有利于社会的事情，从小事做起，做公益小达人。	
六	上	实习网医	针对手机、电脑等游戏信息过度使用，治理网络不良习惯。	
	下	夜班保安	守护母校财产安全，做有责任感的安全卫士。	

在家庭与社会的支持与配合下，各年级精心设计符合孩子年龄特点的挑战项目，关注学生与生活、学生与社会、学生与自我等方面的实际情况，准备丰富的活动素材，提供安全与完善的场地设备，引导学生在挑战过程中动手动

脑、合作探究，在挫折中逐步形成吃苦耐劳的独立意识，提升了孩子们应对困难的勇气和决心，也增强了其心理承受能力与受挫能力。

3. "趣"指有意趣，在课程中体会趣味、生成志趣

学生的快乐成长离不开视觉、听觉、触觉、运动觉等多感官的协同发展。学校在全方位的课程实践中，开设"兴趣特长"课程（表3-4），旨在帮助学生发现特长、丰富兴趣。该课程共分为三个类别，"智育类"课程指科技创新课程，学生亲自动手体验信息实验的乐趣；"美育类"课程指学生掌握一项乐器，孩子们在学习演奏中激发自身的潜力和对美的情感；"体育类"课程指多种体育项目，学生在运动中享受快乐。

表3-4 春城实小"兴趣特长"课程内容

年级	类别	内容	备注
一	智育类	科学小发明、3D打印、科学小实验	
	美育类	超轻黏土、儿童科幻画、二胡、竹笛	
	体育类	跳绳、足球、趣味田径、跆拳道	
二	智育类	珠心算、科学小发明、3d打印	
	美育类	线描画、折纸、管乐、打击乐	
	体育类	足球、趣味田径、啦啦操、跆拳道	
三	智育类	珠心算、python编程、科技大爆炸	
	美育类	剪纸、动漫画、竖笛、钢琴	
	体育类	田径、足球、羽毛球、啦啦操、跆拳道	
四	智育类	小麦斯、python编程、科技模型、无线电测向	
	美育类	素描画、泥塑、竖笛、钢琴	
	体育类	武术、足球、田径、乒乓球、棒垒球	
五	智育类	小麦斯、足球无人机、金钥匙、无线电测向	
	美育类	水粉画、剪纸、书法、管乐、竖笛	
	体育类	排球、篮球、田径、乒乓球、棒垒球	
六	智育类	小麦斯、足球无人机、金钥匙、科技模型	
	美育类	国画、彩铅画、书法、单簧管、钢琴	
	体育类	篮球、排球、田径、棒垒球	

学校依托"春晓俱乐部"这一平台，在每周的地方、学校课程中面向全体学生实施"兴趣特长"课程，让学生在兴趣中收获精彩，在成功中体验乐趣。同时，基于儿童的生活经验，学校将课程主题化、模块化、多元化，融合艺术、语言、科学、社会体验等多样化的方式，让学生在拥有知识的同时，培养特色特长，助力儿童在课程活动中找到自己的舞台、全面提升艺体、科技等方面的能力水平，促进综合素质发展。

（四）课程结构图与课程设置计划表

春城实小的课程设置与实施立足多样化的学生发展需求，从成长叙事入手，以儿童的兴趣和需要为切入点，落实到具象化的学科样态，让学生"为需要而学习""乐学好学"，实现内在品格"诚"与外在行为"毅"的趋同。其课程整体结构图如下：

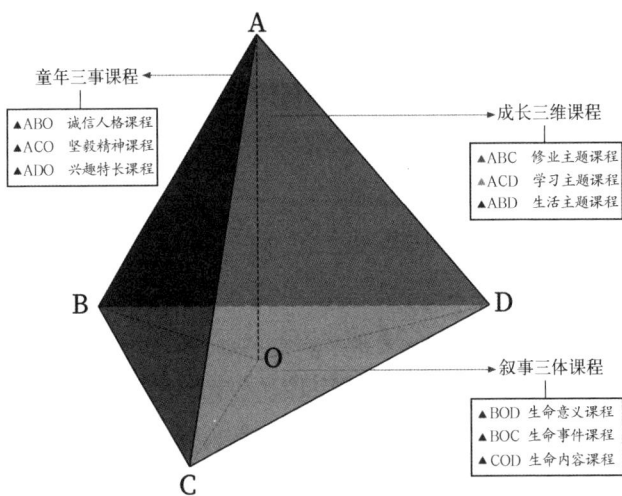

图3-2　春城实小"成长叙事"课程整体结构图

课程图谱以学科课程为基础，关注生命意义、生命内容与生命事件的叙事三体课程，各学科综合联动与运用，以成长三维为向度，促进儿童素养的向上蓬勃发展。童年三事是"幸福童年"理念落地的支柱，前两项课程皆服务于童年三事课程，目标追求指向儿童诚信人格的塑造、坚毅精神的培育与兴趣特长的发展。

依据这样的课程结构，学校在开足开齐国家课程的基础上，以国家课程为主体，规范开设地方课程、合理开发校本课程，明确了各年级的开设科目、课时分配等具体内容，"成长叙事"课程在国家课程校本化实施方面的各类课程设置计划安排如下：

表3-5　春城实验小学"叙事三体"课程设置计划表

课时/嵌入主题 科目 \ 年级	一	二	三	四	五	六
至诚德法	2/我的新朋友 2/我的新技能	2/绘制传统节日图 2/制作传统游戏卡	2/我的成长手册 2/我的家乡宣传册	2/垃圾的瘦身行动 2/一起快乐买买买	2/石榴的家谱图 2/那年那兔那些事	2/普法文案大赏 2/我的偶像
立美艺术	4/秋天来了 4/美丽的雪花	4/校园节拍 4/你好，小动物	4/形形色色的人 4/舞动奇迹	4/水乡韵 4/江南好	4/乡音多喜乐 4/理想的居住环境	4/中国军人 4/我的童年
弘毅体育	4/青草池塘处处蛙 4/一起来投掷	4/五彩飞绳 4/长途奔袭，火速增援	3/鲤鱼跳龙门 3/手可摘星辰	3/武艺武德 3/足球嘉年华	3/飞奔追夸父 3/小篮球、大梦想	3/女排精神 3/飞跃地平线
异趣语文	7/汉字中的"怪物" 7/汉字中的"怪事"	7/水汽冰三兄弟 7/风雨雷电大家族	7/秋天正是赏花时 7/绘制春天落叶地图	7/月亮的30张脸 7/太阳的24小时旅程	6/不一样的家谱 6/我们是相亲相爱的一家人	6/喜怒哀乐都是歌 6/相逢一笑泯恩仇
寻疑数学	4/数字奇遇记 4/图形魔法师	4/花园里的数学探秘 4/风雨数字图	4/秋冬服装节 4/春天时间赞歌	4/趣味数字地球 4/图形银河系	5/我们家的钱都哪去了? 5/蒜叶生长记	5/黄金螺旋线 5/液体里的比例
和乐英语	/	/	2/Frozen—A puppet show 2/A magic clock	2/My snack bar 2/My dream school	3/Our new friends 3/Asking the way	3/Idiom stories and Fairy tales 3/Being a good student
奇幻科学	1/动力小车 1/多样的生命	1/今天天气怎么样 1/水培小葱生长记	2/信息安全小卫士 2/用符号表达情感	2/制作LED手环 2/探究昆虫的奥秘	2/游戏博弈中的策略 2/小型开关系统	2/探索宇宙奥秘 2/绿色节能小屋
睿达信科	/	/	1/做时间的主人 1/向世界介绍我的学校	1/智游新吴 1/班级大改造	1/定格动画 1/智慧声控廊道	1/生肖计算器 1/聪明的相册

"叙事三体"课程属于学科内的嵌入式跨学科主题单元学习活动课程（劳动课程除外），所用课时占该学科学期总课时数的 10%—15% 左右，一般为 6—8 课时，根据各学科的学习课时总数来完成。各学科搭建跨学科学习主题框架，有效推动了基础学科之间的交叉和融合，不同年级的单元统整、同一年级的领域拓展，帮助学生将不同学科的知识和技能融合在一起，使学生脑海中的知识结构与体系构筑成一个紧密联系的整体，形成全面完善的整体知识观和生活观，进一步推动了学校课程改革的发展。

表 3－6　春城实验小学"成长三维"课程设置计划表

主题 / 成长向度 ＼ 年级 / 周课时	一	二	三	四	五	六
	1	1	2	2	2	2
生活	快乐的学校生活	学会与同伴相处	双手动起来	家庭班级我当家		
学习	好成绩从好习惯开始	大家一起学	上课作业读书有方法	了解我们的学习心理		
修业					工人工业与工厂	商人商业与商店
					农民农业与农村	二十年展望：从班级到社会

　　"成长三维"课程模块的内容实施主要依托各年级每周的综合实践活动课程来进行，1—2 年级每周 1 课时，3—6 年级每周 2 课时，由班主任老师和配班老师共同指导完成。"成长三维"课程以校园、家庭、班级、社会的热点为探究主题情境，在综合实践课程与校本化课程中增添学生与生活接触的机会，获得了体验生命成长的丰富经历。

表 3－7　春城实验小学"童年三事"课程设置计划表

类别 ＼ 周课时 / 年级	一	二	三	四	五	六
诚信人格课程	学校自主安排一周机动时间					
坚毅精神课程（含劳动）	1	1	1	1	1	1

周课时　　　年级 类别	一	二	三	四	五	六
兴趣特长课程	2	2	2	2	1	1
合计	3	3	3	3	2	2

"童年三事"课程是一种课内外相结合的课程结构形态，包含"诚信人格""坚毅精神""兴趣特长"三类课程。每周利用劳动课程、地方和学校安排的课程以及课后服务的时间来实施和进行，1—4年级每周3课时，5—6年级每周2课时，由任课老师和社团指导教师共同指导完成。其中"诚信人格"课程由学校在一学期内自主安排1周的机动时间完成，"坚毅精神"课程结合学校的劳动课程展开，"兴趣特长"课程渗透在地方、学校课程以及课后服务时间段完成。

表3-8　春城实验小学"成长叙事"课程设置计划总表

周课时　　　年级 领域	一	二	三	四	五	六
叙事三体课程	22	22	25	25	26	26
成长三维课程	1	1	2	2	2	2
童年三事课程	3	3	3	3	2	2
合计	26	26	30	30	30	30

说明：

1."成长三维"课程内容实施主要依托各年级每周的综合实践活动课程来进行，1—2年级每周1课时，3—6年级每周2课时。

2."叙事三体"课程渗透在常规课堂教学中对国家课程进行有益补充和拓展延伸，各年级每周按课时设置实施。

3."童年三事"课程利用每周劳动课程、地方和学校安排的课程时间来实施，在课后服务阶段适当拓展，1—4年级每周3课时，5—6年级每周2课时。

四、课程实施建议

成长叙述课程记录着儿童成长的"故事"。课程实施的过程是真实自然的、富有意义的，学生作为课程主角来经历、探索、分享自己的所思所感，从而使自己的思维得以拓展，师生在课程经历中共同生长，"成长叙事"课程的特殊性和价值也由此显现。其具体实施建议如下：

（一）围绕成长叙事高质量创新实施国家课程计划

课程是培养人的重要载体，高质量课程建设是高质量课程设计与课程高质量实施的过程总和。"成长叙事"课程创新国家课程的实施规划，引导学生探索生命意义、解读生命内容、关注生命事件（即"叙事三体"），以学生个体的成长历程为重点推进智慧教育创新发展，满足学生适应新时代个体发展的需要，强化家校社协同育人，全面落实立德树人根本任务，为国家课程区域性转化与校本化实施提供范式和路径，把国家统一制定的育人"蓝图"变革为地方和学校的育人"实施图"。

（二）课程结构体现科际联系与交叉融合

"成长叙事"课程不拘泥于单一的教学模式，追求丰富适用的课程结构，主张学科融合的课程实施，讲究多元开放的课程评价，改变了学科间相对封闭的状态，加强了教师、学生和课程之间的沟通，为学生成长为"完整的人"打下坚实基础。"成长叙事"课程同时重视学科之间的相互影响，关注课程之间的内在关联和交叉融合，打破学科壁垒，突破时空局限，将不同学科的知识相融合，将学生个体生活经验相融合，与社会整体发展相融合，既保持各学科原有知识的结构序列，又围绕主题进行相关内容的梳理，并做适度的整合，形成各学科优势融为一体的主题课程，有计划、按步骤地实施，学生在发展中走向全面。

（三）童年成长经历是所有科目必须统整的维度

童年是个体成长和发展的起点。在童年的时期，孩子们能够自由地探索世界、学习新知识、结交新朋友和享受美好的时光，他们就会感到快乐和幸福。童年的成长经历和接受的教育，在个体成长过程中有着极其重要的意义，会激发他们乐观积极的人生态度。"成长叙事"课程充分发挥经历性的积极作用，让关联与整合、多维统整成为课程实施的常态。在国家课程之间确立课程内容，探索相关学科打通与重组的行动方案，依据课程目标，从多角度入手，整合各个学科的学习内容，创造性组织教学活动。

（四）课程实施重在经营学习活剧课堂

"成长叙事"课程在实施的过程中变革学习方式和课堂形态，增加冲突、悬念、陌生化等剧本元素和学习刺激，优化学习方式。活剧课堂是以学生学习为主线、以生活情境再现为表征、以生成成长记忆为学习效能的学习模式，经营活剧课堂能够充盈教学机智、契合儿童好奇心、弥散生活品味、融入生命激情，使学习效能最大化。学生作为知识获取过程的主动参与者，我们给予其参与课程决策的权利，通过活动生成的切实体验，收获智慧人格。

（五）加强成长共同体建设与课程学习的双向建构

新时代要求学生不仅要拥有学习的能力，同时也要具备良好的合作学习能力。优秀的成长共同体能够极大地促进学生的认同感和归属感，使课程学习更具实效性，建构高效的学习组织，更是建构一个富有吸引力的心灵互助单位。"成长叙事"课程又能够促进学生的共同成长，在学习和生活实践中找到安全感和归属感，养成团队意识、合作精神以及自我管控能力和沟通表达能力等，提升学科育人质量。加强成长共同体建设与加强学习共同体建构两者交互影响、相辅相成、和谐共生。

（六）课程实施中的师生关系是生命对话关系

生命对话的课堂是一种关注人性、关注生命，师生之间建立一种民主、平等、沟通、合作、互动、交往的课堂模式。它更加注重学生的学习过程，关注学生的学习情感和态度，关心学生的个体差异性。"成长叙事"课程倡导民主平等、自由和谐的师生关系。课程的实施依托师生之间生命与生命的对话展开，读懂儿童的表达、理解儿童的需求、给予儿童有效的帮助，师生互相成就，生命在此过程中得到升华。

（七）依据成长叙事理念进行教材文本重构

"成长叙事"课程理念启发教师、学生在教材文本中寻找缝隙，深入分析，发掘意蕴，促进学生想象力、创造力和批判性思维的发展。课程是旅程，在一次次重构中，加强课程前后、内外的联系，整合大单元及有关联的学习内容。学生基于自己的生活阅历和认知能力，调动知识和体验的库存，在对文本深入理解的基础上，发挥想象能力进行再创造，激活文本的自足系统，丰富文本的多重意蕴。学生的思维向高阶不断演进和发展，核心素养得到全方位的训练和提升。

（八）全面提高跨学科主题综合学习活动课程质量

"成长叙事"课程要求教师突破单一学科壁垒，拓宽课堂概念，细化学习目标，延展学习时空，在以往的综合学习活动基础上，整体建构跨学科主题学习的一体化课堂，依托真实、复杂的问题情境，将学生需要掌握的学习内容有效转化为学生在课内外探究、活动、表达、评价与反思的具体路径，促进学生学以致用、知行合一，兼顾"纵向知识深挖"和"横向知识融通"，提高学习活动课程质量，让学生既具备学科课程的系统知识，又拥有综合应用多学科知识来解决复杂问题的能力。

（九）结合学生成长建构表现性评价体系

表现性评价是一种聚焦于知识综合应用和批判性思考等高层次认知目标的评价理念与方法，不仅评价学生"知道什么"，更重要的是评价学生"能做什么"，注重学生行为表现的过程及综合运用已有知识进行实践与表现的能力，具有情境真实性等特点。"成长叙事"课程架构并实施表现性评价体系，围绕学生成长过程中品德表现、学业水平、运动健康、艺术素养、劳动与实践等各个方面进行过程性评价，走向更加整体平衡的多元评价，完善素养表现评价体系，促进学生综合能力的提升。

（十）围绕成长叙事课程创新校本教研体系

教师是保证课程实施品质的关键，教师的职业道德、专业知识与技能以及教学执行等方面的素养影响着教师对于课程目标的落实。学校围绕"成长叙事"课程主题积极拓展教学研究平台，着力构建全方位、宽领域、多层次的教研环境，整合优化指导教师研修的专业力量。科研、教学、培训协同联动，建构整体的校本化实施，为教师主动参与变革和发展提供了机制保障。为强化教研组推动成长叙事课程的实施，每周进行办公桌边研讨，充分发挥学科组、备课组、年级组的积极作用，促进教研样态的创新和教研水平的提升。

（十一）完善效能取向的课程管理制度

效能取向的课堂管理制度关注的是课堂管理技巧。教学生成是彰显课堂生命力的体现，师生围绕教学内容，通过对话、沟通和合作活动产生交互影响，以动态生成的方式推进教学过程，积极关注学生的生活实践和真实体验，我们在课堂上创造、关心并分享快乐，优化课堂教学促进管理的策略、加强师生间人际沟通的策略，提高师生自我效能感，使课程教学和课堂管理呈现最佳效果，进而提高学生的综合素质，促进学生的成长，实现课程管理的有效性。

第三节　成长叙事课程资源库建设

课程资源库作为支持课程持续发展的必要条件，能反映一所学校课程发展的轨迹，也能体现该校教师对课程实施的反思与创新能力。然而，课程资源取自哪里？课程资源库该如何建立、利用与维护？课程资源库在课程建设中的价值如何体现？这些问题都是学校在课程资源库建设中必须思考与落实的问题。课程资源库建设的过程是持续推进和延伸的过程，它伴随学校课程建设的每个阶段，高质量的课程资源库能够为师生创设良好的生活和教育环境，反哺课程建设，实现课程价值。

一、小学"成长叙事"课程的素材资源、条件资源与生命资源

课程资源是课程建设的基础，它包括教材以及学生家庭、学校和社会生活中一切有助于学生发展的各种资源。完善的课程资源包括校园内外的各类自然文化资源、前期落实的已有经验方案、各类更新的设施设备与场域等。学校"成长叙事"课程的资源主要包括素材资源、条件资源与生命资源三大类型。

（一）素材资源

素材资源包括视频、图片、音频等，是课堂教学中使用最多的资源类型，以便让学生更直观地感受课程内容。素材资源使"成长叙事"课程更有趣，让学生看到更多画面，聆听多种声音，助力学生学习多种主题，提升学习效果。让学生在生活中学习，在学习中成长。每学期伊始，春城实小各学科的学科组长、备课组长们会整理一学期的教学资料包共享至办公软件钉钉云盘中，长期储存教学数据，其中包括课件、图片、音频、视频等教学原始资源，方便老师们学习使用。

声音是讲述"成长叙事"课程故事最好的媒体。春城实小开设了"万卷书阁"有声图书馆，通过线上建设有声文化场景及线上开通校园电台等形式充分宣传和展示春城实小的校园党建文化、师生风采、人文素质教育，讲好校园文化故事。"朗读亭"集朗读、练习、录制、演讲功能于一体。"博闻堂"主推学校的校园氛围与内涵建设，用声音把校园文化、优秀师生、心理咨询、家庭教育等内容传播开去。学生还能在"自华轩"中自主选择收听栏目，在"渠清斋"聆听新颖丰富的人文、历史知识，充实自身。

（二）条件资源

条件资源是指直接决定"成长叙事"课程实施范围和水平的人力、物力、场地、设备、设施和环境等。学校现拥有计算机教室、多功能阶梯教室、创客教室、心理咨询室等专用教室。各教室均配备智能交互式一体机和便携移动展台、高清智能录播设备、网络直播系统、智慧课堂纸笔课堂系统等。学校建有校园数字广播、网络转播、直播设备等物联网应用。学校于2019年全面铺开钉钉办公系统，特有的无纸化办公流程、视频会议等功能让学校面对疫情从容不迫，也通过区、市、省及全国资源平台实现了教育服务平台的区域共享。通过线上直播、全区共享、集体共研的新颖教研形式让更多老师可以参与头脑风暴，利用大数据进行线上教研的方式创新又高效。信息技术和直播媒介赋能下的全新教研模式，也让老师们学有所获、研有所得。

随着新教学楼的建成，有声图书馆、融合教室等纷纷投入使用，丰富了学生的课余生活，提升了学生在"成长叙事"课程中的体验感。小火车读书区域是为一二年级学生阅读绘本开设的，在孩子们幼小的心田里种下了爱读书的种子。春天里图书馆，分设藏书区、阅览区两个区域。丰富的藏书、报刊和杂志为教师的教育教学工作、教师自身的专业发展提供了优质的保障，更为丰富学生的课余生活、滋养学生的精神世界创设了良好的条件。春城实小各栋教学楼的大通道设置了特色长廊，如科技航空长廊、国学文化廊等，满足了学生的好奇心，开拓学生的兴趣，让他们成为生活中的"小小发现者"。

（三）生命资源

学校的"成长叙事"课程中的职业体验以儿童为中心，基于儿童、为了儿童并由儿童共同参与。儿童本身的存在和发展就是"成长叙事"课程最好的生命资源。该课程致力于努力体现儿童的兴趣、需要和可能，强调儿童学习的独特性、差异性而设置的。我们在实施课程时始终以学生为本，创生各类课程。作为学校自主开发实施的课程，应该成为儿童小学六年学习与生活中一段奇妙的生命之旅，让孩子获得人生的力量，留下难忘的记忆。通过深入挖掘现有资源，开发个性化、特色化课程，供学生自主选择，有目的、有计划、有组织地开展教育活动，拓展学生综合素质，培养学生兴趣爱好，展示学生技能特长，彰显我校内涵特色。

春城实小每学期都营造心理健康月，为学生普及心理健康知识，营造良好心理健康教育氛围，引导学生学习心理调适方法，主动进行心理健康自助互助，促进学生身心全面和谐发展。通过校园广播、大通道展板等宣传心理月，将手抄报、谈心照片、微笑留言等内容制作成展板在心理月进行展示。开展人际交往特色主题班会，通过创新形式的主题班会拓展内容，引导学生关爱自我、了解自己和接纳自我，关注自己的心理健康和心灵成长，提高自身心理素质。

推行全员德育导师制度，广泛开展学校领导与学生、教师党员与学生、班主任与学生、任课教师与学生等"面对面"谈心谈话交流活动。通过谈心谈话，关注学生的思想变化，牢牢把握学生的思想动态；关注学生的学习情况，激发其学习热情，吸引更多的学生投入学习；关注学生家庭情况，触动学生心灵深处，达到切实帮助学生解决学习或生活困难的目的。通过"心护心""爱暖心""情系心"等形式，进一步增进师生情感沟通交流，培养学生良好的心理素质和健康的人格。面向全体教师开展相应心理健康专题培训，扎实开展全员心育，切实提高全体教职工的心理健康教育能力与水平。

加强家长学校建设，深入开展家访活动，通过举办家庭心理健康教育指导讲座，向家长传递正确的心理健康知识，帮助家长改善亲子关系，树立科学育人理念，有效提升预防、预警和干预心理问题的能力。关爱孩子心理健康，成就孩子美好未来，春城实小秉承"相拥幸福童年　结伴自然成长"的办学理念，持续关注并不断跟进学生心理健康教育工作，在塑造学生阳光心态、助力学生健康成长方面积极推进全员德育，千方百计为每一位学生的幸福童年加油护航！

二、各学科"成长叙事"课程资源的特殊类型

课程资源是课程要素来源和实施课程的必要而直接的条件。"成长叙事"课程资源不同于传统意义上的课程资源类型，它让学生体验综合实践类课程，拓宽课程资源类型。"成长叙事"课程资源主要包括以下五个特殊类型：

（一）学习故事

从小到大，我们听故事、讲故事、编故事、传故事，每个人几乎都在故事中成长。故事给人带来捉摸不透的思考，故事的力量就像流动的河流，缓慢渐进地重新雕刻石头。作为教育者，我们需要审慎而庄重地去发现、发掘及讲述一些故事。春城实小开设名人故事堂、声声悦耳、绘声绘色等活动，鼓励学生阅读一百本好书，学习一百位名人的生平事迹等。学生从潜移默化地阅读中培养自身良好的行为习惯和得体的表达方式，朗读圣贤故事、学习先哲名人诚实守信的感人事迹，勤勉自身。在一年级入队仪式中，党员老师主动请缨，给学生们讲述少先队的故事。放学后学生也通过阅读书籍、收听音频等方式，知晓了许多红色故事。"先锋故事会"上，学生用生动的语言将感人至深的故事娓娓道来，学生们从故事中获取力量，从活动中体会生命的美好与无限可能。

（二）成功体验

成功体验是孩子们获得成就感的主要来源。它让学生不断感受自我存在的价值，也使得他们对自己有更高的追求，是成长道路上必不可少的人生体验。春城实小的"小神农中队"通过职业体验主题活动："识百草""绘百草""培百草""赏百草""研百草"等系列"成长叙事"课程活动获得了成功体验，进一步培养学生的劳动意识、劳动习惯，提升学生的责任担当、问题解决和综合探究的能力。结合科学、艺术跨学科项目化学习，育人育心，让学生感受植物生长的生命之美，了解生命顺应时节生长之规律，唤起学生对生活、生命的热爱。在不同的体验活动中，学生走进工厂、农场、果园等实践基地，操作机器、参与劳动；体验收割、采摘农作物，体会丰收的喜悦。回到校园，进行交换集市、爱心义卖等活动。最后进行二十年展望活动，写下职业心愿，畅想今后自己的职业发展道路，并为之不懈奋斗。

（三）挫折经历

挫折是指那些阻碍我们实现目标或达到成功的障碍。学校每学期布置学生完成一件具有真实情境性的挑战任务，小学六年共参与 12 次活动。如四年级开展"盲人体验"活动，学生们从中逐渐学会正确认识挫折。在老师的帮助和引导下，学会积极面对生活学习中的困难，正确疏导情绪，减少自身因挫折而带来的负面情绪，提高耐挫力；学会分析挫折背后的原因，积极寻找解决问题的办法，能及时恢复、再接再厉。这也是春城实小校训中"毅"的体现，立志培养出有坚毅精神的春城学子。

在小学这一段"人生路"上，同学是彼此间最亲近的人，他们一同经历风雨，回想成长过程中的点点滴滴，回忆成长路上他人对自己的关爱，让学生再次体悟当下生活的美好，懂得珍惜所有。勇敢面对挫折，风雨人生路，携手前进，共同成长。

（四）特殊际遇

在儿童成长过程中，一些意想不到、预期之外的事件也是"成长叙事"课程的素材。2020年春节前夕，一场突如其来的疫情改变了学生们的生活和学习方式。疫情期间，学校全面贯彻落实"停课不停学"，有条不紊地开展线上教学工作。开学返校后，根据学校实际情况，制定好教学衔接计划与教学进度，保证线上线下有效衔接，切实保证教学正常稳定进行。春城实小开展了丰富的学科活动，给了学生们不一样的体验。学生们利用数学课堂上掌握的扇形统计图的知识，再结合之前学习过的条形统计图和折线统计图的知识，将各地的疫情变化绘制成了精美的统计图，也让各地的疫情变化更加可视化。另外，四五六年级的部分中队队员还利用微信，线上走近抗疫"先锋"，进行了一次特殊的线上"红领巾寻访"活动。寻访过程中，队员们体会到了全国上下众志成城、万众一心的自豪感，更体会到了作为祖国的未来，应该努力学习、报效国家的使命感！

（五）家庭轶事

家是成长的摇篮，家是精神的乐园。家庭中发生的趣事也是"成长叙事"课程的素材，良好和睦的家庭关系，在儿童的成长过程中起到积极的影响作用，让学生在体验中成长。为了增进亲子感情，加强家庭教育，春城实小一直以来将"生活德育"落实到学生的学习和生活中。丰富多彩的家庭劳动体验，不仅增强了同学们的劳动意识，还培养了同学们的生活自理能力，让他们更具有家庭责任感。春城实小的孩子们在劳动中体验、收获、成长。"家庭会议我主持"活动让学生增进了家庭成员之间的感情，提升了学生的语言表达能力。在家校携手共同努力下，纯美少年们将一步步成长为合格的责任担当者、未来的优雅生活者！

三、"成长叙事"课程资源开发的基本路径

随着"成长叙事"课程的不断开发与实施，我们愈加感受到课程资源的有效建设对于儿童经验生长、教师专业发展、课程质量提升的重要性。"成长叙事"课程资源的开发以学生的发展为导向，关注校园中发生的平淡真实事件、重视家长与社区背后的社会资源，不断拓展与延伸学生生活与学习的经验圈层。

（一）师生共同发现校园生活中看似平淡事件的课程意义

在充满温暖、幸福的校园里，美好的事物从来都像阳光透过树叶的缝隙映在地上一样俯拾即是。教师与学生用心观察、用心体味，细心观照着学校生活中的一切，发掘出看似平淡的事件背后的价值取向。这样的事件可以是学生聆听完老师的谆谆教导后，抑或通过自主学习、积极探索后，从内心深处不由自主地做出的关于真、善、美的言行；也可以是师生在每一次的交流思维碰撞后获得灵感，荡涤心灵；甚至可以是师生同读一本书、共种一株花，共庆一个节……统而言之，平淡事件背后，是使人愉悦和向往的人、物、事，在善于发现美的师生眼里，校园生活的每一处角落，每一个视角，都有一个独特的令人赞叹的世界，从中师生汲取养料，获得成长的源动力。"成长叙事"课程的意义由此体现。

（二）家长群体既是资源形态也是资源开发者

对"成长叙事"课程的实践来说，家长是一个有着特殊地位的群体，是一座蕴藏着丰富的课程资源的宝库，也可以是学校课程的参与者、开发者。在"诚毅少年"职业启蒙体验中，我们邀请热心的家长志愿者进入课堂，发挥自身职业资源优势，为学生讲述社会大百科，形成别具特色的家长课程。家长们有传授中国传统手工技艺的，教孩子们制作地方美食的，还有医生、工程师、警察等为学生讲解专业领域的知识，让学生体验社会角色，激发职业兴趣。家长进课堂给学校带来了一股清新之风，学生对于这样的课堂形式始终充满了浓厚的兴趣。春城实小还开展了"春之影"家长跟岗班主任活动，让家长走进校园，走进班级，走进班主任一天的工作模式，进一步发挥家长资源，创新家校合作模式。家长了解了学校管理与发展趋势，更好地凝聚家校之间的教育合力，学校教育和课堂教学获得有效补充，课程资源及校本研究都更加广泛而丰富。

（三）充分发挥社区时空场域的课程资源价值

陶行知认为："课程为社会需要与个人能力调剂的工具；编制课程要考虑社会的种种需要，将他们分析起来，设为目标，再依据儿童个人心理时期，能力之高下，分别编成最能活用之课程。"① 所以，"成长叙事"课程不仅要满足儿童心理发展的需要，还要把整个社会纳入课程的实施场所范围之内，发挥家庭、学校和社会的协同育人作用。社区时空藏有巨大的教育资源开发潜能，以

---

① 陶行知. 地方教育行政为一种专门事业［J］. 教育汇刊（南京），1921（1）：6-10.

春城学区为例，其覆盖了公园、青少年活动中心、图书馆、水利局、医院等十几家不同类型的资源单位，所享有的社区资源有巨大的教育力量，应该有效开发利用。学生可以走进社区各个场域去开展教育，例如参观考察、志愿者服务和职业体验等活动，打破学校物理围墙的局限，充分融合贯通学校和社会，让学生在丰富多彩的实践活动中认识社会、修身养德、提高沟通和协调能力，从而更加丰满和谐地发展自我。

（四）将课程资源开发扩展到广阔的虚拟网络时空

网络集形、声、色于一体，汇集了极多与教学相关的数据，作为一个高度综合集成的课程资源库，网络资源改变了传统的教学模式，丰富教学内容，拓宽学生的视野。"成长叙事"课程努力将课程资源的开发拓展到广阔的网络时空，学校开设"万卷书阁"有声图书馆，通过线上建设有声文化场景及开通线上校园电台等形式，充分展示和宣传春城实小的办学理念、教育文化、师生风采等方面，讲好校园故事，促进学生成长。学校借助"行知朗读"线上朗读平台，结合春意楼的"朗读留声墙"电子屏，开展了全校师生及家长都可以随时随地参与的线上读书分享活动，营造出良好的家校书香氛围。学校还与连云港新浦实验小学等校结对合作、云端相约，开展线上教研活动，有效达成助推优质教育资源共享、教师专业素养共进的课程目标。虚拟网络时空改变了儿童认识世界的方式，最大限度地拓展了儿童的认知与发展空间，让我们与学生一起在广博的知识海洋中撷取浪花、扬帆远航。

四、"成长叙事"课程数字化资源库建设

"成长叙事"课程数字化资源库的建设使得校本课程与教育在活动内容、活动环节、活动方式上从文本走向学生生活，从集体活动走向各个环节，从关注教师的"教"走向关注学生的"学"与"做"，遵循学生学习特点的学习方式。现代数字化技术的运用与课程资源库的建设帮助教育者重新认识教育、认识课程，积累和更新课程建设经验，提升校本化课程质量。"成长叙事"课程数字化资源库将从如下四个方面开展建设工作：

（一）分学科建立成长叙事课程数字化资源库

课程资源库是承担课程资源管理职能的基地，是课程资源得到充分利用的重要保障。小学课程资源库能帮助教师形成动态课程观，增加教师分享互动的机会，引导教师参与课程建设，推动课程变革。

春城实小各学科组对周边资源进行收集、筛选、分类，并依托网络分享，构建数字化课程资源库，为教师的日常教育教学工作提供更多元的信息和技术，形成小学教育资源系列化。在"诚毅"文化的感召下，学校重新梳理课程架构，通过精简、合并与优化，比如进行大语文校本课程研究，让《论语》课程走进语文课堂；把体育学科100种童年游戏，音乐学科100首名曲，美术学科100幅名画等"十个100"的拓展性课程有效纳入各学科国家课程的校本化实施范畴。春城实小一直秉持着"人人都是教育者"的教育理念，在数字化资源库建设中，学校也积极倡导"人人都是贡献者"。在数字化资源库建设的过程中，每位老师都在原有基础上获得了提升，教学理念、教学能力等收获了从量变到质变的飞跃。

（二）建设主题性成长叙事课程数字化学习中心

《基础教育课程改革纲要（试行）》明确指出："积极开发并合理利用校内外各种课程资源，学校应充分发挥图书馆、实验室、专门教室及各类教学设施和实践基地的作用；广泛利用校外各种社会资源以及丰富的自然资源；积极利用并开发信息化课程资源。"① 春城实小春意楼拥有15间专用教室，学生们在计算机教室、创客教室中感受信息世界的多样化；在泥塑教室感受动手的乐趣，用传统技法塑造出童真童趣的泥塑作品；在沙画教室动手实践发挥自己的想象；在剪纸教室用巧手剪出精巧的作品，用实践弘扬祖国的传统文化；在书法教室用平淡的水墨，书写出世界上最伟大的汉字；在劳动教室培养动手能力；在舞蹈教室挥洒青春无悔的汗水；在音乐教室感受音符的魅力；在科学探究室洞悉一个个科学真理；在心理咨询室感受生命的可贵，体验生命的精彩。随着学校数字化学习中心的逐步完善，春城学子的学校生活会更加丰富多彩。

（三）充分利用智慧学习平台构建多元化成长叙事课程学习社区

学校在钉钉软件上构建家校沟通平台，创建班级钉钉群，促进家校的和谐共进。实现学校与家庭之间信息有效交流与共享，从空间上拓展学校围墙，并实现家校之间的有效互动。春城实小建立师生成长记录平台，通过信息化实现学生的信息管理。我校学生社会实践、志愿服务、社团管理是我校的德育特色，学生参与面非常广泛，通过信息化手段管理，对每个学生发展有了全面记

---

① 教育部. 基础教育课程改革纲要（试行）［M］. 2001.57.

录，还对年级、班级、不同类别学生能够进行全面分析，从而改进学校的教育教学。在学校的数字化校园建设的同时，加强技术支持、培训支持，并将培训常态化。

随着多媒体技术的兴起和智慧学习平台的建立，春城实小借助信息技术带来的便捷与优势，切实提高了课堂的效率与质量，让学生在真实的认知历程中优化了知识结构，有效提升学生的学科素养。开发符合"成长叙事"课程特色的数字化资源，让学生在学习中能够"做中学、做中思、做中享"。结合课程数字化资源，让学生"做中学"，让学生感知身体的参与，通过动脑和动手相结合，实现主动和全面的学习；"做中思"环节注重提升学习者的学习能力，让学生在学习过程的项目任务中从各个角度思考问题、内化问题，实现学与做合一；"做中享"环节让学习者分享学习成果，让学生在每一个阶段能够认识自我，不断提升。

成长叙事课程的灵活化实施，拓宽了学生视野，提高了学习能力，满足了各阶段儿童潜能开发的需要，唤醒了孩子的自我认知。课程学习过程中学生的态度是积极的、进取的，感受是成功的、肯定的。儿童的课程学习内容是生活的、经验的。学校整合课程所需的教学资源，为儿童建构一个个整体的学习框架，营造一个个整体的学习情境，关联一个个整体的学习场域，让孩子在涉足丰富全面的课程实践过程中树立正确的人生观、价值观。

教育是"无痕"的，它源于生活、渗透生活；教育是"有痕"的，它记载着孩子的足迹与成长。春城实小的校园里"生长"着许多精彩的课程故事，它是真实的、生动的，更是属于孩子们的。让我们轻轻俯下身子，追随儿童视角，遇见成长中的教育故事！

第四章　经营学习活剧课堂

学校确立幸福童年教育理念，已成为全体师生的思想共识和精神指引。在实践过程中，我们确立了成长叙事的课程体系，这一课程体系的重构决定了课程实施中教学模式的变革。基于这样的背景，我们明确提出学习活剧课堂的模式。本章就学习活剧课堂的概念内涵、实践要素、模型建构以及学科实践展开论述。

第一节　幸福童年视野下的学习活剧课堂

基于幸福童年教育理念的转化，基于成长叙事课程的实施，我们需要强化教学的趣味性、学习的沉静感，让课堂学习成为学生的幸福经历。这对课堂教学形态提出了新的要求，这种形态称为"学习活剧课堂"。本节就学习活剧课堂的概念内涵、教学意义、理论溯源、实践表征、教学理论等做全面阐释。

一、呈现童年幸福生活的课堂是学习活剧课堂

教育的全部目的是发展学生，使其获得追求幸福的能力和意识。学校确立"给孩子一个幸福童年"的教育理念，建构"幸福童年"课程体系，优化课程结构，统整课程内容，提供课程选择，改造课程评价，开启儿童发展的无限可能。①

（一）幸福童年教育对教学的实践诉求

幸福童年教育是完全服务于儿童成长的教育理念，其对教学方式的转变具

---

① 钱科英，周玲妹. 幸福童年：开启儿童发展的无限可能 [J]. 江苏教育，2019（50）：54-55.

有鲜明的指引性和清晰的诉求内容。幸福童年教育理念进行教学方式的改革和转变，并积极呼应相应的实践诉求，以建构行之有效的幸福童年教育模式结构，促进课程设计优化和课堂教学转型。

1. 学生快乐学习情态

课程意义的生成离不开儿童对外部"成长世界"的感知和探索。成长叙事课程指向每一个学生完整全面、有个性的发展，关注每一个学生的健康快乐成长，其将"叙事"作为学生学习活动和认知发展的主要方式，创设立体、丰富的课程情境与空间，引导学生回归生活、回归天性，在体验中提出学习需求、获取学习经验、分享学习成果，获得伴随其终身发展所需要的必备品格和关键能力。学习活剧课堂以有效活动为主体的鲜活的组织形式引领学生学习参与，通过嵌入戏剧性的手段，设计真实有效的冲突、悬念，增强学生课堂学习的体验感和参与度，丰富他们经验的生成，学生快乐学习的情感将在学习过程中进一步强化和丰富。

2. 日常生活与课堂生活的连接性

学生课堂生活是日常生活的部分映射，深度参与的课堂学习充分体现出日常生活与课堂生活的紧密连接性。成长叙事课程从"生命意义""生命内容""生命事件"这三个维度设计丰富多彩的叙事方式，关注儿童的学习感受和真实表达，动态地反映学生的学习曲线，给予学生课程关怀和人性温暖，深化学生对课程过程的感悟。学习活剧课堂的教学模式注重对知识原型的深度筛选和设计，用嵌入戏剧性的手段进行冲突设计、悬念构造等，这是一种借助生活化的方式组织课堂学习的活动。

3. 课堂的游戏性与挑战性

成长叙事课程的理念包括灵动的成长、完整的体验、共同的行走和自我的叙事等。如此样态的构建，需要将游戏作为方法，挑战作为动力，实现课堂形式的转型，从原来固化的课堂改进为更加超出预料的课堂，不断增强学生的课堂体验感和学习获得感。

上述三个实践诉求勾勒出了幸福童年教育视野下的成长叙事课程实施的教学模式和课堂样态，是学习活剧课堂能够凸显成长叙事课程理念、践行成长叙事课程模式的清晰指向。

（二）学习活剧课堂的概念诠释

1. 活剧及其教学意义

（1）活剧概念

活剧的词源解释为"实际发生的带有戏剧性的事件"，也可以解释为"类似戏剧情节的真实事件"。这两种解释体现出的是活剧具有的戏剧性、真实性的特征。在从古至今的一些名著中，活剧概念均有化用。例如，吴沃尧《〈两晋演义〉序》："自周秦迄今，二千余年，历姓迭代，纷争无已，遂演出种种活剧，诚有令后人追道之犹为之怵心胆、动魂魄者。"叶圣陶《倪焕之》二二："东方大都市上海，前一天正演过暴露了人类兽性、剥除了文明面具的活剧。"茅盾《子夜》三："可是此刻先跟我去看一件事——不！一幕活剧！"从这些引用的例子也可以看出，活剧侧重于真实发生事件的刺激性，具备活剧元素的事件，是具有真实的生活性的，不是平淡无奇的，是出乎意料的，在生活中对人思想认知具有挑战的事件。学习活剧课堂引导这一概念的内涵丰富，"活剧"是"活剧课堂"教学实践的隐喻化描述。这里的"戏剧性"迁移至教学活动中，赋予心理刺激以新的内涵，如认知中的冲突性、学习材料的陌生化、加工过程的挑战性、前后活动的巧合与悬念等，带来学习心理反应的多维度与深刻性。

（2）教学意义

其一，指明了教学中资源改造的一个方向，指明了教学资源转化与呈现的样态。对教学资源的选择、设计、改造是课堂教学必不可少的前置环节，也是影响课堂教学效度、凸显课堂建构意义的关键环节。学习活剧课堂表明教学资源的改造可以围绕活剧概念中体现的真实性、戏剧性等方面进行。

其二，提供了具有挑战性的学习活动形式。学习活剧课堂构建的整体思路是通过嵌入戏剧性吸引学生主动参与体验课堂，再通过围绕冲突、悬念等刺激性的教学元素深度参与课堂。相较于传统课堂过于强调讲授的单一互动形式，学习活剧课堂提供了富含挑战性的学习活动形式，让学生能够在理解刺激、解决刺激、反思总结的过程中充分享受学习过程，完成学习成长。

其三，揭示了教学行为艺术的诸多要素。教学艺术具有情感性，师生双方的教学活动是情感交流、心灵碰撞的过程。学习活剧课堂的建构和实践则是要求教师围绕学习活剧课堂的模式特点和基本框架来重新优化自己的教学行为艺术，从个性化逐步走向倾向于激发学生情感、善于设置悬念和冲突的共性化发展。教师教学行为的改变，也将会对课堂教学的效度和学生学习的具体收益有量化的提升和发展。

其四，呈现了学科知识与儿童文化融合的有效路径。如何将儿童文化有机地融合进学科教学中，是课堂教学改革的关键。学习活剧课堂的模式为这两者的有效融合提供了有效的路径。通过对学科知识原型进行戏剧性的设计，增强其冲突性，引发学生主动参与学习的积极性和好奇心，并以游戏活动作为课堂学习活动的主要形式，迎合学生喜欢活动、喜欢游戏、喜欢挑战的内在情态，为课堂教学在学科知识和儿童文化的平衡处找到融合点。

其五，提升素养导向下全面育人的效度。素养导向是新时代教育工作的全新要求，学生核心素养的提升也是当下课堂教学最重要的效度指向。学习活剧课堂注重课堂教学的深度刺激，引导学生在课堂中沉浸式体验学习，学生在活动的参与过程中，围绕着学科知识原型中的刺激和冲突进行深入探索，积极调用已有的知识和技能储备，并根据真实情境中问题的表征进行针对性的策略设计和实施，从而不断发展综合素养。

活剧主要的价值是鲜活的戏剧性，能够因为良好的刺激，形成正向的反应，因此其教学意义体现在：活剧概念描绘出的是深度参与、有效生成的素养课堂形态，对于课堂教学模式转型具有较好的导向作用。

2. 学习活剧课堂的内涵阐释

学习活剧课堂是基于幸福童年教育理念而建构的校本化学科教学模式，是为了有效实践成长叙事课程而推进的课堂教学模式。

其一，把学习活剧作为课堂活动的基本样态。学习活剧具有强烈的刺激性、冲突性、悬念性等，作为课堂活动的基本样态能够激发学生深度参与和沉浸式体验，为学生在课堂学习中有效获得提供可能；其二，借助学习活剧催生学生的经验叙事。学习活剧具有真实性，能够让学生在组织参与中感受学习成长的过程，催生学生经验叙事的主动性，也为他们经验叙事提供了充分的过程性线索；其三，学习活剧课堂通过活剧的冲突本质激发学生的内生学习动力。活剧的本质是带有戏剧性的事件，其冲突本质是学习活剧课堂能够构建的关键前提。课堂中的冲突、悬念等冲突本质元素能够激发学生的内在学习动力。具体地，学习活剧课堂的内涵可以用以下六个方面进行阐述：

（1）学习活剧课堂是充盈教学机智的课堂

教学机智是教师面临复杂教学情况所表现的一种敏感、迅速、准确的判断能力。学习活剧课堂充盈着刺激性、冲突性，阐明刺激内涵，巧妙化解冲突，并在此过程中应对学生的即时反馈，这些都需要丰富的教学机智。所以，学习活剧课堂是充盈教学机智的课堂。

（2）学习活剧课堂是契合儿童好奇心的课堂

良好的好奇心形成是课堂教学成功的关键。学生的好奇心不会平白无故产生，需要在相应的刺激下才可以形成。学习活剧课堂对知识原型的嵌入戏剧性的操作，将会让原本平平无奇的知识变得具有刺激性、冲突性和陌生感。这些将会有效激发学生的好奇心，为高效的课堂学习设立良好的前置反应。

（3）学习活剧课堂是弥散生活品味的课堂

学生参与课堂学习前并不是一张白纸，生活化的经验和积累让他们能够带着一些认知基础和认知经验加入课堂学习中来。学习的生活起点不可忽视，精准地把握并将之与学科教学的逻辑起点巧妙融合是课堂有效教学的重点。学习活剧课堂正是通过对包含生活性的知识原型进行戏剧性包装和设计，从而让课堂变得更加具有生机和活力。

（4）学习活剧课堂是融入生命激情的课堂

学习活剧课堂的构建是实践成长叙事课程的重要载体，通过充满戏剧性的课堂整体样态，引导学生进行有意义的成长叙事，感悟学习价值，感受生命意义。沉浸式体验学习是学习活剧课堂的重要特色，由强烈的刺激、冲突等引发的沉浸式学习也必然是真实和有效的，学生在课堂中学习也必然是专注和充满激情的。

（5）学习活剧课堂是科学性与艺术性高度融合的课堂

教育是科学性和艺术性的统一。任何一种课堂学习模式无论其采用了怎样的教学艺术手段，构建了怎样的教学模型结构，其主线一定是学科知识发展逻辑，这充分体现学科教学的科学性。学习活剧课堂借助活剧的戏剧性特点，通过嵌入戏剧性的艺术手段，促使学生通过沉浸式的学习活动，逐步内化学科知识，高效完成学科学习的过程。所以，学习活剧课堂是科学性与艺术性高度融合的课堂。

（6）学习活剧课堂是能够带来学习效能最大化的课堂

高效课堂的变革意义体现在：重建教学关系，即变"教中心"为"学中心"；重建师生关系，即变"师中心"为"生中心"。可见，实现学习效能最大化必须让学生站到课堂学习的中央，引导他们进行主动式、沉浸式的学习。戏剧性的课堂教学策略使学习活剧课堂的构建这一设想成为可能，使得课堂学习效能进一步扩大。

3. 学习活剧课堂理论溯源

学习活剧课堂理论的构建主要依托活动教学、游戏教学、教育戏剧、支架式教学等理论，并进行了深度的理论融合和创新，从而形成了契合学习活剧课堂实践的理论支撑。

（1）活动教学理论

活动教学法，也称活动型教学法，是一种新型的教学方法，一般是指教师根据教学要求和学生获取知识的过程为学生提供适当的教学情境，根据学生身心发展的程度和特点设置，让学生凭自己的能力参与阅读、讨论、游戏、学具操作等，去学习知识的课堂教学方法或过程。这种教学方法的特点是学生参与活动，通过听觉、视觉、空间知觉、触觉等在大脑指挥下协同活动而获取知识。以活动教学法为主，教学效果显著的课堂模式称为活动教学模式，也简称为"活动教学"。

（2）游戏教学理论

瑞士心理学家皮亚杰的游戏理论，亦称"游戏的认知发展阶段理论"。游戏的发展水平与儿童智力发展水平相适应，在智力发展的不同阶段，游戏的类型不同。练习性游戏出现在感知运动阶段，特点是：为了取得"机能性快乐"而重复已习得的活动。象征性游戏出现在自我中心的表征活动时期，特点是：运用表象把当前事物当作另一个不在眼前的事物使用，如用一个贝壳代表前几天见过的一只猫。象征性游戏在这一时期的第一阶段——前概念思维阶段（2—4岁）大量出现，并达到发展的高峰期，在第二阶段——直觉思维阶段（4—7岁）逐渐下降。在运算思维出现以后（7—12岁），象征性游戏为规则游戏和结构性游戏所代替。游戏的主要功能就是通过同化作用在想象中改造现实，获得情感方面的满足。

（3）教育戏剧理论

教育戏剧的本质是教育，将戏剧融入教育，用戏剧的方式达到教育目的。

"教育戏剧"概念起源于18世纪法国思想家、教育家卢梭的自然主义教育思想。从20世纪初开始演变至今，教育戏剧作为西方教育发达国家的综合素质教学手段和成熟学科，已经历了100余年的稳步发展，融合了教育学、心理学、社会学、美学、哲学、戏剧学、语言学、符号学、人类学等多种学科理论，属于英国、美国、芬兰等教育发达国家义务教育的核心必修课程。经国际多国权威研究证实，教育戏剧能促进儿童母语交流能力、主动学习能力、社会与公民能力、进取精神、文化表达与审美能力等素质教育核心能力的显著提升，在儿童多元智能、儿童认知与情商发展方面亦有独一无二的推动作用。活剧课堂脱胎于教育戏剧理论，重点凝析了教育戏剧理论中关于儿童全面发展的一些观点和阐述，希望能够以更加全面和整体的教育理论来引领活剧课堂的建构和实践。

（4）支架式教学理论

支架式教学指出，应当为学习者建构一种对知识理解的概念框架，用于促进学习者对问题的进一步理解。因此，事先要把复杂的学习任务加以分解，以便把学习者的理解逐步引向深入。它是根据维果斯基的最近发展区理论，对较复杂的问题通过建立"支架式"概念框架，使得学习者自己能沿着"支架"逐步攀升，从而完成对复杂概念意义建构的一种教学策略。建构主义者正是从维果斯基的思想出发，借用建筑行业中使用的"脚手架"作为对上述概念框架的形象化比喻，其实质是利用上述概念框架作为学习过程中的脚手架。通过这种脚手架的支撑作用，不停顿地把学生的智力从一个水平提升到另一个新的更高水平，真正做到使教学走在发展的前面。

4. 学习活剧课堂的实践表征

（1）学科实践

学习活剧课堂的呈现载体是学科教学，学习活剧课堂的理念诉求、模式框架、本质内涵等都要通过学科教学的方式进行外显。因此，学科实践是学习活剧课堂的重要实践表征。学习活剧课堂立足于学科的根本逻辑、基本理念和价值诉求，采用活剧教学的方式进行课堂演绎。所以，学习活剧课堂教学在基本课堂模型下，具有鲜明的学科特性和实践范式，外显为学科实践，内核为活剧课堂模型。另一层面，学科具体化的实践可以对活剧课堂的基本模型和操作范式合理优化，让学习活剧课堂的基本理论、模型结构和内涵本质等更加具有学科性和实践性，进一步落实其现实意义。

（2）活动学习

学习活剧课堂重在活动参与，在活动操作中主动生成。活剧课堂强调学生能够有效进行体验式学习，强调学习者亲自参与或置身某种情景、场合，通过感觉、体验、感悟来认识事物，通过动手操作、模拟真实、直观感受等方式来学习知识。各学科实践时应重点关注学习活动的多元化，尽可能设计更具趣味、指向清晰的学习活动。在学习活动的组织和设计时，要注重考量本学科的特性和要求，将学习活动放入学科框架中进行整体思考，凸显学科特点，呼应学科育人要求。

（3）游戏转化

学习活剧课堂强调游戏转化，强调学生通过有效游戏的参与过程中，围绕游戏情节、观感体验等进行学科化和认知化的转化。每一个教学游戏的设计都应该服从教学的需要，服从教材的需要，把抽象的甚至枯燥无味的知识与儿童喜闻乐见的游戏形式有机地结合起来，既要充分体现学科教学的特点，又必须充分具备游戏的特征。另一层面，学习活剧课堂的游戏教学强调有效的转化，强调游戏的效度和价值。不同的游戏所运用的时机不同，应根据不同的教学目的、教学内容、课堂教学的具体情况等巧妙安排，灵活运用。

（4）意义建构

学习活剧课堂注重学生主动的沉浸式参与，注重学生在主动参与的过程中完成自我对知识的主动建构。这一实践表征的主要依据是建构主义学习理论，在"建构"隐喻的视野中，学习者首先是一个主体。作为学习活动的发出者，主体（或称"学习者"）拥有毋庸置疑的主动性，这点与学习活剧课堂的实践特点完全吻合。学生通过对富有戏剧性的知识原型进行活动探究、阶段总结、反思内化等，逐步完成对冲突、悬念、陌生感等刺激性活剧元素的理解，并进行知识技能的主动内化和吸收。

（三）学习活剧课堂的问题取向

学习活剧课堂的建构主要指向以下几个现实教学中存在的问题：

1. 单纯知识目标与多元素养目标的疏离问题

幸福童年教育注重凸显儿童全面发展的育人目标和教育理念，呈现的是多元素养目标的实现。在这一理念引领下所设计的成长叙事课程体系指向的也是多素养协同发展的课程实践目标，这与当下课堂教学中单纯的知识目标形成了鲜明的对比。

2. 教学行为外铄性与学习过程内生性的协同问题

学生学习过程应该是一个主动的过程，应注重启发式教学。当下课堂教学广泛存在着教学行为外铄性与学习过程内生性不够协同的问题，过于注重外界教学影响和塑造作用、过于依赖自主学习过程的习得的倾向屡见不鲜，有效实现教学行为外烁和学习过程内生的协同作用亟待解决。

3. 学习活动的感性化与学习深度诉求的冲突问题

课堂学习主要的路径是课堂活动的参与，在成长叙事课程的实践中，更加强调学习过程的叙事性。良好的叙事性必须具备深度学习参与的条件，感性化的学习活动只会停留在学生感知的表面。正如马克思所说："再生产科学所必要的劳动时间，同最初生产科学知识所需要的劳动时间是无法相比的。"[①]。

4. 课堂参与中个别主角化与多数观众化的低效能问题

幸福童年教育注重儿童在教育行为中的广泛参与和均衡发展，每一位儿童均要有其成长叙事的空间和时间，都要成为这一理论引领下的课程体系中的主角。作为成长叙事课程实践载体的课堂教学要面向全体学生，要让每一位学生在课堂学习中的活动适应自身的发展和提升。

二、学习活剧课堂的本质是彰显学生生命活力

作为成长叙事课程的实践载体，学习活剧课堂的开展与实践将围绕课程体系进行逐步深化，逐步凸显儿童全面发展的育人目标和教育理念。为了实现成长叙事课程的课程理念和发展目标，学习活剧课堂将以彰显学生生命活力为实践本质，不断完善学生的全面发展指向，让学生在课堂学习中彰显充沛的生命活力。

（一）彰显学生有创意的学习能力

学习活剧课堂注重高质量的学习刺激，并关注学生在新的学习刺激下的主动生成。有创意的学习能力的形成必然会帮助学生形成创新思维。在学习活剧课堂的实践中，对学生开展创新思维能力的培养要结合学科特点和实际教学，以真实问题为抓手，围绕戏剧性的学习刺激，创设具有创新性的教学情境，提

①马克思. 资本论［M］. 郭大为，王亚南译. 北京：人民出版社，2018：150.

出引起思考的问题，使课堂充满积极的创新气氛，让学生在接受刺激之后，能够用更加发散、更有创意的方式和做法来进行学习探究，从而逐步培养学生的创造性思维能力。

（二）彰显学生增值性的建构能力

学生在课堂学习中，通过独立思考、自主探究、动手实践、合作交流等方式，会对自己的知识结构有主动的良性建构。但由于一般化学习的学习刺激较为平缓和普通，学生的建构能力有限，如何实现学生增值性的建构能力是课堂教学需要重点关注的环节。厘清这个问题之前，先要明白学生的建构能力受学习刺激和参与程度所影响，越是强烈的学习刺激，越是沉浸的学习参与，越会激发学生的建构能力。通过学习活剧课堂的学习刺激，并进行沉浸式的活动学习，学生对自身学习过程、知识结构等建构的路径会更加高效，从而达到学习增值的目标。

（三）彰显学生集体的互动品质

杜威曾说，学校即社会。人是社会关系的总和，只有将学生的学习历程置于集体学习之中，学生的学习过程和学习成果才更会具有社会性和现实性。学习活剧课堂的建构倾向于学生通过群体性的学习探究过程，在合作交流和互动学习的环节中，不断提升学习的参与感和体验感。学习活剧课堂的学习活动组织形式都是以小组合作的形式进行的，小组成员在活动任务的解决中有着明确的分工，这既需要学生能够专心于自己的任务环节，还要关注小组整体行进的走向，加强组间的联系，保证学习任务的顺利完成。学生在这样的学习历程中既是学习的独立个体，也是集体中的重要部分。

（四）彰显学生个性发展的丰富性

学生是学习的主体，强调发展学生个性，这是以人为本的一种体现。首先是人的发展需要，因为每个人的知识禀赋不同，只有充分发展其个性，扬长避短，才能使其得到充分的发展。学生在活剧课堂的学习过程中，必须懂得充分发挥自己对集体、对环境协调有益的个性，但不是一味彰显自我，使自己成为一个不受欢迎甚至拖集体后腿的人。学习活剧课堂是成长叙事课程的实践载体，是实现学生的全面发展和素养提升的必经之路。有创意的学习能力、增值性的建构能力、集体互动品质和个体发展的丰富性得以发展，将全面落地成长叙事课程理念，深化幸福童年教育的育人目标。

三、学习活剧课堂的教学理念

教学理念是对认识的集中体现，同时也是人们对教学活动的看法和持有的基本的态度和观念，是人们从事教学活动的信念。学习活剧课堂的全新模式呼唤着发展更全面、童年更幸福、成长更完整的儿童形象。因此，这种模式应该具备着先进的、综合的教学理念引领，可以更加有效地达成教育培养目标。

（一）增值学习

增值学习也称为学习增值，是指使学生的学习动力增强、学习方法优化、学习能力提升、知识价值转化，而不是单指时间、空间以及课堂知识传输的容量大。从学习心理学上讲，增值学习的行为模式可以将原本基本的刺激反应的学习模式，通过活剧教学的手段形成增值化。通过实践研究发现，学生在一般学习过程中，由于学习刺激的单一化和学习过程的一般化，学生各维度的发展均处于初级水平，无法达到个体核心素养提升的关键目标。因此，我们在原有基础和环节上进行优化完善，在学习刺激物上，增加"陌生化""悬念""冲突"等学习刺激，并优化设计学习过程，通过让学生充分参与、自主活动、主动生成等，逐步提升学习层次，跨越初级和良好的学习水平，渐次达到多维度的优秀等级，实现学生核心素养的有效提升。

（二）经验冲突

进入课堂的学生并不是一张"白纸"，而是带着丰富又深刻的生活和学习经验进行学习的。通过设置活剧元素，例如设置认知冲突、陌生化学材等，设计与学生已有生活经验和认知经验冲突的认知情境和学习素材，让学生在冲突中形成浓厚的学习兴趣和探究欲望，从而为后续的深入学习打下坚实基础。这体现经验的重要价值以及学习活动能够有效唤起和利用学生的已有经验，呈现深层的经验冲突，从而为活剧课堂的有效开展打下坚实基础。

（三）沉浸体验

幸福童年教育理念引领下的成长叙事课程的实践过程，十分注重学生真实的课程体验，注重学生能够在充分的参与过程中，进一步增强课程的叙事性。在此基础上，学习活剧课堂主打戏剧性的体现，通过对教学素材进行嵌入戏剧性的操作，有效激发学生的学习兴趣，引发学生沉浸参与课堂学习。学习活剧课堂的主要目的就是通过活剧化的课堂设计和结构调整，引导学生更加沉浸于课堂学习，从而收获更加具有效度的课堂学习历程。

（四）活动赋能

学习活剧课堂注重活动学习和游戏转化，这正是学习活剧课堂的实践表征重要内容。

学生通过课堂活动的参与，积极探索，深度学习，以此获得学科素养的提升和发展。学习活剧课堂中充盈着戏剧性，充分的刺激、悬念等活剧元素更是为学生深度参与活动探究、完备学习过程提供了便利的条件。丰富有趣的学习活动可以让学生更加沉浸于课堂学习，获得更佳的参与感和获得感。教师要结合本学科的特点，围绕教学目标精心设计活剧课堂的学习活动，通过学习活动的组织赋予教学的活力，形成更加指向素养发展的活力课堂。学习活动的设计和组织，要创造性地筛选、重组现有学习资源，让学生在活动参与过程中形成不同的学习体验，获得不同的能量叠加，形成更加深层的素养发展提升。

第二节　小学学习活剧课堂的实践要素与模型建构

小学学习活剧课堂的研究重在具体实践，主要关注学生能够在学习活剧课堂的学习参与中获得广泛的成长。研究小学学习活剧课堂实践的要素和整体实践模型的构建是实现这一类型课堂样态成型的重点环节。

一、学习活剧课堂服务于增值学习模式

学习活剧课堂的建构围绕成长叙事课程体系的有效实践进行教学模式和学习方式的改革。在教学实践的过程中，希望借助增强戏剧性的方式，让课堂整体样态向着更加生动、更有效度的方向转化，以获得增值性的目标达成。

（一）从刺激—反应联结（S-R）到刺激（＋）—反应（＋）（S＋-R＋）联结

行为主义学习理论对学习的解释强调可观察的行为，认为行为的多次愉快或痛苦的后果改变了个体的行为或者模仿他人的行为。[1] 从巴甫洛夫的"经典性条件作用理论"，到华生的"行为主义理论"，再到桑代克的"联结主义理论"，学习的实质逐渐归纳为形成刺激—反应联结（S-R反应联结）。斯金纳发

---

[1] 陈琦，刘儒德. 当代教育心理学 ［M］. 北京：北京师范大学出版社，2007：130.

展了这一联结理论，并对刺激—反应联结如何进一步深化进行了实验探究和系统阐述，其中最重要的是其理论中的"强化理论"。他认为行为之所以发生变化是因为强化作用，因此强化的控制就是行为的控制。在斯金纳的体系中，他使用"强化"而不是"奖励"，因为"奖励"是对与愉快情景相联系的行为的主观解释，而"强化"则是一个中性术语，简单地定义为能增强反应率的效果。① 由此，刺激—反应联结（S-R）进一步深化和完善以便深度指导课堂教学就存在了较高的可能性。刺激—反应联结（S-R）是一般性学习的本质原理，在此基本模型下进行实际化的发展，需要围绕刺激（S）进一步细化和扩展。指向性更加明确、更加贴合学生认知实际的刺激＋（S＋）可以激发起学生更加深度和更多可能的刺激反应＋（R＋）。那么行之有效的刺激＋（S＋）是任何一门学科教学实现较好教学效果的重点关注项目，这也说明刺激＋（S＋）的设计需要结合具体学科的学科属性和学科特点进行，其具有清晰、敏感的学科性。另一个层面，刺激＋（S＋）要有清晰明确的效果指向，要能够明确学生学习的效度，即形成的反应＋（R＋）要具备可视性和可控性。这为刺激＋—反应＋（S＋-R＋）的具体设计提供了明确的指向。如果从五个方面进行学习目标向度的达成情况对比，可以将学习过程按照初级、良好、优秀这三个层次逐步进行分类（见表4－1），可以使得刺激＋—反应＋（S＋-R＋）联结的设计更加具有理论依据和逻辑层次。

表4－1　学生课堂学习效能提升表

达成度／类型 目标向度	初级	良好	优秀
认知发展	学生在学习过程中，完成认知同化过程，有基本的认知结构的形成。	学生在学习过程中，能改变自我认知结构来适应新知识所带来的变化，完成认知顺应过程。	学生能够在学习过程中灵活运用已有认知，并能适应复杂认知环境，达到认知平衡过程。

① 陈琦，刘儒德. 当代教育心理学 ［M］. 北京：北京师范大学出版社，2007：138.

达成度 类型 目标向度	初级	良好	优秀
技能发展	学生具备基本的动作程序图式，技能形成处于认知阶段，即可以根据动作映像进行模仿。	学生对技能有整体的理解，技能形成处于联系阶段，具备技能的协调和组织。	学生对技能的学习进入自动化阶段，技能各程序、各个技能间能够相互协调，并过程自动化。
情感发展	学生的情感发展层次较低，非智力因素如情绪控制等无法协调合适。	学生具备调控自己情感能力，能够把控自己的情感，自我感知、自我激励等个体化情感占据主要情感发展。	学生的情感发展从个体化逐步转化为群体化，具有如公民责任、人际交往、人与社会等品德情感。
道德发展	学生通过学习参与，获得道德的初步发展，具备前习俗水平，还未形成自我道德认知。	学生道德发展逐步走向习俗水平，出现人际协调、遵守秩序的定向阶段。	学生基本形成完备的道德认知，能够实现自律，道德发展达到后习俗水平。
元认知发展	学生存在大量被动学习和机械学习情形，基本不具备元认知学习策略。	学生能够逐步形成部分元认知学习策略，如计划策略、监控策略等，具备粗浅使用策略的能力。	学生形成系统化的元认知学习策略，能够进行学习的自我计划、自我监控、自我调节。

学生课堂学习效能提升表呈现了增值模式下学生在课堂上综合发展的情况。从表中可以看出，学生在学习活剧课堂的深度参与中，在认知发展、技能发展、情感发展、道德发展和元认知发展等方面均有着发展提升的内容，多样化发展可能指向学生能够向着更加综合化和素养化的层面成长。

（二）指向增值学习的刺激（＋）—反应（＋）（S＋-R＋）联结

增值学习也称为"学习增值"，是指使学生的学习动力增强、学习方法优化、学习能力提升、知识价值转化等方面，增值学习的行为模式可以将原本的"刺激—反应联结（S-R）"（图4－1）的刺激反应的学习模式，通过活剧教学的手段形成"增值化"的学习模式，即"刺激＋—反应＋（S＋-R＋）"，形成更加完备和理想的刺激反应，获得超出常规化的学习效果，即反应＋（R＋）。

通过实践研究发现，学生在一般学习过程中，由于学习刺激的单一化和学习过程的一般化，各维度的发展均处于初级水平，无法达到个体核心素养提升的关键目标。因此，我们在原有基础和环节上进行优化完善，在学习刺激物上增加"陌生化""悬念""冲突"等学习刺激，并优化设计了学习过程，通过让学生充分参与、自主活动、主动生成等，实现学生核心素养的有效提升。增值学习指向的是学生认知层次从知识技能方面转向核心素养方面，其回应的是更加高阶的学科育人目标。

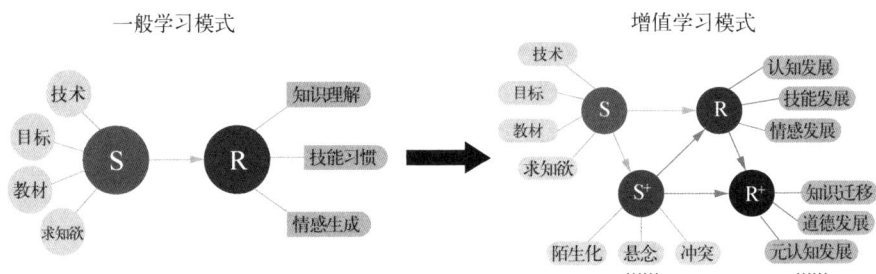

图 4-1　一般学习模式和增值学习模式 S＋-R＋流程 S-R 流程对照图

一般学习模式主要体现的是，在常规化的学习刺激下学生所形成的学习反应。可以看出，由于学习刺激的一般化和常规化，学生所生成的反应也是较为表层和浅显的。相较于此，增值学习模式则是依托陌生化、悬念、冲突等戏剧化的学习刺激，引发学生深度参与课堂，从而形成更加深刻、多元、广泛的学习反应。

（三）具体阐释和结构释义

从图 4-1 和图 4-2 的两个模型中可以看出，常规教学和指向增值学习的刺激＋—反应＋（S＋-R＋）联结的设计，一般性的学习刺激，如教学技术、教学目标、教材、学生求知欲一样存在。不同的是，根据活剧课堂的特点而设计的刺激＋（S＋），即陌生化学材、设置悬念、设置认知冲突等的介入，可以形成超过一般刺激形成的学习反应（认知发展、技能发展、情感发展），从而扩充形成指向知识迁移、道德发展、元认知发展等更加高阶的学习反应。除此新增的学习反应以外，可以看到在图 4-1 的结构中，根据活剧课堂的特点而

设计的刺激 + (S +) 也可以进一步帮助一般学习反应的效果加持，即进一步巩固和深化认知发展、技能发展、情感发展等基本学习反应。

二、小学学习活剧课堂的实践要素

根据上文中的阐述，结合活剧课堂的建构要点，在刺激 + —反应 + （S + - R + ） 的基本理论指导下，下面的生成增值学习的活剧课堂建构图式就此建立（图 4 - 2）。

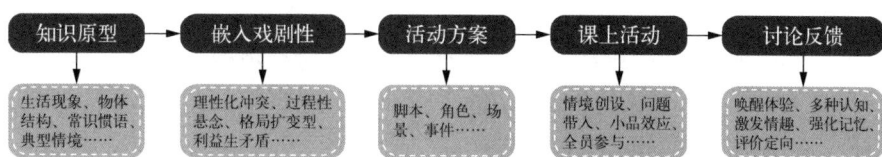

图 4 - 2　生成增值学习的活剧课堂建构图式

生成增值学习的活剧课堂建构图式主要由知识原型、嵌入戏剧性、活动方案、课上活动、讨论反馈五个环节组成，围绕这五个实践要素进行学科化的进一步设计和解读，是形成理想学习活剧课堂的关键环节。

（一）知识原型

知识原型是学习活剧课堂开展的基本资源，也就是通常说的学材、教材。学习活剧课堂的知识原型需要更加具有活剧性和开发性。一般来说，对于学生具备陌生性、容易引发认知冲突或者易于设计悬念等知识原型可以作为学习活剧课堂的知识原型。例如，与学生生活密切相关的生活现象、物体结构、尝试惯语、典型情境等，均可以作为学习活剧课堂中加以利用的知识原型。

（二）嵌入戏剧性

知识原型是学习活剧课堂的基本资源，对这些资源进行嵌入戏剧性是实现知识原型转型、构建学习活剧课堂的关键。想要嵌入戏剧性，就得深刻理解学习活剧课堂中的戏剧性的具体含义。常见的三种嵌入戏剧性方式是：陌生化学材、制造认知冲突、设置悬念。陌生化学材：陌生化理论源于艺术创作，是俄国形式主义的核心概念。教学中陌生化学材主要是通过新的设计和方法来使得原本的学材焕发新的学习活力，让学生能够从已有教材中感受到认知的陌生感，从而获得较好的活剧效果；制造认知冲突：认知冲突可以说是高效学习产生的重要因素。学习始于疑，当学生的已有认知与学习内容产生冲突那一刻，是学生最能产生高效学习的诱因。认知冲突的制造重在把握冲突点的设计和把握，这就要求教师能够准确把握学生已有认知的具体内涵，对于学生已经知道了什么、存在哪些最近发展区等要有清晰的把握和认识；设置悬念：这种方法在中国古典章回小说里常用，称之为"悬念设置"。同样，在课堂教学中设置悬念，也能使学生的注意力集中，激发起学生探求知识的欲望。设置悬念利用的是学生探究知识的心理需求，是行之有效的教学方式。

（三）活动方案

活动方案是学习活剧课堂的学习活动规划，是学习活剧活动顺利开展学习活动探究、形成学习成果的重点。在此环节中，要根据上一个环节，即"嵌入戏剧性"中形成的认知冲突、悬念等，进行针对性的学习活动设计。活动方案的设计可以围绕这几个核心因素展开。其一，脚本。脚本是学习活动的整体规划，是学习活动的主要流程。其二，角色。角色即参与活动的学生。其三，场景。场景是学习活动的外在环境，对学生的学习活动的顺利开展起到辅助和推进作用。学习活剧课堂的活动场景重在真实性和趣味性，让学生能够全身心加入学习活动探索学习。其四，事件。事件即为活动的具体内容，应该根据每次活动的不同目标细致设计，让学生在渐进的学习活动中逐步揭开问题、解答疑惑。

（四）课堂活动

课堂活动是学习活动课堂的重点部分，也是学生能够在学习活剧课堂中真正有所收获、获得发展的关键。课堂活动重在活动情境的创设、围绕主要问题开展、小组全员参与等环节。

（五）讨论反馈

讨论反馈是根据学生在学习活动的参与中阶段性地思考成果、进行交流和提炼的过程。讨论反馈应该围绕核心问题，进行唤醒体验、多种认知、激发情趣、强化记忆、评价定向等，重点指向的是学生素养发展提升。

三、小学学习活剧课堂的基本模式

通过厘清、梳理学习活剧课堂的实践因素，围绕学习活剧课堂的特征和学科教学的一般要求，构建了小学学习活剧课堂的基本模式（图4-3，"S-A-R"模型结构）。这个模式是学习活剧课堂的一般实践模式，是所有学科都可以参照的学习活剧课堂的教学模型。

Stimuli——Action——Response

技术 目标 教材 ……	**S**	知识原型 嵌入戏剧性 活动方案 展示活动 讨论反馈	**R**	认知发展 技能发展 情感发展
陌生化 悬念 冲突 ……	**S⁺**		**R⁺**	知识迁移 道德发展 元认知发展 ……

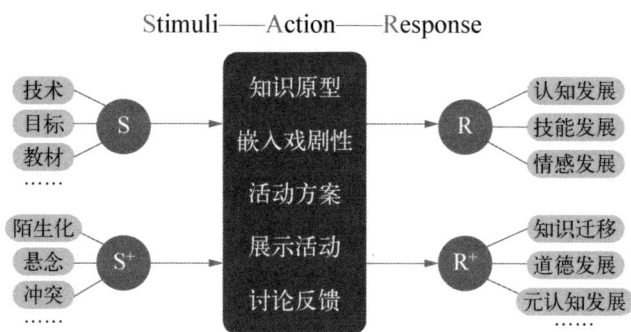

图 4-3   "S-A-R"模型结构

（一）模式建构的理论应用

"S-A-R"模型结构的基本理论来源于现代心理学中的"S-O-R"（stimuli-organism-response）理论。S-O-R 即刺激有机体—反应模型是基于行为主义的 S-R 模型（刺激—反应）演变而来的，人们随着心理认识的变化，逐渐意识到人的信息处理过程是从一个物理刺激开始，紧接着通过感观对外界刺激进行接收，经过神经系统加工后，做出决定，最后才有动作反应的输出，简化后就是 S-O-R 模型。学习不是简单的机械运动，而是学习"达到目的的符号"及其所代表的意义；在外部刺激（S）和行为反应（R）之间存在中间变量（O）。托尔曼主张将行为主义 S-R 公式改为 S-O-R 公式，O 代表机体内部变化。[①] 托尔曼通过实验发现，外在的强化并不是学习产生的必要因素，不强化也会出现学习，他称之为"潜伏学习"。根据潜伏学习理论，学习行为具有整体性和内隐性的特点，教师需整体关注幼儿学习行为各要素的作用，平衡内、外部强化，及时保护幼儿学习的内部动机，适时地运用外部强化，以刺激幼儿学习结果的呈现。潜伏学习的事实也证明学习不是 S-R 之间的直接联结。

基于这一理论，既然学习并不是简单的 S-R 之间的直接联结，注重个体的有效参与，那么有意义学习的发生必然注重学生在课堂中的深度参与，加强 S-R 联结的深度和质量是学习活剧课堂构建的关键内容。结合学习活剧课堂的关键因素和实施要求，我们将 S-O-R 中的"O"即"机体"细化为具体操作（R），也可以理解为学生的课堂学习活动。就此，小学学习活剧课堂中的"S-

---

① 陈琦，刘儒德. 当代教育心理学［M］. 北京：北京师范大学出版社，2007：158-159.

A-R"模型结构得到构建。

（二）模式中呈现教学关系

"S-A-R"模型主要由三个部分组成，即刺激、行为、反应。刺激主要是在传统学习环节中的教学技术、教学目标、教材等基础上，加入学习活剧课堂的学习刺激，主要有陌生化学材、设置悬念、创造认知冲突等环节。

行为是学习活剧课堂的课堂主要环节，其涵盖了学材设计、戏剧性设计、活动设计、活动开展、评价反馈等环节，是学习活剧课堂的主要环节，也是学生在学习活剧课堂中的学习能够有所收获的关键部分。反应环节是学生在学习过程中或学习之后产生的发展和变化。那么，学生在活剧课堂的学习中，除了完成这些基础层面的发展，还将在知识迁移、道德发展、元认知发展等方面有进一步提升。这些层面指向的都是学生素养方面的高阶目标，是学生在一般性学习过程中，并不能顺利获得的成果。

"S-A-R"模型呈现了多组重要的教学关系，是模型实践中需要重点关注处理的逻辑关系。

其一，目标与活动的关系。教学活动的开展是为了实现教学目标的有效达成，学习活剧课堂中学习活动主要以刺激行动为主要形式，学生在活动参与过程中深度学习、素养提升，形成良好的学习成长历程。

其二，模型各个板块之间的关系。"S-A-R"模型主要由三部分组成，它们彼此之间互相制约和配合，环环相扣。良好的学习刺激，必然引导有效的学习活动，有效的学习活动也必然引发多样的学习反应。模型中三者关系并非简单的线性关系，更多是螺旋生成的关系，需要适度的调节和完善。

其三，学习过程与学习反馈之间的关系。课堂学习效度的最终体现是课堂的真实反馈，"虚伪的繁荣"是课堂最可悲的样态。学习活剧课堂注重学生深度参与有效的学习过程，从而呈现具有效度的学习反馈。

其四，学生共同体学习与个体学习的关系。合作学习和独立思考是每一位学生必须具备的学习能力和学习品质。学生要能够在共同学习中明确分工合作、协同共赢的先进理念，也要在独立学习的过程中掌握独立思考、自主探索的能力。

"S-A-R"模型呈现的教学关系内涵丰富、地位重要，是该模型得以顺利实施的重要条件，需要在学习活剧课堂的实践中着重关注和深度思考。

（三）模式应用的基本要求

"S-A-R"模型是学习活剧课堂开展的基本范式和上层基础。在模型实践中，要注重以下应用的基本要求。

其一，注重整体把握的视角。"S-A-R"模型是一个整体化的结构，并不是单独的某一个或两个板块就能发挥作用，需要各个环节彼此协同，整体发挥作用。因此，在模型的具体实践过程中，需要实践者具备整体把握的视角，能够在更加高位的角度上对模型进行整体把控。

其二，注重互相关联的策略。教学实践中，要在整体把握模型的基础上，灵活调控各个板块之间的关系，保证模型在相互关联的基础上发挥最佳的教学效果。教学是一个随机生成的过程，存在着很多不确定因素，教学模型的建构不能固化课堂教学的发展，根据具体的实际教学情况进行协同关联的考量。

其三，注重学科教学的要求。"S-A-R"模型是学习活剧课堂的整体模型，具有一般性和普适性。对于模型的理解，要站在学科基本框架的角度进行细化，要能够将学科基本结构有机融合进"S-A-R"模型，让学科教学能在"S-A-R"模型的引领下发挥增值性的效度，获得更佳的学科教学效果。

其四，注重更新迭代的思路。"S-A-R"模型是一个充满生机和改进空间的模型，需要根据具体的操作行进中的发展进行适机的更新迭代，以适应变化的教育环境和课堂发展。因此，对"S-A-R"模型进行必要的元素增删、结构调整等会让"S-A-R"模型具有更好的实用性和操作性，让学习活剧课堂的发展更加科学有序。

四、小学学习活剧课堂实施思路

小学学习活剧课堂实施需要注重课堂教学的要求和学生发展的需求，在具体实施中需关注以下几点建议：

（一）正确理解深度刺激与目标引领的关系

教学目标指向课堂教学的理想情况，是教师对于课堂教学实际情况和最终达成的完美期望。它有时会让课堂教学的呈现囿于形式化和固定化，缺乏鲜活的生命魅力。学习活剧课堂强调深度有效的刺激，通过活剧化的教学设计手段，提供给学生强烈的认知刺激，让学生产生更加浓厚的学习兴趣、更加真实的学习代入感和更加强烈的学习沉浸感。因此，在学习活剧课堂教学的实践中，应该更加关注深度刺激的设计和实施，并重点关注学生在接受深度刺激后的认知状态和认知结构所发生的正向变化，从而实时进行调整和完善。

（二）将实践范式转化为具体学科的教学模式

在本文中，已经重点阐述了学习活剧课堂的一般实践模式和结构，这对于所有学科开展有效的活剧课堂教学实践具有明确的导向和指导作用。不过，分科教学的主要价值和关键要点是本学科的学科育人价值。因此，每一个学科的课堂教学应该依托本学科基本的数学概念和逻辑结构，进行区别于其他学科的教学实践，从而有效发展学生的学科核心素养。所以，将一般性的学习活剧实践范式进行学科化的转化和具体化设计是学科学习活剧教学的重点。各个学科应该在学习活剧课堂的实践模式结构上，围绕本学科本质内容和基本框架进行学科化的具体实施，从而将一般性的实践范式转化为具体学科的教学模式。

（三）广泛开发学习活剧课堂中的实施工具

幸福童年教育理念下小学学习活剧课堂教学的开展需要开发相应的教学实施工具，教学工具的开发需要关注学科的特性，开发适应学科、适合学生的教学工具，让学生能够在实体活剧器材的基础上进行学习。例如，在英语学习活剧课堂的教学实践中，通过学生的角色扮演，可以形成戏剧化的认知冲突，引发学生身临其境的学习体验。在这一实践环节中，可以制作相应的角色头套、情境布景等，以帮助学生获得更加沉浸的体验。再比如，在数学学习活剧课堂的教学实践中，通过设计一些能够显示、推翻、验证相应数学已有规律或结论的实验工具，让学生的戏剧冲突感更加显现等。除了实体性的教学工具的开发，学习活剧课堂教学的一些教学策略和整体化的活剧实践路径也应涵盖在教学工具以内，例如利用戏剧演绎的方式进行情境的烘托和营造，利用戏剧推进的一些方式进行课堂进程的重组设计等，这些工具的设计应该对一线学科教师的具体化实施有良好的指导和示范作用，能够让老师们"一看就懂，拿来能用"。

（四）创新运用学生学习中的冲突和挑战

学习起源于兴趣，产生兴趣的程度直接决定学习的深度和效度。小学阶段的学生学习兴趣产生的主要渠道是认知冲突和认知挑战，即来源于新知与已有经验的矛盾、对学习内容的未知等。学习活剧课堂实践需要老师们能够广泛挖掘并创新使用学生的认知冲突和挑战，为学习活剧课堂的深度生成打好基础。例如，数学课中设置问题"所有的三角形都不是轴对称图形吗？"，学生对这一问题有一定的理解，但又不确定，老师就可以围绕这样的问题悬念进行设计，吸引学生的认知兴趣，促进深度学习发生。一方面，老师们要对冲突的具体类型和存在形式有充分的了解和把握，能够针对具体的学科教学内容进行针对性的认知冲突具体设计，要能够有"点石为金"的原创设计能力，设计出适合教学内容的认知冲突，同时也要有"化腐朽为神奇"的再设计能力，能将不够贴合、效果不佳的素材和想法进行二次设计，形成适合具体教学内容、有助教学效果提升的认知冲突。

（五）丰富学习活动的形式和创意

学习活剧课堂注重有效刺激，注重活动生成，有效的学习活动是学习活剧课堂的主体。因此，各个学科老师在开展学习活剧课堂时要重点关注学习活动的多元化，尽可能设计更具趣味、指向清晰的学习活动。在学习活动的组织和设计时，要注重考量本学科的特性和要求，将学习活动放入学科框架中进行整体思考，凸显学科特点，呼应学科育人要求。例如，语文学习活剧课堂的活动要注重语文重表达、重人文等特点；数学学习活剧课堂的活动要注重思辨性、推理性等特点。同时，学习活动的设计还要注重开展形式的多元性。例如，活动开展的主体不仅仅是师生，也可以邀请家长加入；活动开展的地点也不一定在教室，也可以在室外场所。多元化的学习活动形式可以为学生带来更加丰富的活动体验，形成更加深刻的学习效果。

（六）强化课程资源拓展意识

课程拓展意识是新课标、新教材的时代背景下，每一位教师应该具备的基本教育意识。活剧课堂的教学实践不能囿于本学科课程资源的应用，应该勇于突破学科边界，将其他学科的课程资源进行本学科化的调整和应用，从而提升活剧课堂教学资源的广度和深度。这一点与当下提倡的跨学科教学理念类似，都是站在全面培养学生的角度上，综合化各学科素材资源，提升学科课程育人的效度。各学科教师要善于寻找各个学科的衔接点，在把握本学科基本框架和概念本质的基础上，进行广泛的资源拓展，将其他学科的课程素材、学科逻辑、思想理念等积极吸纳，从而形成更加生动、更具活力的学习活剧课堂。

（七）灵活运用课堂中的生成

在学习活剧课堂的教学实践中，教师要能够巧妙灵活地关注、应用学生的生成，要能够将学生的生成应用成课堂进程推进的关键步骤。一方面，越多的课堂生成，是确保活剧课堂有理想戏剧性的前提。学生学习中生成得越多，越能说明学生参与越深，学习状态越佳。教师则可以应用课堂生成进行更多戏剧性过程的开发和应用，让学习活剧课堂更加具有真实感和有效性；另一方面，质量越高的课堂生成，是学习活剧课堂不断形成高质量课堂样态必经路径。学生在课堂学习中的生成应该是"走心""走脑"的，是学生经过深度的学习参与和思维加工，这样高质量的课堂生成才可以促进更好的学习活剧课堂建构。

（八）活剧课堂设计要置于单元整体设计之中

当下的课堂教学存在着碎片化、零散化的问题，这样的教学弊端会导致学生无法形成较为系统化的知识结构和学科素养。学习活剧课堂实践也应该围绕单元整体教学的理念进行设计，形成整体化、序列化等活剧教学内容。一方面，就学科教学内容来说，要注重将课时教学内容安置在整体知识体系之内进行思考和设计，提取相应的单元教学核心概念，形成结构化的单元整体教学策略和路径，这样有助于形成更加结构化的认知结构和学科素养；另一方面，学习活剧课堂的设计逻辑和设计策略应该也站在更加统整和结构的基础上进行设计，能够给学生一个学习活剧课堂学习的基本范式和模仿基础，让学生能够形成自主的学习能力，提升学习的适应性和一般性。

（九）活剧反馈注重鼓励学生的多种体验

学习活剧课堂教学注重学生丰富的活动体验，教师要根据学生活动的参与情况和真实发展，结合自己的教学预设和相应的教学目标，对学生的感悟及时进行反馈。另外，评价反馈的目的不仅仅是对已完成的活动参与进行终结性的分析反馈，更主要的则是以评价为衔接点，给予学生更加明确的方向性指引，帮助学生及时调整活动参与中的错误和不足，从而形成更加丰盈的活动体悟。

（十）建立活剧课堂协商性评价体系

任何学科的教学，都不能仅将纸笔评价作为学科学业水平的唯一评判手段，这既是学科教学目标的要求，更是实现学生素养提升的必备前提。因此，围绕快乐学习、尊重学生、素养导向、沟通协作而构建的协商性评价体系更贴合活剧课堂的学生表现情况，也更能引领学生的素养发展和提升。活剧课堂协商性评价体系既指向学生在课堂学习中的真实发展情况，也指向学习活剧课堂教学实践的真实样态和实际效果。

第三节　学科学习活剧课堂的实践

学习活剧课堂模式的学科实践是学习活剧课堂实践研究的重点内容和最终归宿，围绕学习活剧课堂的基本模型和实践要求，学校进行了语文、数学的实践尝试，并在充分论证的基础上，实践探索了"异趣语文""寻疑数学"的教学情况，并形成了学习活剧课堂整体模型框架下的学科实践模型和具体案例。

一、异趣语文

活剧课堂是机智、生命激情、弥散着生活品味的课堂，异趣语文是儿童在语言文字里遇见文本、遇见世界、遇见本我的最美别致体验的语文学习。

（一）从学习活剧课堂到异趣语文

"异趣语文"，异是不同，趣指趣味、兴趣，异趣指区别于其他的崇高、雅趣、幸福快乐的语文学习。从学科来观照，是强调有语文特质的学习体验；从学习者来说是特别的具有雅趣的语言实践过程；用幸福童年教育来观照，是彰显儿童幸福成长、崇高情感、深度对话的教育经历。是以唤醒学生沉睡情感，激发探寻动因，点燃智慧火花，感悟语文与众不同的意趣或情趣。"异趣语文"课堂围绕一个核心目标：为幸福生长叙事；以语感、语境、语脉为三大支柱，以悬念式内容、体验性学习、戏剧型实践为实践要义；选择多元性的教学目标、挖掘悬念性的教学内容、设计深度性的教学活动、采用协商性的教学评价。

（二）异趣语文学习活剧课堂学科实践表征

当异趣语文学习进入深度学习状态，学习认知度过程便彰显并包裹着语言转换、角色体验、情境迁移、素材导入、实践扩展、感情阅读等主动建构和意义过程。

1. 语言转换

异趣语文首先要实现生活语言与学科语言的转换，学生语文学习水平提升、素养养成的一个重要标识就是学生学科语言的转换，也就是从日常语言逐步过渡到学科语言。其次从生活语言出发能让学生在学习中感受到一种亲近感，让学生感受、体验到语文学科学习、表达的一种亲和力。学科语言与诸种语言的转换，作为教师，要引导学生在语文学习中进行语言的选择，引导学生进行语言的网格化提取，从而便于学生分析、解决问题。

2．角色体验

角色体验是异趣语文的重要学习方式，其通过角色扮演、角色互换、角色对话等，让儿童沉浸式在文本间穿越。学生基于观察和想象模拟特定情境中的角色，并通过对话、道具、肢体语言等体验情境，解决问题，表达角色的性格、气质、思想和经验等。让儿童基于问题或任务，参与体验不同的角色。从而实现学生的主动发展和整体素质的提高，达成"完整的人"的培养目标。在创作中，参与者融入自己的生活经历、理想模式、观点，并在与其他角色的对话和互动中完成了自我建构。

3．情境迁移

《语文课程标准》对异趣语文学习情境有着较为准确的表述和清晰的要求，尤以说明需要在真实的学习情境中展开语文的学习实践活动。异趣语文学习中戏剧化设计，如时空的迁移创设现实情境，以生活的迁移创设趣味情境，以读写的迁移创设实用情境，以体验的迁移创设乐学情境，让儿童在真实可感的任务中经历情感的波澜与素养的发展。

4．素材导入

对异趣语文教学而言，统编本教材中文本可以说是文质兼美，极具语言审美和生活雅趣，更遑论"语文的外延"与"生活的外延"相等，异趣语文教学实践中教师要引导学生从生活中发现语文、感受语文、学习语文，不断地体验语言魅力与提升自我的言语水平。在异趣语文教学中，教师充分运用生活素材，丰富教学内容，增加教学的趣味性，从而激发学生学习的兴趣，完善学生的知识体系。

5．实践扩展

异趣语文学习中，始终紧扣语文实践之轴而展开师生的"教"与"学"，而如何在有限的规制时间内有着更多的无限延展，这就需要异趣语文进行实践扩展，活剧课堂有着天然的优势，儿童自始至终都是主角，既是台前的深度参与主角，又是幕后的不可或缺的一环，这就需要教师在教学中更好地做好顶层设计，系统谋划，周密细致。

6．感情阅读

异趣语文课堂尤其注重感情阅读，情感、情绪是人类精神生活的重要构成，是社会生活中人类经验最亲近的体验，也是最为繁复最难琢磨的体验。感情阅读由单纯的知识、客观的理性呈现到儿童情感的发展、投入、浸润阅读，作为阅读主体的儿童，他们的阅读行为变得富有乐趣、情趣与志趣。感情阅读包含朗读、表达、拓展、探究等，其指向的就是成就儿童优越的智能、优雅的情趣、优秀的人格、优化的创造能力。

（三）异趣语文学习活剧课堂模式建构

异趣语文学习活剧课堂模式是一种基于趣味性和活力的语文教学模式，旨在激发学生对语文学习的兴趣和参与度，提高他们的学习积极性和语文素养。该模式以戏剧表演和活动为核心，将学习内容与戏剧元素有机融合，创造出一种富有情感共鸣和互动性的学习环境。在异趣语文学习活剧课堂模式中，教师充当导演和引导者的角色，通过精心设计的剧本和活动，将语文知识融入戏剧表演和实践活动中。学生在参与角色扮演、剧情演绎、实地考察等活动中，通过身临其境的体验，深入理解和掌握语文知识，同时培养了语言表达、思维逻辑和创新思维等多方面的能力。

如图所示，异趣语文的课堂模式建构是以作为活剧课堂的异趣语文为核心，由内而外表现为从核心到外围的层次铺展，由外至内呈现出发展与生成的逻辑思路。"从核心到外围"是指课堂核心目标确立的情况下，将与目标有关的路径、载体、依托、方法紧密联系在一起，不断构成合理、完整的操作系统与实践路径。

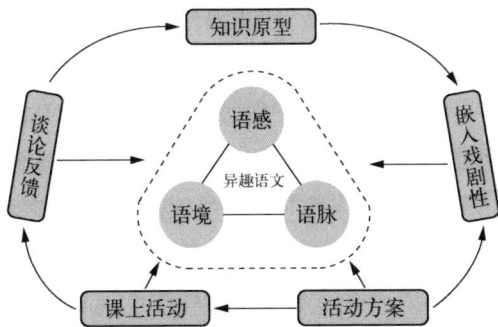

图 4 - 4　"异趣语文"学习活剧课堂模式

组成整体的各部分之间相互联系、相互依存、相互作用、相互成就，彼此有机融合为一。在以异趣语文为核心，以语感、语境、语脉等学科要素中，儿童通过经历、想象、移情、表演，不断经历知识原型、嵌入戏剧性、活动方案、课上活动、谈论反馈的境界提升，最终实现在异趣语文课堂中发展学科核心素养的美好愿景。

二、寻疑数学

《义务教育数学课程标准（2022 版）》在课程性质中明确指出：数学是研究数量关系和空间形式的科学。数学不仅是运算和推理的工具，还是表达和交流的语言。[①] 数学学习活剧课堂的构建是在围绕数学课程性质、注重数学学科本质，基于数学基本逻辑的基础上进行的学科化实践。学生在数学学习过程中产生认知疑惑，是数学有意义学习的必备条件。因此，"寻疑数学"的学习活剧课堂应然建构。

（一）从学习活剧课堂到寻疑数学

学习活剧课堂是增值学习的一种教学模式，其整体框架的样式可以在具体学科中进行具体化实践，"寻疑数学"就是一个模式在数学学科的具体化实践。

1. 整体概述

"寻疑数学"重在设置"疑"的学习情境或认知场域，旨在让学生通过寻找疑惑、面对疑惑、分析疑惑、解决疑惑，完整经历数学学习历程，获得更加指向素养的学科化提升。"寻疑数学"学习活剧课堂构建重在设置刺激"生疑"、学习活动"释疑"。

2. 具体构想

"寻疑数学"的学习刺激大多来自数学认知冲突和数学学材的陌生化，少量来自悬念，这既是由数学学科本质决定，也受学生数学认知习惯影响。学习活动是"寻疑数学"学习活剧课堂的主体，是学生活剧学习的主要环节。相比较传统数学课堂中的学习活动，学习活剧课堂的学习活动更加注重自主化、工具化、整体化、序列化。学生自主参与学习活动，带着学习疑惑和认知困惑，分角色进行小组活动探究，唤醒认知体验，激发多种学习情趣，沉浸式体验数学学习历程，从而不断完善认知结构，直至在活动反思总结中完成"释疑"的过程。"寻疑数学"是学习活剧课堂的具体化学科实践，遵循着学习活剧课堂的整体流程和推进结构，并富含数学学科本身的特质和要求，是学习活剧课堂

---

① 中华人民共和国教育部. 义务教育数学课程标准（2022 版）［M］. 北京：北京师范大学出版社，2022.

整体框架下的具体学科样态呈现。

（二）寻疑数学学习活剧课堂的学科实践表征

"寻疑数学"的本质是数学课堂，应该遵循数学的课程特性和教学要求。这一点体现在通过学习活剧课堂凸显数学学科本质的实践表征，即以学习活剧课堂为外显样态，数学本质为课堂内核的实践思路。其建构需要关注以下几个方面。

1. 数学推理

数学是注重思维的学科，数学推理（逻辑推理）是数学思维的基本形式之一，是由一个或几个已知的判断（前提）推出判断（结论）的过程。寻疑数学学习活剧课堂注重数学推理过程的构建和实践，重点关注通过"S＋"的学习刺激，让学生经历更加深度的数学推理过程，并在学习活动中不断完善推理过程和结果，有效培养学生的数学思维。

2. 现实抽象

数学是研究空间形式与数量关系的学科，其关键环节是数学抽象。史宁中教授更是将数学抽象列为数学基本思想的三大核心要素之一。寻疑数学学习活剧课堂注重数学学材的陌生化处理，即精选生活中的知识原型，并进行陌生化，从而激发学生的学习兴趣。现实抽象就是将生活中经过"活剧化"处理的学习素材抽象成数学问题模型，开启数学学习的过程。

3. 符号运算

数学的本质并非符号体系，而是一门生成相关概念的学科。但数学学习行为的发生却离不开数学独有的符号系统，符号运算也是数学学习的核心之一。寻疑数学学习活剧课堂的符号运算主要体现在学生参与学习活动中，根据参与感受和主动思考，进行相关的符号化的活动记录，并进行相应的符号运算尝试，从而能够形成一般性的学习结论或规律。

4. 数理思辨

数理思辨是对数理性问题进行思考辨析，它是一个由已知求未知的思考过程，并且它所推导的结论是经过严密的思考而确证的，具有无可争议性。例如，学生在认知冲突产生后，将会在教师设计和组织的学习活动中进行冲突的化解，完成从错误、不完全的认知状态，通过思辨的方式逐渐走向正确、完全的认知状态。在学习活剧课堂中，数理思辨应该贯穿整个课堂进程，并处于不断发展和提升的持续样态。

5. 模型构建

数学学习是一个抽象的过程，没有抽象的环节就谈不上数学学习。因此，从生活实际情境中抽象出数学本质，构建基本的数学模型，并将这些数学模型用回生活实际中去，这才是完整的数学学习历程。在数学学习活剧课堂中，可以通过活剧化的学习活动、形式处理等构建模型，例如，针对某一个生活实际问题，通过本质凸显、设置冲突（陌生化、悬念等）、构建模型、活动分析尝试模型可行性等，完成数学学习活剧课堂学习的完整过程。

6. 实际应用

数学学习的价值在于应用，新课程标准明确提出了数学核心素养的概念，其本质内容就是学生通过数学学习，获得解决真实情境、实际问题的能力，指向的是学生独立解决生活实际问题的能力。学生在数学学习活剧课堂的活动参与中，要关注知识在活动中的应用迁移，要能够体会到数学学习所获能够在生活中起到重要作用。

（三）寻疑数学学习活剧课堂的模式建构

数学学习活剧课堂的模式依托于学习活剧课堂实践模型（"S-A-R"模型结构），结合了小学数学学科的学科特性和教学要求，设置寻疑数学学习活剧课堂的模型，如图4-5。

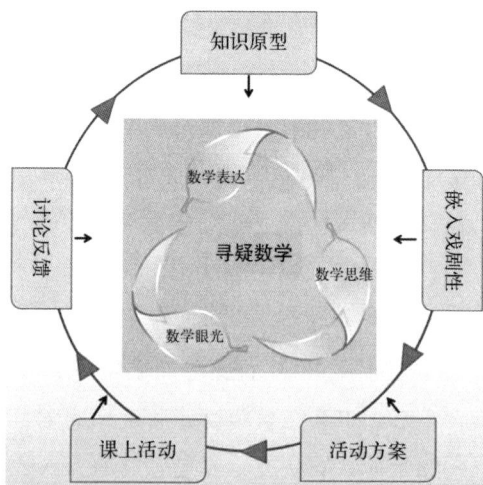

图4-5 "寻疑数学"学习活剧课堂模式

1. 模式解析

此模型基于学习活剧课堂基本框架中学习化深度设计的课堂模式。图形中外围是学习活剧课堂的基本模式，即知识原型—嵌入戏剧性—活动方案—课上活动—讨论反馈。所有的学习活剧课堂的设计都将围绕这一模式进行构建，但同时要注重学科特性的充分体现，使得学科化的学习活剧课堂能够具备实践价值和意义。

《义务教育数学课程标准（2022 版）》提出了核心素养的概念，明确指出"三会"核心素养具体内涵，以此为寻疑数学课堂的基本构建要素，在学习活剧课堂的基本框架下，紧密联系这三个基本要素进行数学学习活剧课堂的实践和应用，可以让学习活剧课堂的基本理论和实践逻辑在数学学科教学中有效落地。同时，围绕核心素养打造的数学的学习活剧课堂，可以让学生借助学习活剧课堂的学习优势实现更加高效、更加指向素养的数学学习历程。

此结构模式通过图中箭头可以看出学习活剧课堂基本结构的每一个实践环节都应该围绕数学核心素养展开，这样体现出的是从整体上和结构环节中保证寻疑数学学习活剧课堂的实践的完整性和持续性。

2. 模式实施解读

从实践模式中可以看到，围绕"三会"核心素养目标设置的数学学习活剧课堂的数学核心内容，即数学观察、数学表达、数学思维。

（1）数学眼光

什么是"数学的眼光"？《义务教育数学课程标准（2022 年版）》指出：数学为人们提供了一种认识与探究现实世界的观察方式。简而言之，"数学的眼光"就是数学的观察方式。观察是有目的、有计划的知觉活动，是以视觉为主，包含着积极的思维活动，融其他感觉于一体的综合感知。史宁中教授认为，学过数学的人看世界会抽象，会一般地看问题，数学的眼光最主要表现为抽象。[①] 抽象是从许多事物中舍弃个别的、非本质的属性，得到共同的、本质属性的思维过程，是形成概念的必要手段。

（2）数学语言

数学语言，笼统讲，包括文字语言、符号语言和图形语言。数学语言是数

---

① 王文英. 如何帮助学生练就"数学的眼光"[J]. 河北教育（教学版），2022（10）：16-18.

学思维的载体，一种表达科学思想的通用语言和数学思维的最佳载体。数学语言可分为抽象性数学语言和直观性数学语言，包括数学概念、用语、符号、表达式、图形等。数学语言是学生进行数学化表达的主要工具，也是承载学生在数学学习历程中思维外显的主要载体。在学习活剧课堂中，数学语言也是学生在学习活动中需要使用的交流工具。更加直观地说，学习活剧课堂为学生的数学学习搭建了良好的平台，使得学生能够在这样的平台中表达疑惑、交流收获、提炼经验等，而这些都需要数学语言的加持。

（3）数学思维

数学思维，也称数理思维，是数学学科的重要价值。从分类来看，数学思维可以分为五种：从不确定性中找到确定性、用动态的眼光看问题、公理体系、数字的方向性，以及全局最优和达成共赢。这五种思维或多或少都必须在小学数学的学科实践中有所体现。数学思维的发展是比较内隐的，在学习活剧中，数学思维的发展质量直接取决于学习活剧课堂戏剧性的设计质量和学习活动的开展质量。学生在强烈的戏剧冲突中深度参与学习活动，进行疑惑解答，从而在活动过程中提升数学思维质量。

这三个数学活剧课堂核心要素紧密联系、不可分割，师生在教与学的过程中要在学习活剧课堂的基本框架中，完成数学学科要素的理解和吸收、数学学科素养的发展提升。

第五章 构建协商性学习评价体系

幸福童年教育对学校的课程形态、教学实践、学生的整体形象等都提出了新的要求，这些新的要求要实施到位，需要以"评价"为重要实践要素。"幸福童年"是对儿童的精神状态和生存状态的描述，事实上在不同学生、不同学科教学、不同的教育活动中表现出的方式和程度都是不一样的。所以基于幸福童年教育理念和目标而展开的评价行动是没有统一标准的，它是对具有统一标准的传统评价方式的革新，是对不同主体、不同学科、不同活动展开的具有针对性的、基于主体表现和特定效果的多元性、多样化、体现差异性的评价。评价不仅依靠外部评价，还应更注重学生的自我评价。我们将这种满足学校对幸福童年教育诉求的评价描述为"协商性学习评价"。本章主要是对协商性学习评价的理论依据、评价标准以及具体评价行动而展开的研究阐述。

第一节 指向快乐体验的协商性学习评价

幸福童年教育需要我们走进儿童的世界，充分尊重儿童在学习过程中的主体地位，更加注重儿童的快乐体验。就学生的学习过程和结果来看，幸福童年教育的核心就是获得快乐体验，这样的体验既是内在的心理变化，也是外在的行为表现。学生快乐体验的程度、水平和深度等表现了幸福童年教育和学生发展的水平，所以我们把这样的评价定位为以学生的快乐体验为基础的协商性评价。这种评价强调儿童和教师的参与体验、意义建构，鼓励儿童自评、互评，吸收家长、同伴参与评价，促使儿童对自己学习的回顾与反思，让评价成为他们学习经历的一部分，帮助学生获得快乐体验，打好儿童终身学习与发展的精神底色。

一、"协商性学习评价"的基本内涵

"协商"一词多用于政治生活和社会生活中，将"协商"纳入教育评价中，显然是强调了它与传统教育中教师"专断性"评价方式的对立。"协商性评价"的基本原则是突出过程的对话性、对话的平衡性和结果的认同性。可以说，针对传统的目标评价模式和统一标准评价模式而言，协商性学习评价追求目标达成的同时更追求主体在达成目标过程中的表现，追求目标水平的同时更注重主体实际能够达成目标的水平。用"协商"描述学习评价时有它独特的内涵，可以分为以下三个层次：

（一）协商性学习评价是基于多元标准的评价

协商性学习评价是一种基于多元标准的评价方法，旨在通过学生和教师之间的积极互动、参与和合作，共同确定学习目标，并进行评价和反馈。首先，"多元标准评价"是淡化标准的体现，强调学生在学习中达到的不同层次，突出学习的差异性，同时也突出标准的开放性。比如学习某一个词语时，有的孩子仅能做到理解并默写，而有的孩子则能做到迁移运用。其次，这种评价是协商性的，不是外在强加的。教师可以根据学生的个体差异和学科特点，灵活地确定评价标准，并通过持续的反馈和指导，帮助学生提高学习效果和成绩。学生也能够参与评价过程，理解自己的学习目标和进展情况，自主进行学习计划的制定和调整。这样多元标准的评价方式有助于激发学生的学习兴趣和动力，提高学习效果，培养学生的自主性和批判性思维能力，促进学习目标的实现，并提高学生的学习成效。

（二）协商性学习评价是重视学生学习行为表现的评价

协商性学习评价重视学习过程的重要性，强调学习行为对于学习结果的影响，通过评价指导学生的学习行为，促进他们全面发展并取得良好的学习成果。首先，学生能达到怎样的学习水平与他在学习过程中的表现是息息相关的，通过重视学生的学习行为表现，教师可以更全面地评估学生的学习习惯和学习态度。协商性学习评价中，教师会与学生共同制定学习目标和评价标准，并明确学生在学习过程中需要展现的学习行为。这些学习行为可以包括积极参与课堂讨论、主动寻求帮助、合作与合理分配任务、批判性思考、自主学习等。

（三）协商性学习评价是评价双方一致认同的评价

协商性学习评价是建立在师生间平等、互动和相互理解的伙伴关系上，通过双方的协商和合作达成一致的评价结果。这种评价方法强调学生参与评价过程，充分发挥他们的主体作用，使评价更具有公正性和可信度。所谓"评价双方一致认同的评价"，有以下几点解释：第一，评价的过程必须得到双方的认同和接受。教师和学生在进行评价时，需要共同商讨、协商和达成一致，并通过相互理解和合作建立起双向的信任关系。第二，评价过程中注重教师和学生之间的合作和互动。教师作为评价的指导者和组织者，与学生共同制定评价标准和方式，帮助学生提高评价能力并促进其自我评价和互评的能力。第三，协商性学习评价致力于构建公正可信的评价环境。通过透明、明确的评价标准和过程，确保评价结果的客观性和可靠性，使学生和教师都能够接受和尊重评价结果。

（四）协商性学习评价是激励学生自主学习的评价

协商性学习评价的过程需要学生认真地投入到学习过程中去，并要求他们对自己的学习负责。首先，学生参与评价过程。在评价过程中，学生被赋予了参与评价过程的权力和责任。他们可以参与制定评价标准、收集评价信息、自我评价和互相评价等环节。这种参与使学生感到自己是评价的主体，充分激发了他们的学习动机和主动性。其二，评价时，教师提供积极的反馈和指导，帮助学生了解自己的学习进展和不足之处，并提供相应的改进建议。这种积极的反馈和指导可以激发学生的自主学习欲望，让他们更加主动地思考和探索学习的问题。其三，在评价中，学生需要对自己的学习进行自我评价，通过反思和总结，学生能够更好地了解自己的学习情况、优点和不足，并激发出自主学习的动力。总而言之，通过学生的参与、教师的积极反馈和指导，评价过程能够激励学生更加主动地参与学习、认识自己的学习情况，并采取相应的行动来提高学习效果。

二、协商性学习评价的理论基础

协商性评价不是感性的、随意的概括，有深厚的理论基础。协商性评价由第四代教学评价理论发展而来，形式上侧重于对话教育，强调尊重学生的个性化、多元化发展，促进学生的学习，同时基于学校幸福童年教育的教学理念，在实践的基础上总结得出。下面从教学评价理论、对话理论、个性发展理论、建构主义理论和多元智能理论进行阐述。

（一）教育评价模式理论

教学评价经历了漫长的发展过程。总的来说，可分为两大阶段，一是古代教学评价，即中国隋朝开始的科举制度，二是以美国为中心的现代教学评价。一般认为现代教育评价分为四个时代：测量时代、描述时代、判断时代和建构时代。"测量时代"是自 19 世纪中叶起到 20 世纪 30 年代的 80 多年，为教育评价的第一个时期。代表学者有桑代克和莱斯，这个时期的特点是测量理论的形成和测验技术在教学中的广泛应用。然而学生态度、兴趣、创造力、鉴赏力等十分复杂，很难全部量化，于是教育评价的第二个时期"描述时代"便试图解决这一问题。20 世纪 30 年代学者泰勒提出"教育评价"概念，他倡导由"测验"转向"评价"，但强调目标和结果的评价方式依旧过于片面，忽视学生学习的过程和发展。所以教育评价的第三个时期，便突出了评价的过程性，以强调"判断"为标志，被称为"判断时代"，代表人物是美国教育学家斯克里文等人。20 世纪 70 年代以后，教育评价进入了第四阶段"建构时代"。这一时期的评价倡导民主评价精神，主张相关者全面参与，以协商方式开展评价，将评价活动嵌入实践过程，提出"响应为出发点，协商为途径，建构为目标"的评价路径，协商性学习评价也由此发展而来。

（二）对话教学理论

对话教学理论是一种基于对话和合作的教学方法，强调学生之间和师生之间的相互作用和交流。教师在对话教学中充当着引导者和促进者的角色，通过鼓励学生参与讨论、提出问题、分享观点等方式，提升学生的思维能力，促进深层次学习。布鲁纳被认为是对话教学理论的奠基人之一。他提出了"发现教学"理念，强调学生通过对话、互动和合作来主动构建知识。其次是尼尔·默瑟，他的研究聚焦于对话在教育中的作用和学生间交流的促进。他强调了学生之间的对话和合作对于知识建构和思维发展的重要性，并提出了"学习对话"的概念。对话教学理论和协商性评价有一些相似之处，它们都强调学生的主动参与和合作，以及学生和教师之间的双向交流与互动。在对话教学中，教师通过对话和引导培养学生的思维能力和自主学习能力；而在协商性评价中，教师和学生通过对话和协商共同制定评价标准和方法，促进学生的自我评价和反思。这两种方法都旨在发展学生的批判性思维、合作能力和自主学习能力，提高他们的学习成效和终身学习能力。总的来说，对话教学理论和协商性评价在教学中都强调了学生的主动参与和合作，并通过交流与合作的方式促进学生的学习和发展。

（三）儿童个性发展理论

儿童的个性发展理论同样在协商性评价的研究与实践中起着至关重要的作用。著名心理学家埃里克森在《童年与社会》一书中对儿童的阶段性发展、身份建构和社会化过程进行了阐述。他强调"人在个体化的过程中不仅在积极性和灵活性上要发展，还要在愿望和责任、知识和审慎、尊重和关注等方面得到平衡"[1]。儿童个性发展理论指出了个体发展理论中每个阶段都有特定的发展任务和危机。这可以为教学评价提供有关儿童在特定阶段上的能力和需求的指导。教师可以通过评估儿童对应阶段的发展任务的完成程度，了解他们在发展方面的进展并根据需要提供支持。同样，该理论也强调了儿童身份形成和角色探索的重要性。协商性评价可以有助于儿童发现自己的兴趣、价值观和身份认同；可以为学生提供机会去探索不同的领域、参与多样化的活动，通过反馈和反思帮助他们形成积极的身份认同。当然，该理论也强调了儿童的发展路径和个性的多样性。教学评价应该以差异化和个体化的方式进行，尊重儿童的个体差异和发展需求。教师可以采用各种评估方法和工具，例如观察、评价、对话和反思，来了解每个学生的发展和进步。

（四）建构主义学习理论

建构主义学习理论的代表性学者布鲁纳在《教育过程》一书中提到："我们必须认识到我们在教育上操作的是两个层次：一个是将孩子视为一般学习者的观念，另一个是将孩子视为特定事物学习者的观念。"[2] 他强调了教学评价需要考虑到学习者个体的特点和不同的学习目标。建构主义学习理论提供了协商性学习评价的理论支持。根据建构主义学习理论，知识不是被接收或传递的，而是通过个体与环境的互动中建构出来的。在协商性学习中，学生通过互相交流、协商和合作来共同构建知识。在评价方面，建构主义学习理论强调对学生的参与程度和思考过程的关注，而不仅仅是对知识掌握的结果进行评价。评价应该注重学生的解释、理解和反思能力，以及他们在协商性学习中展示的社交

① （美）埃里克·埃里克森. 童年与社会. ［M］. 高丹妮，李妮译. 世界图书出版公司，2018：218.
② （美）杰罗姆·布鲁纳. 教育过程［M］. 绍瑞珍译. 文化教育出版社，1982：121.

和合作技能。建构主义学习理论也支持多样化的评价方法和工具，以适应协商性学习的特点。例如，可以使用小组项目评估、讨论记录、反思日志、口头报告等方式来评价学生在协商性学习中的表现。总而言之，建构主义学习理论认为，协商性学习与知识建构密切相关，评价应该关注学生的参与和思考过程，以及他们在协商性学习过程中展示的社交和合作能力。

（五）多元智能理论

20世纪80年代，美国认知心理学家加德纳提出多元智能理论，将"智能"定义为是人在特定情景中解决问题并有所创造的能力。该理论认为每个人都拥有八种主要智能：语言智能、逻辑-数理智能、空间智能、运动智能、音乐智能、人际交往智能、内省智能、自然观察智能。加德纳提出了"智能本位评价"的理念，他强调："评估应该被设计来涵盖各种智能，并且应该重视特定的优势，评估也应该是持续的，并向学生提供反馈，以支持他们的个体成长和发展。"[①] 该理论为协商性评价提供了几个理论基础：多元智能理论认为人类具有多种智能类型，每个人在不同智能类型上有着独特的能力和潜能。这一理论基础为教育评价提供了一个多样性的视角，认识到评价不应仅仅关注传统智力的单一维度，而应综合考虑不同智能类型的表现。基于多元智能理论，教育评价应当关注学生在各种智能类型上表现的多样性。评价者需要了解不同智能类型的标志性特征，以充分洞察学生的智能潜能，并基于此进行评价和支持。在教育评价中，评价者应该关注学生个体多种智能类型的发展，并采用个性化评价方法，以更好地了解学生的成长和发展。教育评价应该涵盖不同学科和领域，通过跨学科的综合评价，能够更全面地审视学生的智能表现。多元智能理论鼓励教育评价关注学生的发展和成长。评价者应该关注学生在各个智能类型上的进步，给予积极的反馈和指导，促进学生的整体发展。

三、学生学习中的快乐体验是协商性学习评价的起点与归宿

协商性学习评价在一定程度上打破传统的教师评价观念，使原本整齐划一的评价变得丰富多样。小学阶段学生年龄较小，身心发展尚不成熟，所以在评价时要突出符合儿童特点的"快乐体验"。学校致力于打造幸福童年教育品牌，

---

① 霍华德·加德纳. 智力的结构：多元智能理论 [M]. 霍力岩等译. 中国人民大学出版社，2008：274—275.

突出学习评价"快乐体验",教师将学生的体验放在第一位,学生将教师当做学习的合作者,而不是知识的灌输者,家长也参与到评价活动中来。由于他们被鼓励成为协商中的一员,他们就会感觉到是该过程的一个参与者,而不只是学习成绩单的接受者。协商性评价使家长有机会真正了解学校对学生进行评价的行为标准,实现三者和谐交流,促进孩子的快乐成长。

（一）学生快乐体验评价的经验与问题

建校 10 年来,学校秉承"相拥幸福童年,结伴自然成长"的教育理念,重视学生成长的快乐体验。在教学评价方面以"金钥匙学生成长手册评价"为切入口,从不同层次、不同内容、不同主题等方面进行评价。教师明确评价理念和方向,成立了以学科组长为核心、任课教师为基本成员的评价实施团队。成员根据国家课程标准、学生个人特长、学校特色素养考评方案,立足学生实际,基于学生特点,彰显评价的个性,关注评价的全过程,以真实性、表现性、即时性、创造性的评价方式,体现学生的个性特点。同时,学校把工作着力点从谋划布局转移至推进落实。学科组扎实推进:每组一案,共性中体现学科特色;每周一研,发挥备课组团体效能;每月一会,评价专题会中调整改进,优化评价方式。任课教师负责做好课堂教学研究、成长手册记录更新、及时反思、撰写案例与课题论文,为评价工作长足发展续航。以"过程性＋阶段性＋终结性"评价相结合的方式,立足学校"幸福童年"校本课程、"弘毅"体育课程、"立美"艺术课程、"HUI 创享"劳动课程四大课程,分别对应德、智、体、美、劳五大学习领域进行评价。各领域设置两到三类课程,针对"基础型课程、拓展型课程、探究型课程"等对学生进行相应的评价。评价工作"有序、有法、有期"进行,近年来取得明显效果,如我校"双减"作业评价案例在评比中获省一等奖。在此基础上总结以下经验:

1. 快乐体验评价本身能给学生带来快乐

快乐体验评价鼓励学生通过积极参与和体验来展示自己的能力和成就。快乐体验评价让学生能够选择感兴趣的学习、评价的内容和方式,激发他们的学习兴趣和动力。同时,当学生通过积极努力和实践取得好的成效时,也可以增强他们的自我效能感,认识到自己的能力和潜力,进而带来快乐和满足感。

2. 快乐体验评价需要尊重学生意见

进行快乐体验评价时,需要给予学生发表意见和表达想法的权利,并且认真倾听和尊重他们的观点。快乐体验评价强调学生的主动参与和自主学习，因此学生的意见和意愿应被纳入评价过程中。通过尊重学生意见，评价可以更好地适应学生的个性化需求，让他们感到被理解和尊重，进而提高学习的积极性。同时，也能提高学生学习动力和认同感，促进他们的学习发展。

3. 快乐体验评价具有情境性、灵活性及运用的广泛性

快乐体验评价是一种适应性强、多样化的评价方法。它强调评价要与学生的具体学习情境相结合，充分考虑学生的兴趣、需求和特点，通过创造积极的学习体验来评价学习成果。同时，快乐体验评价注重个体差异，灵活应用各种评价策略和工具，以满足学生的不同学习需求。这种评价方法的灵活性让教师可以根据实际情况进行创造性的评价设计，既可以包括传统评价方式，也可以引入创新的评价方式和技术工具。由于其情境性、灵活性及运用的广泛性，快乐体验评价能够适应不同学科、不同年级和不同学习目标，为学生提供更全面、综合的评价体验，促进他们的全面发展和学习成长。

但是基于学生快乐体验而建构的协商性学习评价模式仍存在着一些不足，需要我们通过各种方法途径进行革新与实践，如：

1. 教师观念制约协商性学习评价的实施

部分教师习惯于传统的单向评价方式，他们可能认为自己应该是评价的决策者，而学生的角色仅仅是接受评价。这种观念可能阻碍教师与学生之间的协商和合作，限制了学生参与评价过程的权利。这种观念可能削弱教师与学生之间的合作和互动，限制了学生在评价过程中展示能力、发展潜力的机会。教师可能面临时间和资源的限制，觉得协商性评价需要投入更多的时间和精力。他们可能认为使用传统的评价方式更为便捷和高效。这种观念可能导致教师对于协商性评价的冷漠或抵触，从而影响其实施。

2. 协商性学习评价的量规设计上专业不足

协商性学习评价的量规设计需要教师在评价过程中明确可衡量的标准和指标，确保评价结果的客观性和准确性。然而，由于专业不足，协商性学习评价的量规设计往往存在以下问题：首先，缺乏明确的评价标准。教师可能面临困惑和挑战，因为协商性学习评价强调学生的个性化学习和兴趣，而不同学生的学习目标和成果可能多样而独特。其次，量规设计可能不够具体和可操作。协商性学习评价注重学生自主参与，因此量规设计应该能够捕捉学生的发展和成

长。然而，由于专业不足，教师可能难以设计具体的行动性指标并加以详细的描述，导致评价结果的主观性和泛化性。

3. 协商性学习评价缺少明确的标准和体系

首先，缺乏一致性的评价标准。协商性学习评价强调学生的个性化学习和兴趣，但缺乏一致性的评价标准会导致评价结果的主观性和不可比性。教师需要与学生协商和共同制定评价标准，以确保评价的公正性和准确性。其次，缺乏统一的评价体系。协商性学习评价注重学生的个体差异和个性化需求，但同时也需要建立一个明确的评价体系，以衡量学生的学习成果和发展。教师可以探索和引入不同的评价方式和工具，如学习日志、学生自评、小组合作评价等，以建立一个全面而有效的评价体系。另外，缺少评价的指导和反馈机制。在协商性学习评价中，学生参与评价的过程应该得到及时的指导和反馈，以帮助他们理解自己的学习进展和改进方向。但缺乏明确的指导和反馈机制会使评价过程缺乏指导性和实效性。

4. 协商性学习评价缺少大量的工具支撑

首先，缺乏多样化的评价工具。协商性学习评价需要多元化的评价工具来捕捉学生的个体差异和学习表现。然而，目前的教学资源和工具库可能不足以满足协商性评价的需要，教师可能难以找到合适的工具来支持评价实施。其次，缺乏针对协商性学习评价的技术工具。随着科技的迅速发展，教育技术工具在评价领域发挥着重要作用。然而，支持协商性学习评价的技术工具还需要更多的关注和开发，以帮助教师更好地记录学生的学习过程和成果，支持评价结果的分析和反馈。另外，缺少可操作性强的评价工具。协商性学习评价强调学生参与和自主学习，评价工具需要具备易于操作和使用的特点，以便学生能够有效地参与评价过程。然而，现有的评价工具可能过于复杂或不够灵活，难以满足协商性评价对于简便性和实用性的要求。

（二）快乐体验作为内生情感评价的协商可能

1. 快乐体验能够彰显学生知识探究、理智生成、意义发现等所产生的经验

快乐的学习体验通常意味着学生在知识探究的过程中感到愉悦和兴奋。当学生对某一主题或问题产生浓厚的兴趣时，他们会更加投入并主动深入探索和研究，从中获取知识和理解，促使他们不断追求知识的深度和广度。快乐的体验还可以促进学生的理智生成，即在学习过程中通过思考、解决问题和推理等

活动来构建新的认知和思维模式。当学生在学习中感到愉悦和满足时，他们更容易投入有挑战性的任务，表现出更高的思维灵活性和创造性。快乐的学习体验还可以引发学生对学习意义和价值的深思。当学生通过学习获得成果和回报时，他们会更加清楚地认识到自己的努力和学习的重要性，真正意识到知识和学习对他们个人成长和未来发展的意义。他们会从中找到学习的热情和动力，为自己设定更高的学习目标、追求更大的成就。

2. 学生学习中的快乐体验具有师生双方能够感知的外在行为

快乐的学习体验在学生和教师之间可以通过观察和交流而被察觉到。这种快乐体验不仅仅存在于学生的内心感受中，也可以在他们的行为和表现中得到体现。同时，教师也能通过观察和互动，察觉到学生在学习中的快乐体验。这种互动和感知可以促进师生之间的沟通和理解。具体来说，学生在学习中兴奋的情绪表达、积极参与和投入、自主探索和主动学习的欲望、成就感和自信展现等外在行为都有助于教师了解学生的学习状态和体验，并及时进行适当的引导和支持。同时，学生的表现也让教师感受到学生的积极参与和快乐体验，促进师生之间的互动和教学效果的提升。通过确切感知学生学习中的快乐体验，教师可以进一步创造积极的学习环境，激发学生的学习动力和兴趣。

3. 学生学习中的快乐体验能够借助师生认同的指标进行表征

学生学习中的快乐体验可以借助师生认同的指标进行表征，这意味着学生在学习过程中所体验到的快乐可以通过师生之间的共同认同和理解来量化和表达。师生认同的指标涉及学生学习过程中高昂的情绪、积极的态度、专注的持续、敏捷的思维、投入的状态、合作与互动的欲望等等。教师可以借助对学生的观察、交流和反馈来感知学生的快乐体验，并根据师生之间的共同认同进行反馈和指导，以支持学生更深入地享受学习的快乐。这种师生之间的认同不仅促进了学生的快乐体验，也有助于实现更有效的学习和评价。

4. 基于指标表征的学生学习中的快乐体验水平具有协商的空间

在实施协商性学习评价时，评价指标的选择和理解并不是固定的，而是一个可以通过协商和讨论来共同确定的过程。首先，基于指标表征的评价意味着我们可以通过明确的指标来量化和衡量学生的快乐体验水平。这些指标可以是具体的行为表现、情感体验或自我评价等。然而，具体选择哪些指标来评价快乐体验，可以通过协商来解决。通过协商的过程，教师和学生可以一起探讨什么行为和体验被认为是学习中的快乐体验，以及如何准确衡量这些体验。他们可以分享彼此的观点和经验，讨论不同的评价指标，并达成共识。协商的空间还可以体现在如何理解和解释指标，教师和学生可以互相倾听，共同理解和解释这些指标，避免误解和歧义，确保评价的准确性和有效性，从而使得评价更贴近学生的实际体验和需求，提供更准确和有意义的评价结果。

（三）围绕快乐体验进行协商性评价的实践定位

1. 学习过程评价

学习过程评价是对学生在学习过程中的各个方面进行综合评估。在学习过程评价中，我们应围绕学生学习投入的评价、学习情感的评价、学习态度的评价、学习方法的评价、学习习惯的评价、学生合作品质的评价、学习行为适切性的评价等要素进行。通过综合评价上述方面，可以更全面地了解学生在学习过程中的表现和特点，有针对性地提供反馈和指导，促进其学习乐趣和快乐体验的发展。

2. 主观认同评价

协商性学习评价不是一种客观性的评价，而是一种主观性的认同评价。在这个层面上，协商性学习评价要充分发挥实践主体的主观能动性，以及调动实践主体间的合作、协商、判断的积极性。在实施评价的过程中，可以围绕以下几点，发挥协商的空间，比如：学习目标层次的认同评价、学习方式选择的评价、学习成就表现方式的评价、学习过程的管理与调节评价等等。

3. 行为表现评价

围绕快乐体验进行协商性评价时，展开行为表现评价是指在评价学生的学习和参与过程中，关注他们的行为表现情况，并以快乐体验为核心目标进行评价。这种评价方法强调学生在学习过程中的主体性和积极参与，注重学生的感受和情感体验。在评价过程中，我们可以重点关注：师生互动的表现、个体探究的表现、同伴互助的表现、自我学习目标定位的表现、自主学习和创新的表现等方面。同时，积极进行师生对话，帮助学生更全面地认知和理解自己的行为表现，激发他们积极参与和改进的动力，促进快乐体验和学习效果的提升。

4. 深度对话评价

在开展协商性评价的过程中，师生及其他评价主体要进行深度的对话与交流协商，以建立起互信共识的合作关系。教师要倾听学生，尊重他们的意见和声音，并通过与学生的交流和互动，了解他们的学习需求、兴趣爱好和潜在能力。学生的意见和反馈也是评价过程中的重要组成部分。学生应被鼓励主动参与评价的过程，并表达自己的观点和期望。教师可以通过问询、访谈、小组讨论等方式，引导学生深入思考和表达，以便更好地了解他们的观点、感受和需求。

然而，协商性评价并不是教师对学生的一味迎合或讨好。教师在与学生的对话中要根据其专业知识和经验，为学生提供相关指导和建议，鼓励他们面对挑战和困难。同时，学生也需要理解评价的目的和意义，学会接受合理的批评与建议，不仅关注自身的满足，也要为个人的持续学习与发展而努力。在对话与交流过程中，教师要避免建立师生间的讨价还价机制，即单向求教或单纯以满足学生的需求为目的来评价与引导。教师应根据学科知识和专业技能，有针对性地对学生进行指导，激发他们的学习兴趣和挑战能力，使评价与引导更为客观和合理。此外，协商性评价还要避免教师的霸权与专制。教师应尊重学生的多样性，尽量避免将自己的观点强加给学生，同时鼓励学生表达自己的独立思考和创造性想法。教师应为学生提供平等的参与机会，建立开放与包容的学习环境，共同构建师生之间的平等和谐关系。

第二节　小学协商性学习评价体系建构

随着教育改革的不断深入，我们正逐步改变传统的教学模式。协商性学习评价体系应运而生，它是基于原有评价基础的变革，是教育改革的必然选择。

无锡市春城实验小学学生学科学习协商性评价体系就是基于快乐童年理念、成长叙事课程、活剧课堂、学习行为的转变、学生的需求等提出的。它以快乐为指向，将学生的快乐体验作为重要指标，让学生在快乐中学习和成长。

一、评价理念

协商性学习评价理念是其评价本质和功能的观念表现，对于协商性学习评价具有先导作用和引领意义。快乐取向、目标多元、个性表现、结果认同、童年记忆构成了协商性学习评价理念的有机整体，并以此引领协商性学习评价的整体创新，有利于在真实的情境中对学习者的高级思维能力、反思能力、合作能力、信息搜集能力、处理能力和创造能力等进行评价。

（一）快乐取向

斯宾塞在《斯宾塞的快乐教育全书》一书中提出："教育的最终目的之一就是让他成为一个快乐的人，为达到这一目的，在教育孩子时始终不应离开快乐这一主题。"[①]协商性评价秉持儿童快乐成长的理念，注重儿童的快乐体验，将"协商"这一理念全程贯彻于评价内容的形成、评价流程的展开和评价策略的实施中，有效促进儿童内驱力的提升，让其在协商中认识自我价值，发掘自身潜力，促进主动发展，体验快乐童年。

（二）目标多元

在加德纳教授看来，个人所处环境及个人自身特点都会对智力发展产生显著影响，针对身处不同环境、拥有不同特征的个人不宜使用统一评价范式。[②]协商性学习评价以此理念为基础，在素养本位的育人目标价值取向下，既关注学生对于知识技能的理解和掌握，也重视对学生发现问题和解决问题能力的评价，以及学生情感与态度的形成和发展，以此来体现对学生培养目标的多元性。

（三）个性表现

美国教育家杜威在《我们如何思维》一书中提出："教育者也应当注意到学生与学生之间存在着很大的差异，不能试图强行把所有的学生纳入一个类型或模式之中。"[③]协商性学习评价在此理论的基础上，转变了传统教育评价观念，建立了新型的师生关系。学校要通过协商设定个性评价指标，让学生更好地关注自我发展层级，调整学习重点，进行自我调控，在收集数据的基础上进行全面分析，使学生能正确认识自我所处的阶段位置，每个学生都有量身定制的个性方案，可以扬长避短，到达各自的"最近发展区"。

（四）结果认同

《义务教育课程标准（2022 年版）》在评价建议中指出："评价的过程即学习的过程。"协商性学习评价强调评价过程中主体间的双向选择、沟通和协商，同时关注评价结果的认同问题，即如何使评价对象最大限度地接受评价结果，

---

①（英）赫伯特·斯宾塞. 斯宾塞的快乐教育全书. ［M］. 周舒予主译. 北京：北京理工大学出版社，2013：50.

②（美）霍华德·加德纳. 多元智能. ［M］. 沈致隆主译. 北京：新华出版社，1999：180.

③（美）约翰·杜威. 我们如何思维. ［M］. 马明辉主译. 上海：华东师范大学出版社，2020：379.

要让老师和学生在教与学的过程中重视过程、弱化结果；重视进步，弱化比较，真正做到"评价即学习，评价即生长"。

（五）童年记忆

弗洛伊德认为，人的童年时期对其今后的性格、行为习惯甚至人际关系产重要的影响。协商性学习评价着眼于学生的发展，关注学生的童年生活，强调评价的综合性、多元化，关注评价对象的可塑性和发展力，系统构建"五育融合"的协商性评价体系，积极打造集时代性、融合性、真实性、体验性、成长性于一体的教育新样态，让学生通过体验式、渗透式、沉浸式的学习实践，体验幸福的童年，获得更大的成长动能和发展空间。

二、改革目标

传统的评价只注重学生最终对知识的掌握程度，评价内容统一、评价标准统一，其本质是一种客观标准评价。这种传统的客观标准评价方式往往以学生成绩为唯一评价标准，这样的评价不仅所能发挥的激励作用少之又少，更可能会伤害到学生的自尊与自信。2001年6月教育部颁布的《基础教育课程改革纲要（试行）》提出："改变课程评价过分强调甄别与选拔的功能，发挥评价促进学生发展、教师提高和改进教学实践的功能。"但事实上，目前的评价方式仍然是以考试分数为中心，这类客观标准评价方式并未得到很好的改善。

（一）问题指向

1. 客观标准评价没有体现学生的主体地位

在传统评价中，教师往往决定了评价的大多数环节，学生只能被动接受。在协商性评价中，主体发生重大变化，教师不再是评价的唯一主体，学生、家长及其他相关人员都可以是评价主体。学生可以根据自身实际情况，在与教师充分协商的基础上，量身定制属于自己的评价方案。

2. 客观标准评价对学生心理健康存在负面影响

学校在评价学生时，学业成绩往往是主要的评价标准。考试压力给学生带来沉重的心理负担，引起学习焦虑，危害儿童的心理健康。考试竞争同时也不利于学生间的互助与合作，还会导致一些不良习惯的产生，如抄袭、说谎、攻击性过强等。

3. 客观标准评价较少发挥激励功能，没有以提升素养为导向

以学业成绩为代表的传统评价结果放大了不足，学生更多地看到自己与他

人的差距，较少关注自己的阶段性进步，很难进行有目标地学习和素养提升。协商性评价打破传统评价的单一性，不同的学生可以选择不同的评价目标、内容、方式、结果等，这导致评价结果不再具有可比性。学生关注的重心也将发生较大转变，从关注与他人的差距向关注自己的进步及如何进步转变，从注重考试分数的多少向了解已经掌握的内容转变。协商性评价不仅要关注学生当前的学科核心素养水平，更要关注学生成长和发展的过程；不仅要关注学生学习结果，更要关注学生在学习过程中的发展和变化。

4. 客观标准评价限制教师的专业水平的发展及师生交流

教师的专业发展离不开对学生需求、学科内容、教学方式的研究。过去，教学过程中缺少高效的教学相长措施，教师专业成长缺乏适切的倒逼机制。在协商过程中，教师要与学生进行思维交锋，就必须加强自身的多方面能力，在学科专业上，学生对学科内容的理解往往局限于对知识内容的"点"认识，缺乏对学科结构的"面"理解，为正确引导学生，教师要持续学习，不断研究课标和教材，加强对知识内容、课程结构、思维方法等学科本质的研究和理解，以便在与学生协商的过程中，引导学生从以知识点为中心向整体把握课程转变，帮助学生建立学科知识体系，真正把握学科本质，发展学科核心素养。

（二）具体目标

1. 建构快乐学习的评价体系

学生是学习评价的主体，乌申斯基认为："教育的主要目的在于使学生获得幸福。"单一指向学习质量的评价机制既增加学生过重的学业负担，难以激发学生的求知欲和创新能力；也越来越影响学生健康成长，难以对学校产生归属感和爱校情怀。为此，学校积极探索建构"学生快乐体验指向"评价体系，让肯努力、暂时落后、有潜力、有爱心的学生，能够通过二次评价，提升评价等级，在评价中提升幸福指数。

2. 建构尊重学生的评价体系

建构尊重学生的评价体系是一种尊重学生权益、注重个性化发展、增强学生学习动机和兴趣的评价方式。它有助于提高教育的质量、促进学生的全面发展，并为学校创造一个积极和谐的教育环境。

（1）尊重学生人格的完整性。每一个学生都是具体的人，也都具有完整性。对他们的评价，也只有全面完整才是实事求是、公平合理的。这是一种指向人的全面发展的评价。

（2）尊重学生表现的日常性。人的具体性表现在真实时空中，其生存和发展是由若干"日常"细节所构成的，并且"日常"表现往往更能反映一个人的素质涵养。因此，应将学生学习纵向全过程纳入评价之中，充分关注这种人的"日常性"。

（3）尊重学生成长的动态性。学生是发展的人，其成长是一个连续的动态过程。只有实施贯通学生发展全过程的动态评价，才可能更好地评价学生，发挥评价的育人功能。正因为如此，要把学生各年级学习情况的全过程纳入评价范围，强化过程评价，改进结果评价，探索增值评价，更加关注学生成长状态。

（4）尊重学生发展的差异性。每一个学生都是一个独特的个体，其学习和发展的起点、过程和结果都有很大的差异。学生评价应在全面评价的基础上关注个体的差异，并基于这种差异性强化因材施教，这无疑是对学生最深情的人文关怀。

3. 建构素养导向的评价体系

综合素质评价源于重视学生发展的完整性和多样性，实践中变成先分科评分再汇总，认知发展领域过度的分科思维忽略了学科之间的关联，跨学科通用素养往往被限制在某个学科中进行考查，因为不属于本学科教学的主要任务被忽视。典型事件方法、表现性评价项目在学科之间缺乏统筹，带来重复评价或者师生精力分散等问题。

为解决上述问题，完整性评价要求指标体系建构能够将核心素养评价与学科评价紧密连接，树立二者能够互为一级指标的意识，即评价某素养的表现可以从各个学科中抽取该素养的评价结果，评价某学科的表现能够从各个核心素养的角度来表达。以核心素养统领的学生评价，还应不断丰富独立的、基于跨学科知识技能的测评，如问题解决能力、探究能力测评等。不论按学科还是按核心素养呈现评价结果，都应重视真实性评价、表现性评价的应用，在真实世界或者模拟世界中设置系统性的问题背景，为学生提供综合实践各种能力的条件。

4. 建构沟通协作的评价体系

学生在与教师协商的过程中，能够清晰地了解所学内容的目标和要求，并进行自我对照，明确自己所处的学业水平和下一步学习进阶的路径。为了在协商中获得更多主动权，学生在平时的学习中会不自觉地主动学习、查漏补缺、攻克难点，以便在与教师协商时拥有更多的"筹码"。教师在与学生协商的过程中，能够更加真实、直观和清晰地了解每个学生当前的学业水平及学习中存在的具体问题，为接下来的因材施教、改进教学、因材评价提供基础。

三、评价内容

协商性学习评价的评价内容应涵盖儿童学习全过程，包括但不限于儿童的学习态度、学习行为、学习过程、学习结果等。"多一把衡量的尺子，就会多出一批好学生。"指向快乐体验的协商性评价就是由师生共同制定这把衡量的尺，让儿童在学习活动中充分发挥出他的积极主动性，获得快乐体验，实现对儿童的全面培养，打好儿童终身学习与发展的精神底色。

（一）协商性学习态度评价

心理学家凯尔曼将态度的形成分为三个阶段：依从—认同—内化。儿童的学习态度转变完全遵从这三个阶段。协商评价儿童学习态度，就是以对话交流等方式，指导儿童做科学精准的自我评价，激发儿童的内驱力，促进儿童的学习态度从依从转为认同，最终内化。协商性学习态度评价以学习动力评价和学习投入评价为主要评价方向。

1. 协商性学习动力评价

学习动力是指个体进行学习时维持已有学习活动并使其行为朝向一定的学习目标的心理状态与倾向。协商评价的学习动力更倾向于表现与学习行为直接联系在一起的动力激发以后的实在状态，而不包括以"单纯主观倾向或意向"状态存在而未呈现实践行为的"学习动机"。

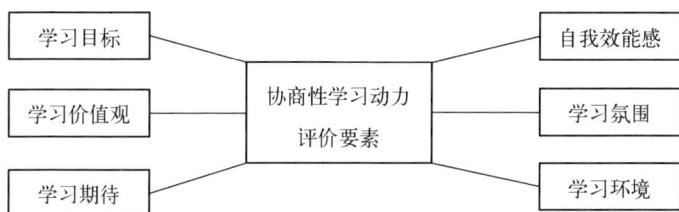

图 5-1 协商性学习动力评价要素

学习目标指学习行为所设定的目标，实现目标会对学习动力产生影响；学习价值观指学生对学习的重要性和意义的认识；学习期待是个体对学习活动所要达到目标的主观估计；自我效能感是自己对完成某种活动的特定能力的感知，是个人对自己的学习或行动能够达到某个水平的信念；和谁一起学习，在什么样的氛围环境中学习，都会对学习动力产生影响。

2. 协商性学习投入评价

国内对学习投入的研究开始得相对较晚，对于学习投入定义的研究也没有比较统一的阐述。通过对国外研究的成果进行分析总结，大部分学者认为学习投入应该是多维度的综合体，仅凭单一维度无法全面地判断学习者的学习投入情况，且多数学者认为应该基于行为、情感和认知三个维度对学习投入的内涵进行定义。

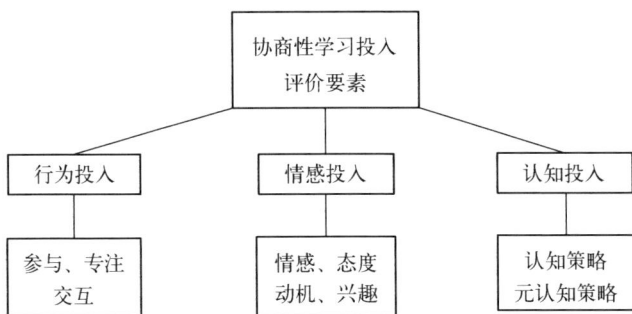

图 5-2　协商性学习投入评价要素

协商评价的学习投入即是从行为、情感、认知三个维度协商评价儿童能够自我监控、自我调节的内部心理状态。

（二）协商性学习行为评价

协商评价儿童的学习行为，是以"赏识"唤醒儿童的学习热情和学习信心，以"期望"对儿童进行积极的心理暗示，引发儿童的斗志和热情。协商性学习行为评价以品德与社会化行为评价为主要评价方向。

协商性品德与社会化行为评价要素		
听得清	问得明	答得响
写得好	吃得静	赏得雅
坐得稳	站得直	行得正

图 5-3　协商性品德与社会化行为评价要素

此评价着眼于人格的完整、发展的差异、表现的日常、成长的动态等，以九宫格好习惯"听得清、问得明、答得响、写得好、吃得静、赏得雅、坐得稳、站得直、行得正"为评价基点，凭借多元评价主体和进阶式评价操作，发展儿童个性特长，促进学生素养全面生长。

（三）协商性学习过程评价

《深化新时代教育评价改革总体方案》中提出了"改进结果评价，强化过程评价，探索增值评价，健全综合评价"。把儿童学习过程纳入协商性评价的内容范畴，就是通过与儿童即时的交流，将儿童在学习过程中获得的信息及时有效反馈于教学，为教学的优化整合提供重要依据。协商性学习过程评价涵盖上文提到的学习态度相关评价要素，此外，主要以小组合作评价为主要方向。

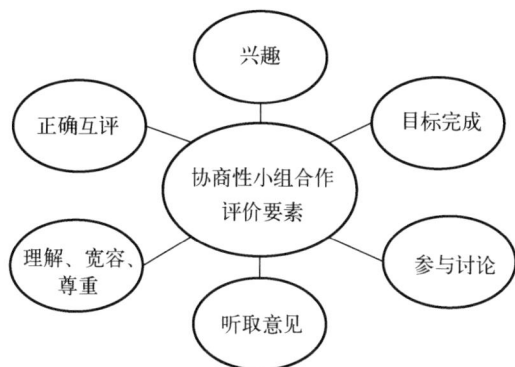

图5-4 协商性小组合作评价要素

协商评价小组合作是摒弃以"测试"为中心的原有评价模式，改为体现目标性、多样性、操作性、发展性、价值性的协商评价，在快乐体验的同时，更重视儿童个性的发展，帮助儿童了解自身的学习状况及需要努力的方向，不断加强儿童参与合作的意识。

（四）协商性学习结果评价

1. 协商性学习结果评价

传统的对于儿童学习结果的评价存在两个弊端。一是评价内容窄化，即主要关注学生做题的能力，忽视了对其多元智能和多样化学习力的关照，疏忽了综合素质的发展；二是只有教师是主要的评价者，学生被视为监管对象，在评价中往往缺乏参与性和话语权。

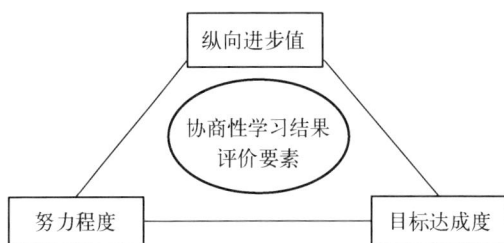

图 5－5　协商性学习结果评价要素

在协商性评价体系里，师生间通过持续的即时协商交流，创建的是一种非竞争性和贴标签的评价文化，在这样一个让儿童安心的氛围里，儿童会更为客观真实地"为学习"而自我评价，及时发现自己的进步，获得老师、家庭、自我的三方肯定，真正实现快乐教育。

2. 协商性身心健康评价

协商性学习结果评价除了协商评价学业成绩评价之外，还有协商评价儿童身心健康。20 世纪末以来，大量心理学家以及教育学家对学生的心理健康问题进行许多研究，但大多数是量表评价，并不能为实际应用提供较多经验。

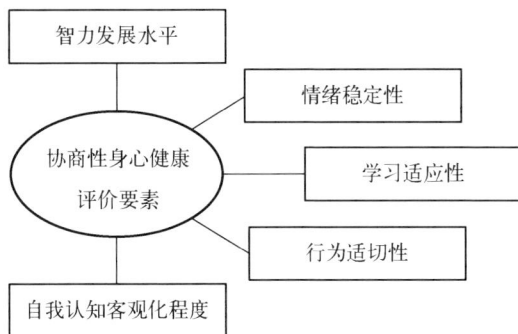

图 5－6　协商性身心健康评价要素

协商性身心健康评价即在让儿童安心的氛围里，以对话的形式，对儿童进行潜移默化的心理健康教育，逐步建立和发展其良好的人际关系，提高其心理素质，使其能够身心健康地快乐成长。

第三节　小学协商性学习评价工具开发

协商性学习评价工具有助于协商性学习在教学中的应用，促进新课标理念的落地。以各类简单易操作的表单方式将协商性评价的内容，包括实施方式、评价主体、结果呈现等以更具体更清晰的方式展现。同时，以"幸福童年"核心理念为导向，注重孩子在学习行为过程中的感受，而协商性学习评价工具的开发不仅给了教师们更多评价的维度，更是为孩子们在学习行为中的幸福体验"保驾护航"。本节内容根据协商性学习评价的内涵和特点，结合日常教学中的实例，对我校的小学协商性学习评价工具开发进行详细说明。

一、小学协商性学习评价工具的内涵

学习评价的工具是指教师用来收集学生信息并对学生学习做出评价的用具，例如检查表、思维导图或量规等。协商性学习评价的工具则是指在学生的学习行为中，帮助推进落实协商性评价的用具，是基于协商性学习评价的体系，在充分考虑小学学生特点以及操作可行性的基础上进行开发的。

（一）评价思想的操作转化

在传统教育中多以教师为评价主体，以考试结果为评判学生的主要标准。随着教育思想的不断进步，教学方式的不断变革，教育界逐渐认识到学生是学习的主体，"以学生为中心"的教育思想成为主导，教学评价的思想也开始转变。协商性学习评价就是评价思想变革后的产物，强调对学生的学习过程以协商形式进行的评价。思想的落实需要行动，而工具就是落实思想的最佳辅助，协商性学习评价工具则是将"协商性学习评价"这一思想进行操作转化，围绕学生特点和学科特点进行个性化设计，确保在实际操作中真正做到"以学生为中心"。

（二）评价目标的实践载体

协商性学习评价的目标是帮助学生更好地认识自己，提升学习的能力。这就意味着我们在实践中关注的不应该仅仅是一场考试的结果，更应该是学习的过程。比如"学习投入""课堂纪律""小组合作""作业完成"等情况，评价工具则可以针对这些情况进行一些调查和记录，帮助我们更加客观地去了解学生，从而在后续的协商中"发现问题"和"解决问题"，促进评价目标的达成。

（三）评价行为的行动地图

学生是多样的、个性的，学习行为是复杂的，所以对于学生的学习评价也应该是"私人订制"式的。评价工具则是协商性学习评价行为的一种引导，在进行评价前将需要评价的内容设计在表格中，包括"评价对象""评价者""评价内容""评价结果"等，这个表格是协商性评价操作的行动指南，也是后续进一步交流的一个基础。

（四）评价结果的思维支架

在以往的实际操作中，对于学生的评价结果一般是教师的主观评价，大多是针对学习结果的主观的、片面的评价，这并不符合学生真正的发展需要。协商性学习评价所追求的就是从学生的学习过程和学习行为入手，经过协商得出具有人性化、符合该学生学习特点的评价结果。这样的评价结果涉及的内容十分广泛，所以在形成时是需要思维支架的，评价工具正是充当了支架的作用，在给出评价结果时，可以根据所使用的评价工具里包含的内容形成科学有用的评价结果。

二、小学协商性学习评价工具开发的要求

由于本书第二章节"形塑纯美少年形象"中已经对于学生德育方面的评价作出详尽的阐释，本节的协商性学习评价工具则是侧重于对学科学习方面的研究。基于本校"幸福童年"的办学理念，协商性学习评价工具的开发也以此为出发点，总结为以下几点要求：

（一）突出学生的主体性

课堂评价要以学生为主体，把促进学生发展放在评价的首位。"幸福童年"是强调学生在学习过程中的快乐体验，因而协商性学习评价工具的开发也要从学生主体感受出发，突出学生主体地位。课堂教学评价中要体现学生的主体性，就要从学生参与教学活动的态度、学生参与教学活动的广度、学生参与教学活动的深度、学生参与教学活动的效果几个评价要点来衡量，主要目的也是为了调动起学生的积极性，评价工具也应从这些方面来进行设计。

（二）贯彻评价的协商性

在传统教育教学评价中，教育者运用各种评价方法促进学生目标的达成，然而学生是个性化多样化的，统一的评价标准在某种程度上会扼杀部分个性化的学生，所以在学习的每个环节都要贯彻评价的协商性，这样的协商应该是被记录下来并以此促进思考和反思的。例如在"协商评价表"中设置"自评""互评""教师评""家长评"等分项，在针对个体情况进行协商评价的同时，促进学生自我反思，变"要我学"为"我要学"。同时也能让老师更加了解学生的情况，有助于在以后的教学中找到适合该生的教学方式。另外"家长评"，让家长更好地读懂孩子，使孩子的良好学习行为做到量化，促进家校合作，在协商中寻找最佳教育教学方式。

（三）强调评价的实效性

学生的学习是一个动态发展的过程，由于小学生身心发展不成熟的特点，对于学生的学习评价必须是及时有效的。例如，低年级的小朋友们在入学时还未养成良好的学习习惯，在书写时不能做到"一寸一拳一尺"，在教学过程中，如果能够及时地进行评价，如在一位小朋友做得最标准的时候及时地予以肯定，那么对他而言这件事情就是印象深刻的。

（四）落实评价的可行性

协商性学习评价要求教师与学生的交流比较频繁，如果没有一些工具的加持就必然会加重一些教师的教学负担，所以评价工具的可操作性直接影响这一评价方式是否能在日常教学中运用起来。评价工具是为了帮助协商性评价更高效地完成，所以在实际操作中的可行性尤为重要。

三、小学协商性学习评价工具的设计与开发

按照学习前、学习中、学习后，以及评价人员的不同，设计协商性学习评价工具共10种，其中包括学习初的"学习契约书"，学习中的"学习记录卡"，学习后的"自我评价单""协商评价单""同伴评价调查表""任课教师调查单""家长意见征求表"和"评价反馈表"。总结性的包括"最优事件记录单"和"问题事件记录单"。

（一）学习契约书

学习契约又称"学习合同"，在协商性学习评价中，由学生、教师和家长一起就某个学习任务协商、设计、实施与评价，并在此基础上设计出合理的书面协议。学习契约为学生提供了参与确立评价标准的机会，学生可以选择和制定适合自己的评价标准。[①] 能够有效帮助学生关注学科的学习目标和学习内容

---

① 范云欢. 网络课程发展性教学评价工具研究［J］. 河北广播电视大学学报，2008（6）.

等，同时在协商的过程中教师也能更加了解学生的兴趣点和能力所在，明确学生、教师和家长的各自职责。

下面就以我校三年级的一位学生"A 同学"的第二学期语文学习契约书为例。

A 同学是我校三年级 1 班的一位学生，他爱看课外书，阅读能力强，识字量大，但语文课的听课习惯不好，在课堂上常常出现"开小差"的情况，作业也在要老师和家长的督促下才能完成，他的家长工作繁忙，每天很早去上班，晚上很晚才能回来，对 A 同学疏于关心和教育。对于 A 同学的情况，可知该生的语文阅读和识字能力很强，但学习动力不足，学习态度和学习习惯有很大问题。教师与学生以及学生家长一起对于他的学习态度、学习习惯进行协商，制定了三年级下学期语文学习的契约书（表 5-1）。

表 5-1　学习契约书

学习契约书			
年级：三年级	班级：1 班	学科：语文	日期：2023 年 2 月 16 日
学生姓名：A 同学 教师姓名：张老师 家长姓名：A 家长			
学生 1. 每篇课文能够按要求进行预习。 2. 上语文课期间不看课外书，不做与课堂无关的事情。 3. 每节课争取举手回答问题一次。 4. 小组合作学习时积极参与。 5. 作业按时上交。 6. 坚持读课外书。	教师 1. 明确预习要求、课堂要求和作业要求。 2. 课堂上给更多表达的机会。 3. 重视小组合作学习，培养学生合作能力。 4. 多鼓励，多倾听。 5. 及时与家长进行沟通。		家长 1. 每天关心孩子的生活和学习，哪怕是电话问候。 2. 多与老师进行沟通交流。
学生签名： A 同学	教师签名： 张老师		家长签名： A 家长

在使用"学习契约书"时，我们应该注意以下内容：

第一，"学习契约书"用于学习任务或学习活动进行之前，一般情况下用于学期初。

第二，"学习契约书"是一份三方契约，即学生本人、教师和家长三方拟定后一式三份留存。

第三，"学习契约书"极具个性化。在协商性学习评价中，充分尊重学生的个性化差异，学习契约的内容必须是对某个学生的"私人订制"，充分考虑学生的实际情况来制定。

第四，"学习契约书"的内容注重学习的过程。协商性评价的内容是对学生的某一学习任务或某个学习过程进行的，协商内容包括该生的学习习惯、学习投入、学习行为和学习方法等，而非硬性的标准。学生、教师和家长在协商的过程中明确自己的能力范围和职责。

（二）学习记录卡

协商性学习评价强调的是对学生学习过程的一种真实性的评价，而"学习记录卡"就是记录学生学习行为过程的工具。在每门课程结束后，学生回顾课堂内容，通过对具体问题的思考来反映学生对于课堂的喜好和参与程度，即考察学生的"学习动力"和"学习投入"等。学习过程的记录是学生本人自我审视的过程，也能让老师和家长多一个渠道了解学生，进而在后面的协商中更有针对性。在实际操作中，学习的课程是多样的，所以对于不同性质的课程可以设计相对更有针对性的"学习记录卡"。

下面以我校四年级一名学生的学习记录卡为例，他所记录的是"穆桂英糕团制作——幸福童年·职业体验劳动周之我与非遗零距离"综合实践课程。

先简单介绍一下这个综合实践活动课程。学校以职业启蒙实境体验为载体，开发了"职业体验劳动周"，让学生通过参加各种形式的劳动接受职业启蒙，进而提升协作能力、实践能力和学习能力。基于此，我校四年级组设计了关于穆桂英糕点师的职业体验活动，活动内容大致分为五个部分：活动前准备、开场介绍、教学讲解、亲子制作、交流分享。学生们在非遗大师的指导下，在学习非遗文化的同时，与小伙伴和家长们一起动手制作。B同学是此次活动的参与者，下面是他的学习记录卡（表5-2）。

表 5 - 2　学习记录卡

学习记录卡
（课程结束就要填好上交哦）

班级：四（8）班	姓名：B 同学	主题：穆桂英糕团制作	日期：2021 年 11 月 8 日

你做得最好的工作是什么？ 在制作萌萌包时的揉面工作。
学习过程中你最喜欢的内容是什么？ 最喜欢看到自己做的萌萌包蒸好出锅时和小朋友们互相分享的时候。
你参与最多的时候是？ 我参与最多的是揉面工作。
你参与最少的时候是？ 我参与最少的是最后的成果分享交流的过程。
我还未解决的问题是？ 在包福袋时我不能将面皮弄成福袋的样子，需要寻求帮助。
我希望我为我们组做的贡献是？ 我希望我能独自为我们组完成一个糕点。
关于这次学习，你还有什么其他想法和建议？ 我觉得这个课程很有趣，但希望老师教步骤的时候可以再放慢一些。
学生签名：B 同学

在实际的操作中"学习记录卡"的使用要注意两个方面，一是使用前要针对课程性质进行问题的设计，二是在收到记录卡的反馈时要正确地解读和评价。

"学习记录卡"在设计时要明确以下内容：首先，"学习记录卡"是用于每一次学习活动的结束时，即下课前或活动结束前就要填写好。其次是设计符合课程学习要求的问题。通过对具体问题的回答，反映学生在学习过程中学生的真实感受。样例中针对此次实践活动设计的问题包括"你做得最好的工作是什么？""学习过程中你最喜欢的内容是什么？""你参与最多的时候是？""你参与最少的时候是？""我还未解决的问题是？""我希望我为我们组做的贡献是?"和"关于这次学习，你还有什么其他想法和建议?"等。这些问题的设计主要是展现了学生在知识与技能的结合、自我反思和自我修正、对所学问题的深度理解和多元智能领域的发展方面的能力。

学生填写好"学习记录卡"后，教师要结合问题的设计意图，对于学生反映的情况进行解读。样例中该生的"学习记录卡"可以看出他的动手能力高于语言表达能力，这提示着我们在后面的教育教学中应重视他语言能力的培养，同时促进动手能力的更好发展。我们也可以通过此卡进一步与学生交流讨论动手能力强和不愿进行语言表达的原因，更加了解学生，才能真正做到体会学生的感受，让学生在学习的过程中拥有"幸福"的体验。

（三）自我评价单

在新课改的背景下，学生学习自我评价的重要性越发凸显，英国学者伊恩·史密斯认为，学生实现自我评价是学习评价的最终目标，可以看出学生成为自己学习的主人、对自己的学习负责即是为了学习评价的价值所在。"自我评价单"就是从学生自身角度进行的一种自我评价的工具，这一工具帮助学生回顾学习过程，记录学生的真实感受，为协商评价做铺垫。

"自我评价单"是在每次学习过程结束后学生根据课程中的自我表现进行填写，主要评价的内容是"学习态度""学习行为"和"学习结果"等，评价之前教师可以出示一些评价维度供其思考。以下评价维度可供参考：

1. 学习动力：对于所学内容是否感兴趣？

2. 学习投入：学习的专注度如何？

3. 学习行为/学习习惯：课前是否做好准备工作；是否遵守课堂纪律？

4. 目标完成：能否达到预期的学习效果？

5. 进步指数：是否在学习过程中有进步，或是有创新成果？

以我校五年级组的综合实践课程"秋日丰收乐"为例。

"秋日丰收乐"综合实践活动分解"秋收"之意、行"秋收"之事、品"秋收"之味、展"秋收"之美四个维度，让学生在秋收前成立研究小组，通过多种方式研究农作物的生长与收获的过程；学生走进稻田、农场、果园等实践基地，亲身体验收割、采摘、挖刨农作物的劳作过程，包括水稻的收割、丰收橘子等。

下面是五年级 3 班的 C 同学在参与 "秋日丰收乐——橘子红了" 的收橘子活动后的自我评价单。

表 5-3　自我评价单

自我评价单			
班级：五（3）班	姓名：C 同学	主题：秋日丰收乐	日期：2022. 10. 18
自我评价内容： （优秀★★★★★　良好★★★★　合格★★★　不合格★★） 1. 对所学内容是否感兴趣：★★★★ 2. 学习专注度：★★★★★ 3. 遵守活动纪律：★★★★ 4. 小组合作：★★★★ 5. 语言表达：★★★ 6. 目标完成：★★★★★ 7. 努力程度：★★★★★			
			学生签名：C 同学

从该生所填的 "自我评价单" 中我们可以总结出以下内容：该生对于 "秋日丰收乐" 实践活动本身很感兴趣，充满学习动力。学习过程也很认真，能够认真听讲，学习很投入。但该生在交流互动环节表现欠佳，可能有以下原因：所学内容中有部分内容是该生能力所无法企及的，导致了学生在交流分享时缺乏自信；语言表达能力欠佳；性格内向不愿交流。但该生综合自我评价还是整体向好的。根据这份表单，教师便可以进一步进行协商性学习评价。

（四）协商评价单

协商性学习评价是要体现协商的过程，"协商评价单" 便是体现协商过程的一个工具，它建立在自我评价的基础上，可用于任何一种学习行为，主要记录的是参与学习活动的不同角色就某个具体的学习内容进行的协商过程，其中包括 "自评" "教师评" 和 "同伴评"，如有其他参与者，还可以在表单中添加。协商评价强调评价的导向功能，根据评价提出改进建议，建构下一步的发展策略才是协商评价的主要功能。

以五年级英语下册 Unit 7 Chinese Festivals 的写作学习中 D 同学的协商评价单为例。五年级下册 Unit 7 Chinese Festivals 中，前三课时学生进行了圈画关键词、发现句子结构、表格填空和根据表格复述课文等练习，最后通过组合形成一篇作文。下面就是 D 同学在这一单元的学习过程中的表现，针对他的"学习行为"和"学习态度"进行协商性评价（表5-4）。

该表单以"学习行为"和"学习态度"为协商内容，划分了五个评价维度，其中"课前准备"和"课堂纪律"反映的是学习习惯和学习行为，"交流互动""小组合作"和"书写认真"反映的是学习态度。学生本人、教师以及同伴三方就 D 同学在本堂课中的这五个方面的表现进行评价，共同协商得出最后的协商结果。在实际操作过程中，可以根据学生表现和学习内容自行设定。

表5-4　协商评价单

协商评价单 （优秀★★★★★　良好★★★★　合格★★★　不合格★★）					
学习主题： Chinese Festivals 写作学习		班级：五（1）班		日期：2023．5．24	
＼ 评价内容 协商者 ＼	课前准备	交流互动	小组合作	书写认真	课堂纪律
学生姓名： D 同学	★★★★★	★★★★	★★★★	★★★★★	★★★★★
教师姓名： 顾老师	★★★★★	★★★★	★★★★	★★★★	★★★★★
同伴姓名： E 同学	★★★★★	★★★★	★★★★	★★★★★	★★★★★
协商评价结果	★★★★★	★★★★	★★★★	★★★★★	★★★★★
评价总结	该生课前准备充分，有较好的学习习惯，上课认真，积极参与课堂，学习态度良好。				
	学生签名：D 同学 教师签名：顾老师 同伴签名；E 同学				

"协商评价单"在实际操作中需注意以下内容：

1."协商评价单"的使用时间不固定，它可以用于任何学习行为中。

2."协商评价单"建立在自我评价的基础上，所以表单设计时要将"自评"放在第一位。

3.协商者是参与了学习过程的人，包括学习者本身，教师和同伴，如果活动中有其他人员参与，也可以成为协商者，比如在有家长参与的活动中，家长也可以成为协商者。

4.协商内容并不固定，是多主题的，不强调评价的"全面性"，而是根据具体学习活动中的学生表现来对某一方面进行评价。

（五）同伴评价调查单

"同伴评价调查单"也可以称为"同伴反馈"，就是被评价者在学习过程中，和他一起的同伴们对被评价者的评价调查工具。这里的"同伴"可以是同桌，可以是小组成员，也可以是其他和被评价者共同学习的人，同伴的人数不固定，同伴评价单的数量根据人数调整。调查的内容必须是学习行为中的具体的某一方面，比如"小组合作""课堂表现"等，在同伴评价过程中，学生担任评价主体，在整个评价过程中，评价者和被评价者都积极参与并得到了充分的反思和指导。[1]

下面仍以我校五年级的综合实践课程"秋日丰收乐——橘子红了"为例。下面是五年级3班C同学的以"小组合作"为调查内容设计的两份同伴调查单。

---

[1] 付建慧. 同伴评价在高中英语写作教学中的应用研究［D］. 闽南师范大学，2021：41-42.

表 5 - 5 同伴评价调查单 1

同伴评价调查单 1 （在你认为的选项下打"✓"）					
班级：五（3）班	被评价者：c 同学 评价者：同伴 1		学习主题： 秋日丰收乐 ——橘子红了	日期： 2022. 10. 18	
程度 内容	完全做不到	做不到	做了一部分	基本做到	完全做到了
能够提前搜集相关知识				✓	
能够提供建设性意见		✓			
能够积极参与小组讨论			✓		
能够正确处理小组内不同意见		✓			
能够围绕学习目标进行活动					✓
填表人签字：同伴 1					

表 5 - 6 同伴评价调查单 2

同伴评价调查单 2 （在你认为的选项下打"✓"）					
班级：五（3）班	被评价者：c 同学 评价者：同伴 2		学习主题： 秋日丰收乐 ——橘子红了	日期： 2022. 10. 18	
程度 内容	完全做不到	做不到	做了一部分	基本做到	完全做到了
能够提前搜集相关知识				✓	
能够提供建设性意见				✓	
能够积极参与小组讨论				✓	
能够正确处理小组内不同意见		✓			
能够围绕学习目标进行活动					✓
填表人签字：同伴 2					

以上两份同伴评价调查单是 c 同学组内的两位同学填写的，调查内容是此次综合实践课程中 C 同学在"小组合作"这一过程中的行为表现。表单设计时围绕"小组合作"展开了五个具体的行为表现供评价，即"是否能够提前搜集相关知识""是否能够提供建设性意见""是否能够积极参与小组讨论""是否能够积极正确处理小组内不同意见"和"是否能够围绕学习目标进行活动"，并且给出了行为表现程度的五种选项。在实际操作的过程中"同伴评价调查单"在确定好评价内容后，应就内容设计相应的指标，这些指标应是在能够反映学生学习状况的基础上进行设计，比如样例中给出的五个指标有效反映出该生的学习习惯、学习态度、合作探究的能力以及学习能力。

（六）任课教师调查单

"任课教师调查单"是指任课教师们对被评价者的评价调查工具。是通过不同的角度对学生进行评价，从而获得对被评价者更充分、更全面、更真实的评价。"任课教师调查单"的填写者是教授这门课程的老师，使用时间可以用于某一项学习课程结束时。调查内容可以从学生的"品行表现""学习习惯""学习投入"等方面入手，设计出具体的评价内容。

下面以我校二年级 2 班 E 同学数学课《厘米和米》后数学老师所填的任课教师调查表为例，评价的内容是该生在《厘米与米》这堂数学课上的行为表现。

表 5－7　任课教师调查表

任课教师调查表			
（优秀★★★★★　　良好★★★★　　合格★★★　　不合格★★）			
班级：三（2）班 学生姓名：E 同学	教师姓名：郭老师	主题：《厘米与米》	日期：2023.5.25
评价内容	评价等级	总结	
能做好课前准备工作	★★★★★	该生学习态度认真，有较好的学习习惯。希望积极参与小组合作，积极参与课堂问答。	
能积极回答问题	★★★		
能参与小组合作	★★★		
能遵守课堂纪律	★★★★★		
能按要求完成练习	★★★★		
能听取意见	★★★★		
		教师签名：郭老师	

该表单是围绕"数学课堂表现"进行的，划分六个评价内容，评价内容包括课前的准备工作、课堂上听课、交流、小组合作和作业完成这一系列具体的行为表现，以星级为评价指标。最后任课教师可以就学生的课堂表现进行总结评价，给出意见，帮助学生更好地认识自身。因为评价的目标局限于"数学课堂"，所以能够填写的任课教师就是数学老师，但在实际操作中为保证评价的客观性和全面性也可以灵活操作，使用建议如下：

第一，如果评价某堂课的学生学习过程，那么调查教师就是这堂课的教师。

第二，如果评价学生的某个学习行为，注意学习行为是每个学习活动都会发生的，比如"小组合作"的情况，那么则可以对多位教师进行意见调查，保证评价的客观和全面。

第三，如果某个学习活动的任课教师有多位，则可以对参与学习活动的所有老师进行调查。

第四，也可以在学期末，所有的课程都结束时，由班主任发起，让各科老师就该生在这门课的学习情况进行评价，有助于对该生的综合评价。

（七）家长意见征求表

"家长意见征求表"是指家长参与或充分了解孩子的某个学习活动后，给出意见的一个评价工具。从家长的角度来对孩子进行评价，是协商性学习评价的要求之一，也是为了得到更全面真实的评价。在实际操作过程中，家长很少能够参与孩子的校园生活，所以在使用该工具时需要注意：优先选择家长参与的活动，或者是在家长充分了解孩子真实学习表现后使用。

下面以我校一年级一校区的"金牌小导游"职业体验外出活动为例。活动前家长和小朋友们进行资料收集，正式的活动内容由四部分组成，首先导游示范讲解惠山古镇中的几处景点，接着小朋友们进行提问，再而小朋友们自主练习后进行讲解比赛，最后由导游和其他游客进行点评。一年级 1 班的 F 同学和他的家长全程参与了此次活动，活动后就孩子参与此次学习活动的"品行表现"，家长填写了以下"家长意见征求表"。

表 5 - 8　家长意见征求表

家长意见征求表			
班级：一（1）班	学生姓名：F 同学	主题："金牌小导游"职业体验活动	日期：2023.5.13

尊敬的家长：

您好！

非常感谢您能和孩子一起参与本次的"金牌小导游"职业体验活动，孩子的成长离不开家长和学校的通力合作，为了更好地进行家校共育，下面请您认真填写以下内容：

1. 孩子是否为活动提前做好准备，如收集相关资料（　A　）

A. 完全能做到　　　　　　B. 基本能做到　　　　　　C. 做不到

2. 孩子是否听导游讲解（　B　）

A. 完全能做到　　　　　　B. 基本能做到　　　　　　C. 做不到

3. 孩子在比赛前是否练习（　B　）

A. 完全能做到　　　　　　B. 基本能做到　　　　　　C. 做不到

4. 孩子活动中是否遵守比赛规则（　A　）

A. 完全能做到　　　　　　B. 基本能做到　　　　　　C. 做不到

5. 孩子是否尊重他人，认真听别人讲解（　A　）

A. 完全能做到　　　　　　B. 基本能做到　　　　　　C. 做不到

6. 孩子是否做到礼貌用语，举止文明。（　A　）

A. 完全能做到　　　　　　B. 基本能做到　　　　　　C. 做不到

7. 孩子是否做到保护环境，爱护公共设施（　A　）

A. 完全能做到　　　　　　B. 基本能做到　　　　　　C. 做不到

8. 您对此次活动是否满意（　A　）

A. 很满意　　　　　　　　B. 基本满意　　　　　　　C. 不满意

9. 其他意见或建议：

无

家长签名：F 同学家长

"家长意见征求表"在使用时要注意以下内容：

第一，意见表的主题要明确，学习活动的内容和调查的目的要在意见表开头就表述清楚。

第二，意见表的内容要简单明了，方便家长填写，不要有过多复杂的话术和句子。同时，问题的设计要围绕调查的主题进行，比如样例中为了调查家长对孩子参加此次"金牌小导游"活动中品行表现的意见，那么问题的设计就要围绕孩子的"品行表现"展开。

第三，意见表的目的是进一步协商交流，所以要注意及时回应家长的提问和反馈，并与他们进行交流。

（八）评价反馈表

目前国内对于"评价反馈"的研究不多，对"评价反馈"理解一般指的是教师在对学生的学习行为进行分析判断后，将对学生的行为表现的判断结果以一定的方式呈现并反馈给学生，学生接收教师返回的结果后进行改进与完善，从而能够提升讨论和学习的效果，达到深度学习的目的。[①]

在协商性学习评价中，"评价反馈表"是指在对学习者进行评价后，将评价表反馈给学生，学生根据反馈对自己的学习情况进行改进与完善，或提出进一步协商的需要。"评价反馈表"可以是针对一个评价表进行，如下表5-9评价反馈表1，也可以是对多个评价表进行综合后进行反馈，如表5-10评价反馈表2，在实际操作中可以根据情况来定。

以我校三年级一校区综合实践课程"小小中医师"为例，该实践课程是由三部分组成：一是中医启蒙课堂，二是辨认中药材，三是感受中医针灸疗法。在中医启蒙课堂中对于G同学的课堂表现展示两种情况下的评价反馈表。

第一种，针对一种表格——"任课教师调查单"的评价反馈表。

---

① 孙亚斌. 大学生在线讨论中教师评价反馈的设计研究［D］. 内蒙古师范大学，2022：23－25.

表 5－9　评价反馈表1

评价反馈表			
（优秀★★★★★　良好★★★★　合格★★★　不合格★★）			

班级：三（5）班 学生姓名：G 同学	教师姓名：王老师	主题：中医启蒙课堂	日期：2023.8.16
评价内容	评价等级	总结	
能做好课前准备工作	★★★★★	该生学习态度认真，有较好的学习习惯。希望积极参与小组合作，积极参与课堂问答。	
能积极回答问题	★★★		
能参与小组合作	★★★★		
能遵守课堂纪律	★★★★★		
能按要求完成任务	★★★★		
能听取意见	★★★★		
是否同意以上内容：同意 需要进一步协商：无			
		学生签字：G 同学 日期：2023.8.16	

第二种，围绕 G 同学的"课堂表现"，对其进行一系列评价调查，形成以下综合性的"评价反馈表"。

表 5－10　评价反馈表2

评价反馈表					
优秀★★★★★　良好★★★★　合格★★★　不合格★★）					
学习主题：中医启蒙课堂		班级：三（5）班		日期：2023.8.16	
评价内容 评价者	课前准备	交流互动	小组合作	目标完成	课堂纪律
（自评）学生姓名： F 同学	★★★★★	★★★★	★★★★	★★★★	★★★★★
（师评）教师姓名： 王老师	★★★★★	★★★	★★★★	★★★★★	★★★★★

评价内容 评价者	课前准备	交流互动	小组合作	目标完成	课堂纪律
（生评）同伴 1 姓名： 同伴 1	★★★★★	★★★★	★★★★	★★★★★	★★★★★
（生评）同伴 2 姓名： 同伴 2	★★★★★	★★★	★★★★	★★★★★	★★★★★
（家长评）家长姓名： F 同学家长	★★★★★	★★★	★★★	★★★★★	★★★★★
评价总结	需进一步加强小组合作的意识，提高互动交流的能力。				
是否同意以上内容：同意 需进一步协商：无					
				学生签名：G 同学 日期：2023. 8. 16	

"评价反馈表"是一张综合性的表格，被评价者就自身情况结合他人的评价进行反馈，这个过程也是学生不断反思和思考的过程。要明确"评价反馈表"的作用在于：第一，了解我在哪里；第二，知道我的差距；第三，明确我的方向；第四，不断地靠近目标；第五，清楚是否能够抵达。教师要在收到反馈表后，根据情况与学生进行进一步的沟通交流。

（九）最优事件记录单

"最优事件记录单"是指整个学习行为过程中学生的最优事件记录，这样的事件可以是学业成绩方面的，也可以是态度情感、努力程度和进步程度等方面的评价。协商性评价是不以成绩来评价学生的，每个学生都有自己的闪光点，"最优事件记录单"就是发现并记录学生做得好的地方的一个工具。

下面就以二（2）班 H 同学在美术课程《会变的花树叶》中的表现为例，G 同学在这节美术课上富有创造性地把树叶变成各种各样的海底生物，想象丰富，用色大胆，经过教师、同伴和学生本人的协商讨论，确定了本次学习活动该生的最优事件是能富有创造性地独自完成树叶画。

表 5-11　最优事件记录单

最优事件记录单			
班级：二（2）班		姓名：H 同学	
事件发生地点	二（2）班	事件发生时间	2022 年 6 月 6 日
事件参与人员	G 同学，陈老师，二（2）班全体学生		
完整事件记录（起因、经过、结果）	在下午的美术课上，G 同学在认真听完老师关于《会变的花树叶》这课的讲解后，富有创造性地将不同树叶的形状与海底的生物相结合，制作出了小金鱼、乌贼、海星等，其作品获得了老师和同学们的一致好评。		
经验总结	要先听老师讲解，再结合生活中我们见到的东西进行想象，这样就可以把树叶变得不一样了。		
学生签名：H 同学 日期：2022. 6. 6			

　　"最优事件记录单"用于每次学习行为的结束，由教师带头，学生和学习同伴一起通过协商的方式，共同选出该生在此学习行为中的最优事件。学生对"最优事件"进行简单概述，同时写出做得好的部分，进行经验总结和分享。这个过程也是增强学生自信的过程，在经验分享的过程中学生的体验是快乐的，这也正符合我校"幸福童年"的办学理念。

　　（十）问题事件记录单

　　"问题事件记录单"就是记录在学习行为中学生表现有问题的事件的一种工具。问题事件不仅包括学习成绩，还有态度情感、努力程度和进步程度等方面的评价。"问题事件"的记录是为了更好地解决学习过程中的困难，而非指责其做得不到位的地方，因此在表单中还设计了"反思和改进措施"板块，促进学生更好地成长。

　　下面就以我校三年级 2 班的 J 同学在语文学习中的问题事件记录单为例。J 同学在语文课堂上出现了随意讲话的不遵守课堂纪律的行为，经过协商交流，将本次事件列入问题事件记录单中。

表 5－12 问题事件记录单

问题事件记录单			
班级：三（2）班		姓名：J同学	
事件发生地点	三（2）班教室	事件发生时间	上午第二节语文课
事件参与人员	J同学，王老师，J同学的同桌，三（2）班全体学生		
完整事件记录（起因、经过、结果）	在上午的语文课上，J同学在上课时与同桌讲与课堂无关的话，同桌提醒后他仍在继续讲，影响了周围同学的听课，扰乱了课堂纪律。老师停下教学与其进行沟通交流后才制止了该行为。		
反思和改进措施	我这样的行为不仅影响了自己听课，还影响了其他同学正常上课。以后我会严格遵守课堂纪律，不再出现这样的行为。		
学生签名：J同学 日期：2023.5.14			

"问题事件记录单"用于学习行为结束后，由老师引导学生一起共同协商讨论出问题事件。在实际操作过程中需要注意讨论的方式方法，以真诚愉快的交流方式进行，让学生能够正视自己问题的同时，也帮助他人反思并思考解决问题的方法。做到想学生所想，急学生所急，关心关爱学生。

第六章　让快乐成长成为校园生态文化主题

幸福童年教育是素质教育的基本实施，注重开发人的智慧潜能，注重形成人健全的个性，同样也注重人在教育环境中获得快乐成长的体验，因而必须关注儿童的学校生活质量，为儿童创造一种能够充分感受快乐、享受幸福的校园生态文化，让学校成为儿童精神成长的沃土，这也是学校教育的共识。为学生创造快乐成长校园生态文化是幸福童年教育的一种生态转化，也体现了高质量小学教育对校园生态的文化追求，其宗旨在于生态文化滋养儿童成为有理想、有本领、有担当的新时代学生。在此认识下，无锡市春城实验小学基于对"快乐"的哲学思考，让"快乐成长"成为校园生态文化的主题，致力于打造让儿童快乐成长的校园生态文化。

第一节　快乐成长的两大支柱——理智游戏与符号狂欢

儿童的快乐成长应该扎根于校园生态文化之中，涉及更深层次的儿童积极品质的形成，并指向更完整的"人"的发展。对每个儿童来说幸福童年就是幸福成长。这种快乐成长不是自然发生的，在课程上需要以相应的课程为载体，需要以相应的教学活动为支持，需要特定的生态环境来滋养，这样的生态环境必须拥有快乐成长的元素。我们的理智游戏和符号狂欢就是这样的元素概括表达。因此，理智游戏和符号狂欢作为快乐成长的两大支柱共同支撑起校园生态文化。

一、快乐成长：幸福童年教育文化的价值核心

快乐既是人的一种主观感受，是精神上的一种愉悦，又是对人生的一种积

极感悟。儿童时期是身心成长的一个重要时期，对于儿童而言，快乐是成长路上的重要体验。无锡市春城实验小学确立"给孩子一个幸福童年"的教育主张，探索幸福童年课堂，通过"幸福童年"的教育理念推动以"快乐成长"为本质的幸福童年教育文化的建设，既丰富学校教育内涵，又让学校教育具有凝聚力，进一步发挥出幸福童年快乐成长的特色，为儿童的童年增添一份幸福快乐的记忆，为儿童打造一个幸福快乐的童年。

（一）儿童快乐成长的生命特征是幸福表现

儿童的幸福表现在很多方面，其主要表现为儿童自身能够感觉到自己是重要的、有价值的，能满足自己的需求，并得到满足和快乐，是儿童追求自身自由和发展的一种内在动力，并通过外化的行为表现出来，因此，快乐是儿童幸福的首要表现形式。这样一种幸福感是弥散在整个成长过程中，也弥散在当前的学习过程中。

1. 生动活泼的整体样态

生动活泼是儿童固有的天性，这是儿童生命活力的外在表现。所以，要让儿童生动活泼起来，就要充分利用他们爱玩、好奇、好问、好探索的特点，鼓励儿童自己去发现问题、解决问题。例如"抢数字""音律达人"等游戏生动活泼，不仅能锻炼他们的思维能力，还能使他们的综合能力得到充分发展，促进儿童生动活泼、健康快乐地成长。

2. 简单自然的言行方式

儿童简单自然的言行方式，是儿童心灵真实的、直接的反映，也是儿童天性的自然流露。儿童在与成人交往中，以自然的方式表达自己的情绪、思想和愿望，表现出自我意识和独立人格；在与同伴交往中，儿童用自然的方式进行交往，表现出对同伴、集体、他人的关心和爱护；在与自然环境打交道时，儿童用简单自然的方式与环境进行交流，表现出对环境、事物和社会生活的尊重。儿童的这种行为方式是儿童自我意识和独立人格发展的标志，也是儿童社会交往能力发展的体现。

3. 广趣乐知的性格特点

儿童的性格特点与生理基础的遗传密不可分，但环境的熏陶、教育的影响等后天因素也在性格养成中占据重要地位。儿童处于性格养成的关键期，其性格养成影响未来的学习及生活选择。广趣乐知是儿童快乐成长的性格特点。

"广趣"即为儿童兴趣广泛，"乐知"是谓以学习知识为快乐。从儿童兴趣入手，发现并培养儿童健康的性格至关重要。学校立足于儿童性格发展实际，结合儿童成长需求，积极探索培养儿童健康、积极性格的有效策略，既引导儿童养成广趣乐知的性格，又助力儿童全面发展。

（二）"真""趣""活"是幸福童年与快乐成长的共同要素

"真""趣""活"是儿童童年生活的目标和追求。"真"即"真实、真知、真人"，指向回归儿童真实生活，支持儿童探索真知，引导儿童学做真人；"趣"即关注儿童的情感与兴趣；"活"体现出儿童美好生活的活力表达即为儿童的活力朝气。教师要营造"真""趣""活"的教育环境，让儿童真正感受到童年是快乐的、幸福的。因此，"真""趣""活"是幸福童年与快乐成长的共同要素，具体表现在以下几个方面：

1. "真"是幸福童年与快乐成长的精神要素

幸福童年是每个人一生中最美好的时光，是人生成长过程的一个重要阶段。儿童在这个阶段回归真实生活，探索真知，体验轻松、愉快、自由的精神状态，充满着对未来美好生活的向往。儿童在童年里所经历的一切，都是成长的最好见证。正是在这段特殊的童年时光里，儿童获得了独一无二、不可替代的精神体验，成为具有个性和魅力的人。

2. "趣"是幸福童年与快乐成长的行动要素

幸福童年教育重视儿童对知识的好奇、对未知世界的探索，在学习中激发儿童的兴趣，让儿童在快乐中学习，在学习中感受乐趣。幸福童年教育所营造的生动有趣的教育环境，引导着儿童自主探究、合作交流，培养了儿童的创新能力和实践能力，让儿童在积极主动的活动中去探索、发现、体验、交流、合作和创造。

3. "活"是幸福童年与快乐成长的整体表现要素

幸福童年教育尊重儿童的活力朝气，激发儿童对生命和自然的热爱，让他们在自然世界中自由地探索、学习，享受生命活力。引导儿童感受生活中的美，培养他们热爱生活、热爱自然的情感。让儿童在充满爱与自由的氛围中去感知、去体验、去创造。让儿童在他们所喜爱的活动中去寻找快乐，享受快乐。让儿童真正感受到童年是美好的、幸福的。

（三）幸福童年教育的宗旨是促进儿童快乐成长

童年对环境中的人、事或物的体验，多半影响成长后的生活方式。① 儿童成长过程中，小学阶段是发展的重要时期，是价值观念、道德情操、行为品格形成的关键时期，因此，幸福童年教育以快乐成长为本，促进儿童快乐成长。具体可以从以下三个方面理解：

1. 促进每一个儿童最佳发展是教育的根本宗旨

让儿童"快乐成长"既是一种教育理想，也是一种教育实践。幸福童年教育的宗旨是促进儿童快乐成长，促进每一个儿童最佳发展，强调儿童在学习生活中的积极体验，关注儿童的快乐成长和幸福人生，追求与"快乐"密切相关的幸福童年。让儿童快乐成长就是寻觅儿童发展的可能方向，架设通达终身幸福的桥梁，让儿童在幸福童年教育中体验情感、积累经验、孕育智慧，聚焦儿童幸福快乐成长。

2. 服务每一个儿童的快乐成长是幸福童年教育的基本立意

为了让每一个儿童都能享有幸福快乐的童年，幸福童年教育从儿童视角出发，关注每一个儿童的快乐成长。因此服务每一个儿童的快乐成长是幸福童年教育的基本立意，它强调要尊重儿童的发展规律，以儿童发展为中心，以促进儿童全面发展、主动发展为根本，让每个学生在科学合理、生动活泼的幸福童年教育环境中快乐地成长。

3. 幸福童年教育的核心理念是给"每一个孩子不一样的幸福童年"

每个儿童都是独一无二的，有着自主、自发、自然的生命状态。幸福童年教育坚守儿童立场、坚信童年价值，让每一个儿童都拥有不同且幸福的人生。以给"每一个孩子不一样的幸福童年"为核心，让幸福童年教育的建设有了主线，有了整合，有了提升。让儿童能够从幸福童年教育中寻找到乐趣，获得喜悦、信心、成功以及自我发展，从而实现内在幸福感的提升，让童年无时不快乐，让成长无时不快乐。

二、快乐成长的支柱之一：理智游戏

儿童在进入校园之前，尚未接受学校教育文化的熏陶，儿童的思维、行为都是在自由、随意的状态下进行的，此时儿童的思维方式和行为方式都是感性

---

① 钱科英，左元金. "幸福童年"课程的内涵和与建设路径［J］. 江苏教育，2022，（18）：44－46.

的、生活化的。所进行的如"跳房子""扔沙包""角色扮演"等游戏涉及体育以及情感两个方面，体现为体育游戏和情感游戏。在进入学校，受到学校文化影响后，儿童的生活方式也逐步由"随意"的感性世界走向"理智"的学校生活，游戏方式同样也趋向如"计算24点""五子棋"等理智游戏。

（一）体育游戏、情感游戏与理智游戏

游戏是儿童的行为方式，也是儿童的基本生活方式。儿童在这种游戏状态中所表现出来的兴趣爱好和能力水平是儿童进行学校教育的基础，在儿童游戏状态的每一个细节之处透露出儿童发展的方向。体育游戏、情感游戏和理智游戏体现出儿童不同的游戏状态，代表着不同的游戏类型，具体表现为以下三个方面：

1. 体育游戏是以肢体运动为主要方式的游戏类型

体育游戏将体力和娱乐融为一体，以肢体运动为主要方式，以身体练习为基本手段。儿童在类型繁多的体育游戏中进行娱乐，例如接力游戏、投掷游戏、追逐游戏、跳动游戏等。体育游戏在娱乐性和锻炼性方面兼具重要作用，在锻炼身体的同时增强人际交往能力、协作能力和竞技意识。

2. 情感游戏是以情感问题冲突为主要方式的游戏类型

情感游戏对于激发儿童的关爱情感有着积极的作用。例如在角色扮演游戏过程中，儿童利用积累的生活经验，按照自己的意愿去扮演父母、老师、医生等各种角色，在这些情感游戏的过程中，儿童逐步体会到了各行各业的艰辛，这是身为"儿童"本身所不具备的情感，也恰恰通过情感游戏带来的情感问题的冲突，促使儿童去关心、爱护身边的人，丰富、深化他们的情感。

3. 理智游戏是以思维活动和言语表达为主要方式的游戏类型

小学阶段处于儿童成长发育、知识积累的重要时期，又是儿童人生观、世界观、价值观形成最关键、最敏感的时期。体育游戏和情感游戏不足以支撑儿童成长的全过程，因此具有理智性、全面性、多样性特征的理智游戏在这个时期内起到至关重要的作用。

（二）儿童理智游戏中的快乐体验

在理智游戏中感受到的快乐是儿童一生中最美好的一段时光，它充满着活力，洋溢着欢乐，让人感觉到轻松、愉快、自由，有着对未来美好生活的向往，这样的快乐体验体现在如下三个方面：

1. 思维的快乐

儿童在理智游戏中不仅能够增强体质、丰富情感，更能够体验思维的快乐。例如"巧算24点""趣猜成语""你画我猜"等理智游戏为儿童创设自由、宽松、愉快、生动、活泼的游戏环境。儿童在理智游戏中动口、动手又动脑，充分发挥儿童的参与性，这样其思维处于积极的活动状态，从而锻炼了思维，培养了儿童思维的广阔性和灵活性，感受到思维碰撞所带来的快乐体验，促进身心的全面发展。

2. 知识挑战的快乐

儿童在进行理智游戏的过程中往往是快乐的，这样的快乐体验来自对知识的探索和挑战。随着儿童认知发展，他们对于知识的理解也会发生变化，由最初对知识的好奇转变为对知识的思考和探索。例如儿童在进行"回文诗""猜字谜""飞花令"等理智游戏的过程中，需要不断地面对各种问题，并在与这些问题接触的过程中，直接感受、体验、思考和分析。因此，儿童在理智游戏中不断地学习新知识、解决新问题，在理智游戏中获得挑战的快乐。

3. 成就感带来的快乐

理智游戏会给足儿童思考、操作的时间和空间，让儿童在游戏中获得成功的体验，玩得开心。儿童在理智游戏活动中获得成功时会表现得特别高兴，并迫不及待地与人分享，会兴高采烈地向他人介绍自己的成功体验，这是儿童的一种表现欲望。儿童在获得成就感的过程中，体验到了成功的喜悦。这种体验是儿童获得良好发展和促进自我实现的重要途径之一，对儿童自身成长具有重要意义。

（三）理智游戏是学生快乐成长的重要方式

儿童在理智游戏里所经历的一切，都是成长的最好见证。儿童自一年级到六年级经历六载春秋、两千多个日夜，正是在这段特殊的童年时光里，理智游戏成为学生快乐成长的重要方式，使学生获得了独一无二、不可替代的生命体验，成为具有个性和魅力的人。

1. 学生走进学习过程就进入学科的理智世界

儿童进入学校之前，处于一种随意的、任性的游戏状态，然而进入学校以后，走进了理智的学校生活，游戏的内容和形式也随之改变，原本的"随意"的游戏状态逐渐趋于"理智化"。学校教育对育人理念、课程教学进行了系统规划，使得儿童原本的游戏状态从单一走向多元，从朦胧走向清晰，从生活走向理智。

2. 游戏是学生的行为方式和学科学习的基本方式

理智游戏将学科知识、艺术与体育的相关知识纳入其中。在课堂上，儿童能够体验到多元化的学科内容——语文课程会让儿童感受语言文字的意境趣味；数学课程中数小棒、拼图形不断发展学生思维；英语课程通过阅读语篇中感受世界各国的多元文化；科学课程中草药种植、河水取样会让儿童认识生命的神奇；体育课程足球锻炼、趣味游戏会帮助儿童锻炼身体，提升自信；音乐课上，能够欣赏到各种各样美妙的音乐；美术课上，儿童能看到各种各样充满创意的作品。这种多元化的教育方式不仅能让儿童感受到学科知识在生活中的作用，还能够培养他们的创造力。总之，从"感性"到"理智"是儿童成长必然经历的一个过程。有序的学校生活可以帮助儿童在群体中形成与他人、集体和谐相处的意识，同时有助于儿童形成良好的行为习惯和学习态度，使儿童在学校生活中更好地发挥潜能。

3. 学生的快乐学习应是以理智游戏活动为形态的学习

理智游戏的目的就在于游戏本身，儿童的一切游戏活动都是他的学习内容，学习过程中所获得的知识经验也是游戏内容，游戏与知识的相互作用是任何其他事物都无法取代的。例如传统的背诵和讲述皆可转变为活动，每次活动就是一场理智游戏。所以，游戏活动本身就意味着一种意识形态和一种教育方式，以理智游戏活动为形态的学习，在释放儿童生命活力的同时也将给儿童一个幸福快乐的童年。

三、快乐成长的支柱之二：符号狂欢

学生在学校学习生活过程中形成一种符号化的生活状态。这种符号化的生活状态既包括了逻辑语言，又包括了行为方式，因此学生的生活学习发生了新的变化，形成了新的结构体系。儿童在幸福童年教育文化的浸润下，步入符号世界，将整个学校的文化发展成为一种符号性的狂欢。这种符号世界往往具备以下三个特点：

（一）小学生从事物世界到符号世界

从事物世界到符号世界，是从具体事物到抽象符号的过程。儿童在进入学校生活之前处于事物世界中，进入小学后，通过感官感知到各种事物和现象，然后通过思考和推理，将这些事物和现象抽象出来，形成各种语言、文字、理论等抽象符号。通过这种过程，学生才能将现实世界中复杂的事物和现象简化为简单的抽象符号，更好地理解和认识它们。

1. 相对于事物世界，符号世界是抽象世界

符号是携带意义的抽象感知。符号世界可以理解为抽象的世界，是人们把客观存在的对象赋予某种代表意义的标识、规定形式和概念。以学校教育为例，将各种学科知识、理论规范、道德原理等抽象为一系列的文字符号，然后以这些符号作为自己教育活动的依据和标准。相对于事物世界，符号世界的抽象性体现在学生运用符号开展符号活动并生成符号能力的过程。学生借用符号来认识事物，并在符号中理解事物。

2. 相对于事物世界的具体性，符号世界具有整体性

学生对事物的所见、所闻、所感共同建构成学生所在的事物世界，因此，事物世界相对于符号世界，学生更容易看得见、摸得着，感受到事物世界的具体性。相对于事物世界的具体性，符号世界则具有整体性。

3. 相对于事物世界的直觉感性，符号世界具有逻辑理性

人与动物的根本区别在于，动物只能对"信号"做出条件反射，而人却能把这些"信号"改造成有意义的"符号"①，并利用这些符号形成知识、传承知识。对事物的直观感受构成我们生活中的事物世界。儿童步入学校后，儿童的思维方式以及表达方式都在符号的支撑下具有逻辑理性，对事物的理解不仅仅体现事物表面，更在于理解事物从无到有、从有到深的深层次的逻辑与内涵，在这样的"符号"世界中，儿童越来越聪明，能够学会处理生活中错综复杂的问题，有利于儿童知识的积累和能力的培养，在自我超越中走向幸福和完整。

（二）小学生在符号世界寻求快乐的必要性

儿童生活在一个内容丰富的符号世界之中，其整个童年生活都浸润在符号世界中。儿童在符号世界中不能获得快乐就没有幸福童年可言，因此，儿童在符号世界中必须获得快乐。这种必要性需要从以下三个方面进行理解：

---

① 李恩来. 符号的世界［J］. 安徽大学学报，2003（02）.

1. 当符号世界成为生活向度时，学生须在符号世界中寻求快乐

儿童与生俱来有追求生活意义的特性。儿童面对未知的生活世界不仅想知道"是什么"的知识，还迫切想要懂得"为什么"的意义，这就将原本抽象的、无情感的，且外在于儿童的符号世界与儿童的生活世界相联系。因此，在符号世界成为儿童生活向度时，儿童则通过符号去理解和探究现实生活。

2. 当符号世界成为成长时空时，学生须在符号世界中快乐成长

儿童步入学校后，即步入了符号的世界，在这样的符号世界中茁壮成长，因而符号世界是儿童的成长时空。儿童在成长过程中不断提升符号识别和运用的能力，由牙牙学语到出口成章、从胸无点墨到满腹经纶，学习过程中所接触到的语言文字、字母符号、音符音律等诸多符号形式都潜藏着成长的丰富与精彩。学生在符号世界中开启一扇扇识别与传承符号的大门，在其中尽情地快乐成长。

3. 走进符号世界是学生成长的标志，符号世界中的快乐就是成长快乐

依靠"符号"这把钥匙，学校教育有目的、有计划地将儿童引进符号世界，儿童走进符号世界是其成长的标志。学校教育不但可以让儿童认识当下的生活世界，使其习得必要的知识与技能；同时也告诉儿童如何敲开历史长河中虽封尘已久但仍薪火相传的精彩符号世界之门。在这样的学校教育文化中，儿童的思维方式、表达方式都以符号为支撑，进入了一个"符号"的世界，在符号世界中感受快乐，在符号世界中快乐成长，将符号世界中的快乐经历转化为成长的快乐体验。

（三）符号狂欢是学生快乐成长的主要内容

学生在学校的生活本来就充满了快乐，而符号又恰恰是学校生活的重要组成部分，因此符号狂欢成为学生快乐成长的主要内容。

1. 基于学科的符号狂欢是属于学生的嘉年华

卡西尔称人是符号的动物[①]，这就意味着，语言、历史、科学等作为不同的文化形式，是人的符号化的文化产物。学校教育则将各学科的"符号"进行整合，让文字、数字、字母、音符、线条等多元化的符号热浪席卷校园。儿童在符号狂欢的浪潮下尽情释放情感，沉浸于文化之中，在接受学校教育的同时

---

① （德）卡西尔. 人论［M］. 甘阳译. 上海：上海译文出版社，2013：2.

也迈进了"符号"的嘉年华。

2. 符号狂欢的本质是逻辑理性中体验快乐

思维作用于符号，符号是思维的载体。儿童运用符号理解现实世界的过程中，立场得以呈现，知识得以运用，问题得以解决，自身得以完善，可以特别清楚地呈现阐释分析和逻辑推理的过程和思路，具体地展示了理性思考的逻辑性。只有在具备逻辑理性的符号世界中，儿童才能体验思维、理性和智慧的快乐。

3. 符号狂欢包括演绎推理、实验探究、发现意义、形上想象四大内容

演绎推理在符号狂欢中体现在儿童对事物之间抽象关系的认识、梳理、判断和推理的过程。演绎推理作为符号狂欢的内容之一，让儿童理解事物"是什么"的同时，也懂得其"为什么"的意义。符号狂欢的内容包括实验探究，一方面体现在儿童乐于实验的行为，另一方面体现在儿童善于探究的精神。儿童在符号化思维和符号化行为中，既是在继承某种意义，同时也是在理解意义的过程中塑造了自己，实现符号狂欢中的形上想象。儿童透过外界的他人、事物之间的关系理解其本质，并参照本质去反思自我和想象未来发展趋势。据此，使自己更趋向于完善，或使环境更符合自己的需求，故而形上想象也是符号狂欢的内容之一。

四、理智游戏与符号狂欢的校园文化样态

理智游戏通过游戏的理智性，培养儿童全面发展的同时也给儿童一个幸福快乐的童年，符号狂欢是指儿童在学校教育文化中，积累知识、培养能力，最终实现自身价值。理智游戏和符号狂欢作为快乐成长的两大支柱共同支撑起校园生态文化。

（一）理智游戏与符号狂欢的互动与整合

在校园中，学生通过各种形式的理智游戏和符号进行情感和个性的表达。理智游戏与符号狂欢在校园文化中相互交织，共同影响着学生们的校园生活和思维方式。具体从以下三个方面进行理解：

1. 理智游戏与符号狂欢的动态联系

儿童在进行理智游戏时所获得的知识经验就是一种符号信息，游戏的理智性通过符号化来表现，儿童对符号信息进行加工，获得了有关符号所表达出的意义信息，他才会去进一步研究与学习。而儿童对符号化信息的理解、加工和

应用，是他进一步进行学校教育的重要前提。儿童是否真正理解和掌握了符号信息，很大程度上取决于该符号是如何表达的。所以说游戏与符号二者之间并不是孤立的、静止的存在关系，而是相互联系、相互依存、互为因果的。

2. 理智游戏与符号狂欢的良性互动

游戏的理智性虽然通过符号化来表现，但是并不代表着在理智游戏进行过程中，把儿童看作被动接受知识信息、进行符号化加工处理的对象。而应该把儿童看作可以主动学习活动，并获得积极评价成果和经验体验的主体。这样才能使儿童产生积极心理体验和情绪反应，使整个理智游戏活动成为积极主动参与的过程。否则，儿童在被动接受知识信息时，就会产生不满和厌烦的情绪，甚至有可能放弃这次游戏活动；相反，如果让儿童处于游戏、娱乐中，并让儿童有一种愉悦的体验和满足感，会激发儿童继续进一步活动并产生新一轮积极评价。

3. 理智游戏与符号狂欢的深度整合

理智游戏注重游戏内容和游戏目标，具有指向性；符号狂欢则更注重学校教育文化的组织要素，具有复合性。理智游戏和符号狂欢虽然在表达方式上各有强调，但是都从学校教育文化的层面对儿童教育的发展起到了推进作用。"理智游戏"的本质是通过游戏的理智性，培养儿童全面发展的同时也给儿童一个幸福快乐的童年；"符号狂欢"的本质是在学校教育文化中，积累知识和培养能力，让儿童实现自身价值。两者既注重知识价值和人格培养，又注重儿童发展和教育文化的结合。所以说游戏和符号化教育对于儿童来说是不可分割、相辅相成，相互整合的。

（二）小学传统校园文化活动的游戏性与狂欢性分析

校园传统文化活动立足于树德、增智、强体、育美、重劳的教育目标，遵循着"人"的发展方向，有利于丰富学生的业余生活，缓解学习压力，培养团队合作精神，形成正确的价值观。但是校园传统文化活动在游戏性和狂欢性两个视角分析下有下面几个问题：

1. 校园文化活动强教育弱游戏

在校园文化活动中，教育性和游戏性是并重的。一方面，这些活动可以帮助学生树立正确的人生观、价值观和世界观，促进他们的思想道德建设；另一方面，这些活动为学生提供一个释放压力、放松心情的平台，有助于他们更好地面对学习和生活中的挑战。然而，传统校园文化活动中的教育性远大于游戏性，间接地减少了活动的趣味，难以让学生真正体验到其中的乐趣。总之，传统校园文化活动教育性和游戏性失衡，不利于学生的全面发展和健康成长。

2. 游戏缺少理智学习的内涵

小学传统校园游戏多为体育游戏及情感游戏，缺少理智学习的内涵，难以发展儿童学习的主动性、积极性和创新性，唯有将游戏与理智学习相结合，才能让儿童在学中玩，在玩中学。儿童在理智游戏过程中是最开心、愉悦的，往往会迸发出更多的想象力与创造力，在充分享受活动的同时，获得更多有效的知识。

3. 学校体现狂欢品格的嘉年华活动缺席符号

开展校园文化活动在于关爱学生、遵循学生的全面发展，但是校园活动的优劣将直接地影响小学生的心理、行为、性格的形成和发展。而今校园活动缺乏新意、特色，未能围绕语言、历史、科学、文化等不同形式的符号学习而展开，致使小学生在校园文化活动中缺乏活力，难以感受到符号狂欢的浪潮，更难以迈进"符号"的嘉年华。

（三）两大支柱视野中幸福童年教育的校园文化活动创新

在理智游戏和符号狂欢两大支柱视野中，校园文化活动围绕理智学习的内涵及符号学习的开展，平衡活动的教育性与游戏性，从生态型童年文化节和生成式主题校园环境两方面进行创新：

1. 生态型童年文化节

生态型童年文化节应紧扣"五育并举""立德树人"理念，不断创新活动形式，全力营造生态型的校园文化氛围，开展一系列生态型文化节活动，激发广大儿童热爱艺术、勤奋学习的热情与动力，培养儿童健康的审美情趣、良好的艺术修养和追求幸福人生精神，从而促进儿童全面发展。

2. 生成式主题校园环境

生成代表着一种过程性、关系性、创造性、差异性以及具体性的存在方式，代表着一种向新事物的演进。生成式主题校园环境不仅涵盖学生在校学习和活动所处的境况——校园环境，还包括对学生的身心发展有潜移默化的影响的精神环境。生成式主题校园环境不仅要符合儿童的审美、满足儿童的好奇，更要伴随儿童主题活动的整体进程，支持儿童的全面发展。它绝不是一劳永逸、静止不变的，而是立体的、统整的、动态的。

第二节　生态型童年文化节

目前，中国的儿童教育有很多值得我们骄傲的地方，我们正在摆脱一些陈旧思想的束缚，以儿童发展为核心、发挥儿童主体性等先进的教育理念正在成为指导我们行动的观念。然而，由于望子成龙心切，家长对于儿童的成长似乎有些迫不及待。于是，学校确立幸福童年的教育理念，强调儿童在学习、生活中的积极体验，以生态型童年文化节为载体，关注儿童的快乐成长与幸福人生。生态型童年文化节搭建合理的基层结构，运用科学有效的活动方式，创建和谐、愉快的师生关系，组织丰富多彩的课外活动，使校园生活变得轻松愉快，这样就能保证儿童的快乐成长。在生态型童年文化节的推进过程中形成"快乐的人"，引导学生追寻生活的意义，过快乐的生活。

一、问题指向

为丰富学生校园生活，满足学生的发展需要，不少学校都在大力开发校园文化节，由于部分学校对节日课程缺乏科学合理的认识，导致校园文化节方案质量良莠不齐，因而在实施过程中出现问题。

（一）传统文化节缺乏结构化、系统化的顶层设计

为了将学校文化全方位渗透到学校工作的方方面面，不少小学开始不断地设计种类丰富的校园文化节。一来，加快学校文化在学校的发展速度，二来，创设更多的活动增强学生参与学校文化生活的趣味性。但随着活动的增加，出现了学生疲惫、教师忙碌的情况，这种只求数量不保质量的活动安排甚至会干扰日常的教学工作。诚然，校园文化节活动不在多，而在精，在于如何将这一类校园文化节活动系统化、常规化。

（二）传统文化节忽视每一个生命的童年价值

校园文化节应该是一场学生追求梦想、实现价值、树立尊严、展示快乐的节日狂欢，在举行文化节时不少学校为了呈现"快乐成果"，使得原本属于每一个学生的艺术节，变成少部分优秀学生的展示舞台。比起结果，"快乐过程"更加重要，人生的各个阶段皆有其自身不可取代的价值，没有一个阶段仅仅是另一个阶段的准备。尤其儿童期是身心生长最重要的阶段，也应是人生中最幸福的时光，童年文化节所能成就的最大功德是给孩子一个快乐而有意义的童

年，以此为他们快乐而有意义的一生创造良好的基础。

（三）传统文化节忽略生态性互动联结

生态型校园文化节重视活动质量，重视儿童童年价值，与儿童展开良好的生态联结，因此，一个能够随时修复自身、进行良性循环、让每个子系统不断生长的儿童文化节就是生态型童年文化节。它是具有高质量水平的节日，能够充分认识自己的位置和前进的方向，为学生现在的发展提供最好的条件与机会，为今后的发展做最好的奠基。

二、"生态型童年文化节"行动理念

在"为每一位儿童开发课程"的课程理念引领下，学校以建构"生态型童年文化节"为平台，转变教师理念，改进学生参与节日方式，培养学生理智游戏思维，提升学生快乐体验感，使学生在生态型童年文化节中得到滋养和智慧的成长。

（一）理智游戏为源：丰富童年文化节内涵

游戏是儿童存在的方式，儿童通过游戏认识世界，认识自我，确立自身与世界的关系，游戏对于儿童发展具有独特的意义。游戏是儿童身心发展的主要方式，维果斯基早年在其"最近发展区"理论中提到了游戏是儿童的"主导活动"，认为游戏创造了儿童的最近发展区，游戏本身就是发展的主要源泉，游戏与发展是相互促进的。进入小学，无序游戏逐渐向理智游戏过渡，此时，生态型童年文化节中应注入理智游戏的新鲜血液。在体育运动节中不仅有各个体育项目的竞技比赛，还要加入探索各种体育项目的规则由来，自己当裁判，在挥洒汗水的同时也获得知识的浇灌。以理智游戏精神为线索反推童年文化节，儿童可以在理智游戏中享受自我愉悦。同样的，在生态型童年文化节中，儿童也能尊重游戏规则，注重游戏性体验，敢于创造与革新。

（二）快乐成长为根：建构童年文化节体系

童年期具有其特定的社会、心理与文化价值，童年期快乐对于儿童而言，存在着特殊的意义，对于儿童的心理、教育、生理都有着别样价值，能够促进儿童乐于当下，幸于未来。① 学校以"快乐成长"为基点创办生态型童年文化

---

① 冯璇坤，刘春雷. 幼小衔接阶段教育的节奏与目的——复归"童年期幸福"［J］. 教育学术月刊. 2019（02）.

节，就是在描绘五彩斑斓的童年生活，呼唤儿童文化别样的美丽。快乐成长渗透在儿童生活的方方面面，并非局限于具体的时间点和特定的场域。快乐成长应是一种过程，是对儿童不断发展的身心需求的回应，是润物细无声。在童年文化节的筹备中，要在儿童价值观、人生观和世界观形成初期融入幸福感的引导和教育，让儿童明白什么才是真正的快乐，怎样才能得到长久的快乐，进而形成正确的幸福观、快乐观，让生命更有价值，人生更有意义。快乐要用自己的心去感悟，用自己的双手去创造。①

（三）幸福童年为本：提升童年文化节价值

人们常常惋惜童年的宝贵时光被白白浪费了，却没有意识到，许多影响人一生的精神潜质恰恰是在童年生活中定型的。我们渴求童年的东西越少，给孩子留下自由的心理空间就越多，我们就越有希望看到，童年的文化生活能在他未来的成人世界构筑一片心灵的净土，并帮助孩子不断释放出热爱生活、创造生活的动力。

在幸福童年职业体验周，儿童体验各种与日常生活紧密相关的职业，发现并了解自身的兴趣爱好，感受学习乐趣，增强学习自信心，了解职业没有高低贵贱，最重要的是有追求快乐的能力。把童年还给孩子，让他们放下沉重的书包，集体退出这糖衣包裹的精英教育，让每一个人都为洒满阳光的童年而感谢人生。

三、"生态型童年文化节"行动目标

以"快乐成长"为总目标，面向全体学生共同参与。幸福的本质是一种主观体验，这就决定了它只能由个人自己的努力、追求才能得到。儿童的幸福只能由他们自己去争取、去创造，儿童只有在发展中才能成长，也唯有在发展中才能得到幸福。

推行生态型童年文化节是春城实小弘扬校园文化、活跃学生童年氛围的有效途径。党中央、国务院对义务教育高度重视，对亿万少年儿童亲切关怀，提出了"五育并举"，故而生态型童年文化节与五育相融合，生发出一系列节日目标。

---

① 元琴. 幸福童年是幸福人生的基础——儿童幸福感和幸福观的调查研究 [J]. 少年儿童研究，2018（11）：4-8.

表 6 - 1 无锡市春城实验小学年段节日目标表

节日目标	低年级	中年级	高年级
爱国家 有担当	1. 认识五星红旗，会说出学校、家乡的名称，见到师长主动问好。 2. 诚信友善，宽厚待人。 3. 遵守学校纪律，知错就改，自己的事情自己做。	1. 爱祖国、爱家乡、爱学校、爱父母。 2. 自觉遵守行为规范、校规校纪和社会公德，养成良好的学习、生活和行为习惯。 3. 做事有责任心，能持之以恒，能明辨是非，具有规则与法治意识。	1. 具有良好的爱祖国、爱人民、爱家乡、爱社会的思想情感和良好品德。孝亲敬长，有感恩之心。 2. 愿意为集体服务，做事有责任心，勇于承担责任，能持之以恒。 3. 了解党史国情，珍视国家荣誉。
爱学习 善思维	1. 对学习有兴趣，掌握低年段文化课程标准规定的要求。 2. 培养良好的学习习惯，善于合作，乐于分享，能发表自己的观点。	1. 热爱学习，形成浓厚的学习兴趣，掌握中年段文化课程标准规定的要求。 2. 能认真倾听、独立思考、自主探究、合作交流、反思质疑。能运用所学习的知识和技能解决问题。	1. 热爱学习、乐于学习、学会学习，保持积极主动的学习兴趣，掌握高年段文化课程标准规定的要求。 2. 具有大胆创新和主动探究的意识，对问题有自己独特的见解和看法。
爱运动 健体魄	1. 初步掌握简单的技术动作，会说出简单的动作术语。 2. 形成正确的身体姿势，并保持正确的身体姿势。	1. 熟练掌握眼保健操的基本动作要领，掌握正确用眼的保健知识。 2. 具有良好的心理品质，表现出人际交往的能力与合作精神，提高对个人和群体健康的责任感，形成积极进取、乐观开朗的生活态度。	1. 学生在和谐、平等、友爱的运动环境中感受到集体的温暖和情感的愉悦。 2. 在经历挫折和克服困难的过程中，提高抗挫折能力和情绪，增强自信心，养成爱运动的习惯，能健康阳光地生长。
爱艺术 会审美	1. 在快乐中认识艺术，拥有简单的审美辨别能力。 2. 丰富情感体验，培养对艺术的兴趣爱好。	1. 作品内容丰富，富有生活情趣，有初步创新意识。 2. 积累情感经验，在探索中自主地演唱歌曲或创作绘画。	1. 提高想象力和创造力、增强审美意识和审美能力。 2. 感知不同艺术的门类特征，理解艺术与社会生活的关系。

节日目标	低年级	中年级	高年级
爱劳动乐生活	1. 尝试探索，有基本的动手操作能力，掌握一定的劳动技能。 2. 遇到困难时能帮助他人，有积极乐观的生活态度。	1. 具有积极的劳动态度和良好的劳动习惯。 2. 能和谐、融洽与人交往、乐于帮助他人，乐于分享，就不同的意见能与人商讨。	1. 主动参加家务劳动、公益活动和社会实践。 2. 拓展知识领域，增长生活经验，感受知识与生活的联系。能掌握与人交往的方法，用积极的方式解决问题。

四、"生态型童年文化节"基本原则与活动内容

节日是文化身份认同的重要载体，参与节日就是建立文化认同的过程，也是从个体到人与人关系的体验过程。推行"生态型童年文化节"是春城实小弘扬儿童文化、活跃校园氛围的有效途径。

（一）"生态型童年文化节"的基本原则

协商性原则——让学生们成为生态型童年文化节的主人。学生通过与同伴协商"创造"出自己喜欢的节日，共同设计、开展、总结，自己组织这些节日，让每一个学生都成为学校节日活动的主角。

实操性原则——在活动中提高学生的实际操作能力。结合生态型童年文化节开展丰富多样的活动，在活动中培养学生搜集资料、交流讨论、组织活动、总结思考等实际操作能力。

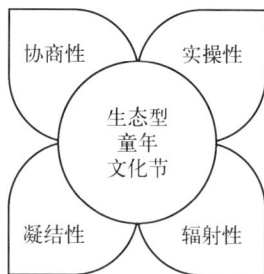

图 6-1 "生态型童年文化节"基本原则

凝结性原则——凝结学生和谐、团结、向上的精神力量。生态型童年文化节贴近学生生活，使学生感受到强烈的集体归属感和割舍不掉的文化认同，凝

结和谐、团结、向上的精神力量。

辐射性原则——将节日文化辐射到家庭与社会。生态型童年文化节不单单在学校推行，而是以学生带动家庭，以家庭辐射社会。通过"小手拉大手"的活动方式，将良好的节日文化在社会中广泛传播。

(二)"生态型童年文化节"的活动内容

学校从"儿童化传统节日""儿童化现代节日""学校主题性节日""童化造意节日"四方面入手实施生态型童年文化节，以多种渠道开发创新节日课程，活跃课程实施氛围。

1. 儿童化传统节日

中国的传统节日形式多样、内容丰富，是弘扬中华民族优秀传统文化和传承中华传统美德的重要载体。我们利用传统节日揭示传统文化的内在价值，弘扬民族精神，对加强小学生的传统文化教育具有很重要的意义。学校生态型童年文化节的传统节日安排如下：

表6-2　无锡市春城实验小学"儿童化传统节日"设置表

月份	主题	节日名称	活动
一月	趣玩春节	春节	窗花比美、春联对对碰、"花样"饺子、"我们的年夜饭"绘画比赛
二月	正月十五月儿圆	元宵节	做花灯、赏花灯、猜灯谜、花灯义卖
四月	一朝春醒，万物清明	清明节	"我和春天有个约会"郊外踏青、风筝手绘、放风筝
六月	"粽"享童趣	端午节	巧手包粽子，粽子美食鉴赏会
九月	花好月圆夜	中秋节	中秋故事会、制作手工黏土和月饼
十月	您陪我长大我陪您变老	重阳节	为自己的爷爷奶奶献孝心、"爱的抱抱"拥抱身边的老人
贯穿整学年	我们的节气	二十四节气	节气播报员，节气展示画

儿童化传统节日主要的特点就是实操性，儿童之间的讨论互动、竞赛互动、素质拓展训练互动等群体互动活动，也有助于少年儿童不断梳理和调整自

己的认知，强化正确的认识，充实和丰富自己。通过剪窗花、写对联、猜灯谜、包饺子等综合实践活动体验传统民俗，感受中华优秀传统文化的魅力，进而增强民族自豪感，弘扬学生的爱国之情。

2. 儿童化现代节日

现代节日充分展现的现代文明，体现了中国人民自立自强、尊重妇女等现代精神风貌，同时也对传统节日做了一些良好补充。学校生态型童年文化节的现代节日安排如下：

表 6 - 3　无锡市春城实验小学"儿童化现代节日"设置表

月份	主题	节日名称	活动
一月	舌尖上的元旦	元旦	煮蛋迎元旦，新年游园活动，制定新年计划
三月	今天我是妈妈	妇女节	为妈妈分担家务，为妈妈做一件小事，送妈妈一件小礼物
五月	劳动最光荣	劳动节	绘画"各行各业的劳动场景"美术作品、找找身边最美的人，分享一个劳动小秘诀
六月	缤纷童年，快乐绽放	儿童节	"六一"游园活动，一年级入队仪式
九月	遇见您，遇见美好	教师节	诗朗诵和舞蹈表演，讲一讲"我与老师的故事"，说句心里话
十月	我和我的祖国	国庆节	"我与国旗同框"摄影活动，学做小红军、勇走长征路，"我是骄傲的中国人"竞演，百米长卷书画活动

我们结合具体的现代节日确定活动主题，利用升旗仪式、"纯美少年"校园广播站、主题班会、黑板报等阵地宣传活动主题，由学生自主设计节日活动，通过生生互动、师生互动、家校互动等方式落实活动，充分发挥儿童主体作用，让儿童享受节日，乐在其中。

3. 学校主题性节日

学校里各具特色的主题节日，特具仪式感与教育性，它已成为学生们感受校园文化、陶冶情操、进行自我展示的一个舞台，培养儿童积极向上的健康心态，带给孩子一个阳光向上的美好童年。

表 6 – 4　无锡市春城实验小学"学校主题性节日"设置表

月份	主题	节日名称	活动
一月	安全学习	携一缕春风，与安全同行	食品安全宣讲活动，寒假安全教育，用电安全教育讲座
二月	科技创新	有趣，有料，有创新	组织学生参观科普教育基地，创作科学小发明，科学幻想画
三月	品格提升	不以善小而不为	主题班会讲雷锋，以少先队形式开展学雷锋活动，为对口支援学校学生献爱心
四月	阅读与生活	畅读童年，"阅"见美好	启动"书香校园"活动，校园诗词大会，交换图书，诗歌朗诵，评选"书香班级""书香少年"
五月	合唱艺术	歌声为伴，纯美于心	以班级为单位创编集体合唱，各年级组建一支年级合唱队参与学校展演
六月	体育健康	运动嗨翻天，逐梦想未来	短跑，长跑，扔铅球，立定跳远，跳高，足球嘉年华
十月	英语应用	精彩英语等你来秀	三至六年级创编和演出英语话剧
十一月	艺术审美	纯美少年"艺"起绽放	书法比赛，绘画比赛，器乐比赛，独唱比赛，舞蹈比赛
十二月	法治学习	我是小法官	邀请律师开展法治教育讲座，模拟法庭

　　学校主题性节日更具有辐射性，小手牵大手，开展童年文化节要充分利用各项资源，包括人力、物质。在设计活动方案时应考虑这些资源的数量及具体使用的要求，不仅有校内资源，还要有校外资源，包括家庭系统、社区系统、社会组织和机构以及社会教育场所。在不同的场所中进行不同的主题活动，对于少年儿童来说也是全新的体验，可以扩大他们的知识范围、加深认识程度，

使之能够理解事物和现象之间的因果关系及各种其他关系。

4. 童化造意节日

童化造意节日不同于公众认知的节日，它是为丰富儿童的文化生活专门创设的节日，是一个由全体儿童自主开发、共同参与的节日，其在儿童眼中的重要性不言而喻。童化造意节日安排如下：

表6-5 无锡市春城实验小学"童化造意节日"设置表

年级	主题	节日名称	活动
低年级	美食与生活	寻味无锡	欣赏无锡美景，实地探访美食
		我的校服我做主	设计校服，制作校服，校服走秀
中年级	体验非遗	我与非遗零距离	了解非遗，聆听非遗，触摸非遗，观赏非遗
	音乐与欣赏	我和快乐有个约会	各自组合乐队，自主安排音乐节各项事宜，举办操场音乐狂欢节
高年级	情绪管理	微笑你好 烦恼再见	微笑打卡，阳光心语，鸿雁传书，尽情释放
	文化创意	春城上新啦！	设计校徽 logo，制作学习用品、生活用品等各类文创，开展创意市集

学校通过"传统节日""现代节日""学校主题节日""造意节日"四种"生态型童年文化节"的设计与开展，让学生树立责任意识，落实公民教育，培植家国情怀，在实践中拓宽视野。①

五、"生态型童年文化节"行动路径

在新发展理念的引导下，春城实小不断地开发适合学生成长的生态型童年文化节，为学生的发展提供多维的成长空间。学校最大限度地优化资源，扩大学生对于节日的自主选择权，进一步陶冶学生的艺术情操，提升文化素质，培养积极向上的精神风貌。

（一）实施建议

1. 实现童年文化的超越性

儿童的生命指向具有超越性，这种超越性以未成熟性为基础。"每一个人

---

① 吴江宏. "一带一路手拉手，一班一国看世界"PBL晨会课程设计［J］. 华夏教师，2018（31）.

都有一个成长的过程，这个成长的过程在时间向度上便是童年，这个在时间向度上处于成长中的人便是儿童。"① 童年期儿童由不成熟走向成熟，这种不成熟是儿童实现自我超越、自我发展的基础："生长的首要条件是未成熟状态。" 作为人类幼体，儿童不仅蕴藏着无限的生长潜能，还具备宝贵的学习能力。在儿童身上，这种学习能力体现为本能的学习能力和原始的智慧。扎根在儿童生命土壤中的童年文化同样具备了超越性，儿童在童年文化节中能脱离外在目的的束缚，完全自主地充分表现出自己的能力，从而感受自我生命的超越，最终实现自我。这种自我实现感为儿童的精神世界灌注了巨大力量，成为儿童不断超越自我的精神动力。

2. 契合童年文化的自然性

自然是儿童的精神之源，童年文化中包罗自然万象。自然是儿童身体的"源头活水"。身体若得不到自然的滋养，儿童的生命便失去了天然的饱满与丰沛。尤其是处于信息化社会中的儿童，其身体迫切需要自然的涵养。儿童用整个身体"看"自然，倾听自然，触摸与感受自然，所有的经验沉淀成童年文化。童年文化是生成性的、流动的，时刻处在与世界的复杂立体的交流互动中。而在自然中，儿童的视觉、听觉、触觉与世界之间的通道的散开，直接参与精神的生成，这种"体知"所获得的不再是符号化的客观知识。身体也不只是被动地接受事物的刺激，同时还会主动地参与世界的互动，产生积极灵动的童年文化。

3. 满足童年文化的体验性

儿童的生命过程由无以计数的体验片段组成。儿童的成熟离不开直接经验的灌溉，小孩不怕跌倒，跌倒是他以他的身体融入周遭世界、干扰外在事物的秩序时必须付出的成本。但他从不计算成本，只因体验是他生命成长不能割离的血肉。孩子来到世间，充满好奇，勇于体验，原因并不是主观地为好奇而好奇，也不是单纯地为体验而体验，更不是他天生热爱知识要做个学问家。他的好奇与体验，他一切不计成本的努力，为的无非是生存与发展。儿童正是秉持着无畏且宽容心态，勇敢地在生活中不断尝试与归纳，习得生存之道，形成童年文化。

---

① 李姗泽，卢瑶. 论游戏精神对儿童生命的哺育 [J]. 教育与教学研究，2020（09）.

（二）组织管理

学校确立"相拥幸福童年 结伴自然成长"办学理念，成立以学校校长、书记以及分管德育工作的副校长为领导、学生发展中心为骨干的生态型童年文化节创意团队，建立以年级组为单位，班主任为主要实施力量，全体教师参与，形成全方位、全校性的"以儿童为本位"的学生发展体系。

（三）实践样态

1. 自己定方案

凡事预则立，不预则废。无论做什么事，事先有准备，就能获得成功，不然就会失败。让学生来制定方案，让每一个学生都能积极参与方案的制订，是生态型童年文化节的一项重要内容。首先由学校层面制定全校的生态型童年文化节活动方案，各个班级可以由学生投票表决选择最感兴趣的活动开展研究性学习。方案制定可分为三个阶段：一个是学生自主策划制定方案的阶段；二是交流展示阶段；三是修改定稿阶段。方案的制定，不仅是教师在指导，学生之间也存在一个相互学习的过程。让学生经历计划的制订过程，学生也会逐步学会制定计划提高策划能力，并使学生从规划活动逐渐走向规划人生，为学生的未来发展奠定基础。

2. 自己创活动

动手之前先动脑。计划的落实离不开充分而又细致的准备。生态型童年文化节展示之前的准备工作是千头万绪的，环境的布置、物品的采购、人员的分工、节目的准备等，稍有疏漏就会顾此失彼。做好活动前的充分准备，才能达到理想的效果。班级内分为各个准备小组，每组有小组长，组员有明确的职责分工。在活动中人人都是小主人，培养学生的责任心和担当。

3. 自己展风采

活动以生动活泼的形式展示汇报学生对生态型童年文化节的理解，人人都是参与者，人人都能秀一秀，学生在充分的经历体验中个性得到张扬，自信得到提高，创意得到激发。

（四）评价要求

为了使生态型童年文化节落到实处，使节日的韵味不至于骤然消失，在学生的脑海中能产生较为持久的印象，起到较为深刻的教育意义，我们根据生态型童年文化节制作了评价细目表。

表 6 - 6　无锡市春城实验小学生态型童年文化节评价细则

评价要点	评价标准	得分
协商性	根据学生的兴趣和身心发展规律确定主题	
	节日活动由学生协商设计、共同开展、总结	
	面向全体学生，让每一个学生都能充分展现自我	
凝结性	目标明确，有明确的导向性和时代特点	
	通过节日活动对学生进行传统教育、自我教育，学生在活动中有所得	
	学生情感态度、价值观得到提升，凝结学生和谐、团结、向上的精神力量	
实操性	结合学校具体情况精心设计节日活动，有特色有个性，操作性强	
	采取多种形式呈现活动方式	
	注重培养学生的实际操作能力，效果明显	
辐射性	节日氛围生动有趣，有效达成活动目标	
	学生了解不同节日的日期、由来等相关知识和文化内涵	
	以学生带动家庭，以家庭辐射社会，将良好的节日氛围在社会中广泛传播	

　　学校成立由学生、家长、老师三方面组成的评价小组，采取"自评""互评""家评""校评"相结合的办法，根据《无锡市春城实验小学生态型童年文化节评价细则》为每次节日打分，及时将评价结果向全体师生、家长和社会公布，并进行大力宣传和表彰，激励学生在生态型童年文化节中独立自主、积极向上，取得良好的育人效果。

第三节　生成式主题校园环境

　　儿童在入学前的行为是感性、随意的，走进校园后，小学校园环境所形成的文化氛围对小学生精神气质的涵养发挥着不容忽视的作用，它促使其向理智的状态转变。因此，要创建积极、快乐、健康的校园文化环境，将整个学校的文化发展成为一种符号性的狂欢，使校园文化能够发挥其强大的育人功能，让儿童在校园中能够快乐成长，不断得到发展。

一、问题指向

儿童的心理、智力等处于形成发展阶段，其不成熟性又对外部环境具有极大的好奇心、求知性。校园环境的优劣将直接或间接地影响小学生的心理、行为、性格的形成和发展。而现今有些校园环境缺乏新意、特色，学校应因地制宜地突出校园的文化性、历史性，从小学生固有的新奇性、群体性出发，营造一个促进学生德、智、体、美、劳全面发展，面向未来的信息化、现代化、人性化、社会化的优美和谐的校园环境。

（一）校园环境缺乏创新

现代社会是一个信息时代，迭代更新，知识内容的文化更新速度也非常快。有部分学校的校园环境建设还使用以前传统的方式，因循守旧，导致校园环境整体上效果比较单一、乏味，所呈现的校园文化也是千篇一律，没有新意。这样就不能提高学生学习的参与性和积极性，也会使得教师对于校园环境创建上产生漠视心理，难以进行校园环境的创新建设。

（二）校园环境缺乏特色

学校特色是展示学校办学理念的一个不断生成的过程，是教育本色基础上的一个长期沉淀的过程，是一代又一代全体师生全力以赴、努力创造的过程。但有些学校在进行校园文化建设时完全抛开学校特色，这样会导致校园环境空泛、没有灵魂，也就不能满足学生的实质发展需求，影响学生的长久个人发展。

（三）校园环境缺乏生成

很多小学在开展校园文化建设活动的时候，想的是这个活动的场面怎么样才会更热闹，没有把文化活动的主题带进学校的长远规划里面，这样就会让学校的校园文化缺乏生成性。校园文化作为每所小学的发展关键和学校的精神风貌，就需要不断开展带有自己特色的主题校园活动，生成鲜活的创建校园环境的资源，创建特色校园环境。①

---

① 符宏志. 小学校园文化建设的思考与探索［J］. 新丝路：下旬，2020（14）：1.

二、行动理念

刘献君教授曾说过：泡菜汁的味道决定了泡出来的白菜、萝卜的味道；同样，学校的育人氛围与环境影响了培养出来的学生的水平和素质。这就是著名的"泡菜理论"。[①] 生成型主题校园环境蕴涵着学校的办学理念和精神文化，让师生都能受到激励和启发，受到校园环境文化的终身熏陶。

（一）指向校园环境的主题生成是支持儿童快乐成长的重要条件

生成，在现代哲学中代表着一种过程性、关系性、创造性、差异性以及具体性的存在方式，代表着一种向新事物的演进。它作为一种过程性、交互性的思维方式，也是一种具身交互的认知范式，在对实践研究的意义探寻中具有重要的方法论意义。

1. 生成式主题校园环境是属于儿童的

校园文化的建设，形成良好的学习氛围，对学生的学习在无形中产生积极影响，使小学生能够愉快学习、轻松成长。所以，生成式主题校园环境"好不好"，不是由成人说了算，它是属于儿童的，应该呈现儿童喜欢的内容和关注的话题。

2. 生成式主题校园环境是可以生成的

在校园中儿童和环境是可以互动的，互动应该随时、随需、随心地发生。它可以是环境创设过程中儿童的动手制作而生成，也可以是在主题进程中的操作摆弄，还可以是学习进程、活动轨迹的记录与展示。

3. 生成式主题校园环境是多元立体的

首先，从布局上来看，教室内、走廊上、植物角、操场上……凡是儿童触手可及的地方，都可能成为主题环境的一部分。其次，从感官参与来看，环境的呈现不仅是"看得见"的，还可能是"听得到""摸得着"的。最后，从儿童发展来看，环境应该是支持学生健康、语言、社会、科学、艺术各个领域学习与发展的载体。

（二）指向校园环境的文化沉淀是支持儿童快乐成长的关键要素

儿童在幸福童年教育文化的浸润下，步入"符号"世界，将整个学校的文化发展成为一种符号性的狂欢。无锡市春城实验小学以"幸福童年，结伴成

---

① 朱云卿. 小学校园环境文化建设的实践研究［D］. 山东：鲁东大学，2015.

长"为办学理念，让每一个孩子都拥有幸福而有为的人生。基于幸福童年教育文化的符号狂欢，完善了知识结构，开阔了儿童视野，体现着幸福童年教育文化的生命活力。

（三）指向校园环境的育人功能是支持儿童快乐成长的终极目标

苏霍姆林斯基认为："创造良好的育人环境是教育过程中最微妙的领域之一。"校园文化具有较强的育人功能，主要表现为潜移默化、耳濡目染、暗示性和渗透性，生活在学校里的师生在不知不觉中接受校园文化中教育的陶冶。且学校教育的本质是进行文化交流与传播，使学生能够通过吸收文化价值而获得全面的人生意义体验。[①]

三、行动目标

校园环境文化有着特殊的隐藏教育功能，是学校的一门潜在课程。春城实小在校园环境的文化建设中，重视生成式主题的打造，生成型主题校园环境的校园特色也在一次次活动中慢慢地丰盈起来。

表6-7 生成式主题校园环境目标表

主题名称	培养目标
季节性主题环境	1. 从不同的角度，如花草树木、小动物、天气，进一步感知和熟悉四季的变化和特征； 2. 用不同的材料如彩笔绘画、黏土造型、皱纹纸粘贴、毛线缠绕等方式创造四季的变化，培养动手能力、创造能力和审美能力； 3. 体会到大自然的神奇之处，产生对美好生命的向往之情。
活动区域性主题环境	1. 感受、体验、了解各种职业，彰显学生主体地位，促进品格的养成； 2. 通过科技、美术、体育、美味坊、灵草堂等区域的创建满足学生的好奇心，开拓学生兴趣，培养学生的动手能力和综合实践能力。 3. 进一步培养学生爱国家、爱家乡、爱学习、爱劳动的情怀。
学科主题公园环境	1. 通过学科活动的环境创设，感受到各个学科的魅力，找到自己身上的闪光点和不足，互相学习，不断完善自己； 2. 锻炼语言交际和阅读能力，培养数学思维和创新能力，提高应用能力，了解国际文化和习俗，发展国际视野； 3. 增强学生对学习的兴趣，喜欢上学习。

[①] 刘西梓. 小学校园文化建设浅析［J］. 科学大众（科学教育），2019（05）：53.

主题名称	培养目标
期末校园环境展示节	1. 通过期末廊道文化提升建设活动，进一步发挥学生的个性特长； 2. 使学生在班级浓厚的文化氛围中受到熏陶，专心学习，获得新收获； 3. 养成坚持不懈、不怕困难、勤奋善思的品质。
教室月主题环境	1. 通过优秀作品栏、中队角、宣传栏、九宫格习惯养成栏等，日积月累学生养成好习惯，形成正确的世界观、人生观、价值观； 2. 培养集体意识，发挥学生的主人翁意识，增强学生的兴趣、特长； 3. 在集体中，感受到自己的价值和地位，不断进步。
全局性主题环境	1. 在环境布置中，培养学生感受美、表现美、鉴赏美、创造美的能力； 2. 培养学生健康的审美情趣、良好的艺术修养和追求幸福人生精神，促进学生全面发展； 3. 激发广大学生热爱艺术，勤奋学习的热情与动力。

生成式主题校园环境建设是幸福教育的生动的有力举措；是推进学校更具有内涵、更具发展性的有效探索；是彰显师生生命更快乐、更幸福的不懈追求。

四、行动思路

（一）结构与内容

1. 季节性主题环境

随着季节的变化，春城实小定期开展不同主题的学生活动，并不断更新环境布置。呈现绚丽多彩、彰显儿童情趣的校园生活，让学校真正成为师生共同生活和精神成长的幸福场所。

春季（探秘水生植物为主题）：春季，万物复苏。无锡地处江南，拥有三个国家级湿地公园和四个省级湿地公园。春城学子走进湿地公园、种植水生植物、写观察日记等丰富多彩的形式来生成环境布置的资源，进一步了解水生植物的生长规律。

夏季（夏日昆虫旅行记为主题）：夏季，校园的草丛中、树林中，到处都是各种昆虫的踪迹。同学们观察夏日昆虫，如蝉、蝴蝶、螽斯、蜻蜓、蚂蚁、蝗虫等，查阅资料，自己独立绘制自己的昆虫记，装扮教室，丰富知识。

秋季（秋日丰收乐为主题）：秋天，是成熟的季节，也是收获的季节。春城实小的学生亲身体验收割、采摘、挖刨农作物的劳作过程，从而制作富有创意又环保的手工作品，画出自己眼中的秋天，丰富学生的生活体验，从而装扮教室环境。

冬季（不怕冷的冬天为主题）：冬天，冷空气来袭。学生通过多种方式感觉动植物的变化，通过观察、调查、绘制等方式了解冬天动物们的习性，产生独有情感体验。

2. 活动区域性主题环境

儿童不仅是体验活动的主人，更是空间建构的主人。因此，通过座谈访谈、问卷调查等方式，多途径了解儿童对各行各业的兴趣爱好和活动需求，师生共同参与、开发，打造儿童喜欢的立体式场域——"春之城"立体式场域，我们将场域分为春之街、春之廊、春之馆、春之场这四个部分。

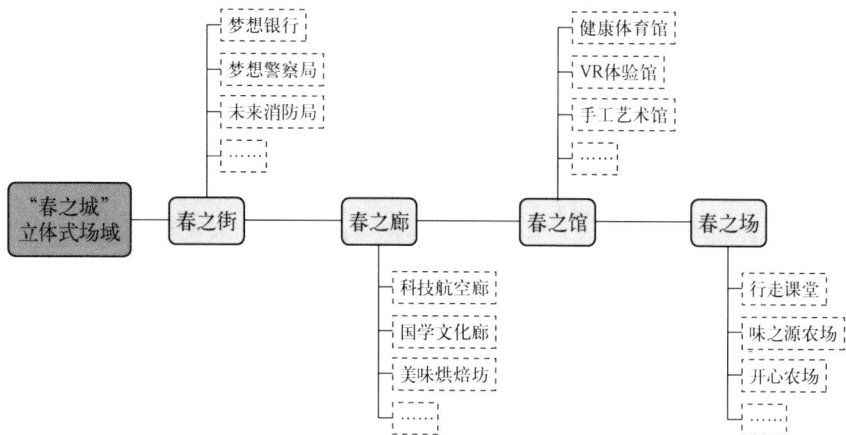

图6-2 "春之城"立体式场域

"春之街"有春之梦想医院、春之梦想警察局、春之梦想银行等。以职业启蒙实境体验创享行动为载体，开发职业体验劳动周课程，让儿童去感受、体验、了解各种职业，形成作品，丰富校园环境布置，促进儿童品格的养成。

"春之廊"有科技航空廊、国学文化廊、美味烘焙坊等。为满足学生的好奇心，开拓学生兴趣，学校二楼设置了七彩童年科技长廊，展示了生命的源起、航天技术的发展、信息技术的发展、军事天地、奇妙的大自然、中外科学巨匠、宇宙的奥秘等板块。

"春之馆"有健康体育馆、有声图书馆、手工艺术馆等。学校设有室内体育馆，占地面积为 3.2 公顷的操场，足球场、篮球场、乒乓桌、排球场、羽毛球场等基础设施十分完备。在完善的体育设施的加持下，通过"体育嘉年华""体育节""班级篮球联赛"等活动的开展，为同学们的课余生活增资添彩。

"春之场"有行走课堂、味之源农场、开心农场等。学校以培养"纯美少年"为目标，学生在"开心农场"中认领种植区域，开展以"播撒希望，种植梦想"为主题的种植活动，依托劳动，凸显学校"幸福童年"教育理念，促进学生全面发展。

3. 学科主题公园环境

学校积极开展语数英学科特色活动，由此丰富校园环境的生成。语文：学校三楼的传统文化国学长廊上分别介绍了非遗文化、国学大师、传统节日、国学典籍，屋顶的油纸伞上印着中国十大历史文化之名楼，美轮美奂，尽显学生们的文学素养。数学：学校二楼长廊的珠心算长廊和教室，结合珠心算数学组特色教育稳步推进，将珠心算教学与国家课程进行有机融合，已成为我校发掘文化的传承。英语："英语角"的设立能让学生们在轻松自在的环境中进行口语交流，谈论彼此感兴趣的话题，没有压力，不掺杂焦虑的情感，可以大大提高学生对于英语学习的兴趣，是校园文化的重要组成部分。

4. 期末校园环境展示节

各班以走廊为空间，学生参与为主体，在本班对应的走廊区域内，精心设计了主题鲜明、内容丰富的"期末冲刺"文化。一道道生动且文化气息十足的走廊文化风景，充分展示了学生天真活泼、昂扬奋发、拼搏进取的风貌。

5. 教室月主题环境

教室月主题环境的布置，每月内容要通过班队课师生一起商讨出来的一个主题，体现正确的奋斗方向，对全班同学起到激励作用。每月的教室主题环境布置一定要突出教育性，强调思想性。

6. 全局性主题环境

学生是学校的主体，学生文化是学校文化的主流。学校文化应以"学生文化"为载体，让青春风采溢满校园，使校园充满三声——动听的歌声、操场的呐喊声与琅琅的读书声。

提升科技节、艺术节、体育节质量、持续开展经典诵读活动、开展"班班有歌声，人人唱红歌"活动、开展丰富多彩的社团活动——通过演讲、舞蹈，动漫，乐器等来丰富学生的课外生活，打造多元文化校园。

（二）行动计划

1. 季节性主题环境

校园里四季交替、万物变化。春天万物复苏，校园里的环境布置和万物一样生机勃勃；夏天的校园奔放、热情，校园里的小昆虫们给文化布置带来了不一样的灵感；秋天落叶纷飞，校园成了一个金黄色的世界，留下最美的回忆；秋去冬来，毅然不屈的植物带给校园肃穆顽强的风景。

表6-8　季节性主题环境

季节性主题	行动方案
春季：（探秘水生植物为主题）	1. 学生走进湿地后，对植物进行观察，制作水生植物再力花、旱伞草等植物生长卡，进行展板布置，在长廊里展示。 2. 各班进行水生植物的培养，如绿豆、大蒜、白掌、绿萝等，用日记或照片的形式记录生长过程，布置在教室的后墙上。 3. 学生收集自己喜欢的叶子和花，制作叶子画，贴于教室前墙的最佳作品栏。 4. 制作铜钱草生态瓶：根据铜钱草小鱼等材料制作生态瓶，挂置在侧面墙面上，坚持对生态瓶进行管理和观察，并撰写观察日记进行总结。
夏季：（夏日昆虫旅行记为主题）	创设《蚂蚁王国》《昆虫家族》《昆虫的秘密》三个内容板块。 1. 科学区《昆虫大变身》：学生观察的昆虫外形特征与生活习性，用树枝、叶子、黏土等材料拼出各种昆虫的身体结构及生活习性。 2. 数学区：提供迷宫和蚂蚁的纸面教具，学生用棍子模拟蚂蚁搬豆的情景，按照洞穴标注的数量要求，将洞口的豆豆运送到洞里。 3. 美工区《瓶盖昆虫》：提供七星瓢虫、蜜蜂、蝴蝶、甲虫等图片素材以及瓶盖等手工材料，让孩子根据步骤图顺序制作瓶盖昆虫。

季节性主题	行动方案
秋季：（秋日丰收乐为主题）	走廊地面（地面画上"秋天的水果""秋天的田野""秋天的花儿""秋天的动物"），层次分明，进一步加深学生对秋季的认识。 吊饰（捡拾的秋天各种颜色的落叶，农作物），进行悬挂，五彩缤纷，美不胜收。 教室内各活动区的创设： 1. 前墙：主题《秋收畅想画》 （1）张贴学生作品画：创设《秋收畅想画》主题画面。 （2）张贴学生外出收割农作物的照片，收集的图片等。 2. 侧墙：主题《秸秆贴画护地球》 张贴有关《秸秆贴画护地球》的学生作品，让学生做班级小主人，充分发挥学生的主体性和主动性，参与创设班级环境，如讨论、制作和布局等，从中感受到自己的成长。 3. 后柜展示作品区： 展示学生创作的葫芦画和做的南瓜灯，以及挑选农产品并自己制作一道美味菜肴的心得、日记或是照片，形式多样，进一步感受秋收的喜悦。
冬季：（不怕冷的冬天为主题）	创设《取暖的方法》《冬天的树》《动物过冬》三个内容板块。 1. 学生自主调查了解冬天的取暖方式，通过图片和文字结合的方式，形成调查报告，布置展板，体验人体与季节的联系。 2. 学生收集一些冬天的树叶或是拍出冬天的景色，进行树叶贴画及照片的装饰在教室的后墙上，展示不同季节的美。 3. 学生绘制海报展示冬季动物冬眠、换毛、迁徙、储存粮食，展示在板报上，让更多的学生了解冬天的动物习性。 4. 学生自主动手做小鸟过冬的屋子，挂在长廊上校园的树上，温暖小动物。

校园环境的布置跟随着季节迭代更新，不断生成，带给学生不同的魅力感受，让他们在校园中自由、健康快乐成长，放飞青春的梦想。

2. 活动区域性主题环境

借助"春之场"，组织儿童在节假日、寒暑假，通过走进"春之场"实践基地调查行业现状，体验行业尖端发展。① 同时，在"春之街"持续推进"'纯美少年'职业启蒙实境体验创享行动"系列主题活动，生成了一幅幅、一件件美妙绝伦的作品，在校园中展示、交流、评价，融会我校独特个性的环境布置，也提升了纯美少年品格。

---

① 余昕祎. 职业启蒙：小学生品格提升的重要途径 [J]. 中小学班主任，2022（01）：53.

表 6 - 9　活动区域性主题环境

年级	行动方案
一年级	介绍自己带到学校的绿植，为它们画一张名片，装扮植物角。做一张树叶贴画来装扮教室。
二年级	学生通过制作手抄报，记录自己的美食寻访经历及实践过程，在老师的指导下利用超轻黏土制作无锡特色美食模型，用七彩画笔绘制一幅幅生动有趣的美食地图。
三年级	开展了"环保小卫士""诚毅小交警"等活动，学生在家参观小区垃圾分类站，了解垃圾分类知识，再用环保材料制作出分类垃圾桶，绘制垃圾分类宣传海报，将分类垃圾桶放置于校园各楼道处，以此环境布置渲染环保意识。
四年级	开展了"仁爱小夫子""探秘水生植物"等活动，学生通过观察日记、制作种植手册等方式记录水生植物，还制作叶子画，展示在长廊里，在互相交流中学习了水生植物的生长规律。
五年级	开展了"金牌小厨神""仁心小医者"等活动，巧手设计点心包装袋（盒）。
六年级	开展了"灵草小神农"等活动，参与四楼"灵草园"的揭牌仪式，并近距离观察已种植的草药，自制保健宣传单、常见草药知识卡片制作等。

创设与主题相适应的区域环境，开展主题性区域活动，使两者有机地融合，最大程度实现主题活动的教育潜力，有效促进儿童各方面能力的发展。

3. 学科主题公园环境

学校积极开展各学科特色活动，由此丰富校园环境的生成。

语文学科结合国学长廊推行"读书节""书香校园"系列活动，着力打造"诚毅"诗社、有声图书馆万卷书阁，用书香浸润童年。

表 6 - 10　学科主题公园环境

年级	主题思想	行动方案
一年级	增强学生写规范字、用规范字的意识，激发学生对中华文化的生命力有坚定信心。	一年级举行了"落笔留香"书法比赛活动，在国学长廊展示学生硬笔书法风采。
二年级	用成语传播华夏历史文明，提高表达能力与交际水平，感受语文的优美。	二年级进行成语大会，拍照留影，并将演讲稿一起展示于国学长廊。
三年级	提升学生观察世界，并把自己觉得印象最深、最受感动的内容说清楚，弘扬优秀中华传统文化，提升学生的语文核心素养。	三年级举行了"感恩父母"演讲比赛活动。展示演讲稿和父母一起的温馨照片，用自己稚嫩灵巧的双手，多为父母做一些力所能及的事情。
四年级	锻炼学生在习作中运用自己平时积累的语言材料，能正确运用标点符号。在学习生活中能用语文结合其他学科解决问题。	四年级利用"3. 12"植树节开展征文活动，获奖的作品于国学长廊展示。唤起同学们爱护环境，与自然和谐共处的绿色文明意识。
五年级	提升学生的阅读和鉴赏能力，在理解的基础上，提出自己的看法和判断，受到优秀作品的感染和激励。	五年级举行了课本剧大赛，与书为伴，与经典为友，与博览同行，展示剧本。
六年级	提升学生了解查找资料、运用资料的基本方法，并能运用多种方法整理和呈现信息，解决学习和生活相关问题。	六年级组织开展了以"我爱阅读"为主题的读书活动，活动形式主要以读书手抄报展评。

　　数学学科每学期在珠心算长廊，进行数学文化周的主题活动，通过开展丰富多彩的数学活动，让同学们在活动中提升思维，在挑战中享受快乐，在参与中拓宽视野，以此落实"人人学不同的数学，人人学有价值的数学"的基本理念。

表 6–11　学科主题公园环境

年级	主题思想	行动方案
一年级	提升初步形成的数感、符号意识和运算能力。能辨认简单的立体图形和平面图形，提升初步形成的量感和空间观念。能解决日常生活中的简单问题，对数学学习产生兴趣并树立信心。	计算达人（口算）； 七巧板、魔方； 《拼组图形》。
二年级		计算达人赛（口算）； "有趣的测量"、七巧板、魔方； 《数学绘本故事》。
三年级	提升数感、运算能力和初步的推理能力。提升量感、空间观念。能发现生活中的分数和小数有关的数学问题，探索分析和解决问题的方法，锻炼学生的模型意识、几何直观和应用意识。	计算达人赛（口算、估算、笔算、四则运算、简便计算）； 图形拼贴画、魔方； 《生活中的小数》。
四年级		计算达人赛（口算、估算、笔算、四则运算、简便计算）； 最美轴对称、魔方； 《数学趣题》。
五年级	提升符号意识、运算能力、推理能力。锻炼学生量感、空间观念和几何直观。应用数学和其他学科知识与方法解决问题，积累活动经验，提升应用意识和创新能力。	计算达人； 索玛立方体、数独、汉诺塔； 《数学小故事》。
六年级		计算达人赛； 索玛立方体、数独、汉诺塔； 《节约用水》（各班通过前期的调查研究，交流汇报，综合分析相关数据，完成相关研究报告，用数据来述说了节水行动的重要性）、《思维导图》。

创设校园环境，与学科内容最大限度地融合。既有理智游戏，又有游戏过后的符号狂欢。让儿童潜移默化地、快乐地爱上学习。

4. 期末校园环境展示节

总体要求：教室环境的布置上，要注重整洁、新颖、活泼、美观、大方，凸显班级特色。

表 6-12 期末校园环境

布置项目	行动方案
班务栏	内容充实完整，级部统一。
外墙文化	学生优秀试卷展示，学生励志名言，复习方法指导，学生期末学习目标展示，身边的榜样（××之星或××标兵）。
后墙文化	公约文化，小组文化，管理文化，我行我秀。
讲桌文化	内容、格式和位置年级统一要求。
课桌文化	必须有励志卡（级部统一印制），物品摆放级部统一标准，摆放规格级部统一，可布置姓名贴。
格子柜文化	干净、整洁，物品整齐，可有姓名贴。

通过廊道文化提升建设活动，进一步发挥学生的个性特长，彰显班级的班风、学风，优化、美化了班级环境，营造浓郁、激人奋进的学习氛围，使学生在班级浓厚的文化氛围中受到熏陶，专心学习，获得新的收获。

5. 教室月主题环境

教室月主题环境的布置对于学生有着潜移默化的教育意义，一定要突出教育性和思想性，同时要发挥学生的积极主动性。

表 6-13 教室月主题环境

布置项目	行动方案
板报	体现班级一个阶段的发展主题，起舆论导向作用，定期更换，美观丰富。
主题宣传词	可选自重要文献或名人名言，2—4 条幅，不宜过多。
图书角	以书架或书柜摆放，设专人管理或轮流管理，借阅制度要清楚，严格执行。
九宫格好习惯打卡栏	由听得清、问得明、答得响、写得好、吃得静、赏得雅、坐得稳、站得直、行得正。这九个方面渗透在学生的日常生活中，进行评价贴星。
中队角	有中队名，一个学期的中队活动、中队口号、中队组织、辅导员寄语。展示队员风采、队活动作品展示、队活动风采展示。

各项具体布置任务，学生要有主人翁意识，发动更多的同学去承担，特别要注意发挥同学的兴趣、特长。教室布置如需进行大的调整，甚至"更新换代"，一定要经过班委会和全班同学的讨论，要体现集体的意识。布置教室的过程，也是一个教育过程。

6. 全局性主题环境

为充分展现春城学子积极向上的良好精神风貌，进一步丰富校园文化生活，全力营造雅趣的校园文化氛围，通过开展一系列文化艺术活动，激发广大学生热爱艺术，勤奋学习的热情与动力。

表 6－14　全局性主题环境

活动名称	主题思想	行动方案
艺术、体育、科技节	弘扬时代主旋律，融科技、文化、思想性和艺术性于一体，充分展现我校学生的风采，打造青春飞扬校园。	1. 用多彩的画笔在环保的理念下描绘具有国风的纸袋画，如各具特色的传统节日，丰富多彩的国学文化，妙趣横生的曲赋戏剧等。经过刻画和打磨后的纸袋成为展览柜上的艺术品； 2. 各班进行"我与运动体育节宣传海报设计大赛"，A4纸、上色、画面整洁干净，注明班级、姓名，评委评选出最佳作品并展示在学校大通道内。各班对于操场站位区域的站牌进行设计、布置； 3. 以"未来科学"为主题，可选用图形化编程、Word、PPT、画图等多种软件进行数字作品创作，作品可以为数字绘画、数字小报、网页设计等形式，展示在一楼大通道。
经典诵读活动	增强学生民族自豪感，提升学生的道德文化素养，打造琅琅书声校园。	自主设计舞台饰品，如灯笼、花艺、服装等；设计文化徽章，可以有彼岸花、斗笠、文房四宝等元素，作为比赛时的摆设。
"民族大联欢，民歌大家唱"活动	激发爱国、校情怀，振奋积极进取的时代精神，打造优美的歌声校园。	利用网络搜集民歌相关知识，以图画、小报、音乐手账等纸质方式呈现。
社团活动	通过舞蹈、管乐、编程等来丰富学生的课外生活，打造多元文化校园。	设计各社团的 logo 和宣传手册进行文化解说，介绍理念、特色；设计横幅，展示社团形象；布置社团展板，用文字、图片、摄影等方式。

在环境布置中培养学生感受美、表现美、鉴赏美、创造美的能力，充分展现出学生的快乐童年生活，激发学生对艺术的兴趣和爱好，培养学生健康的审美情趣、良好的艺术修养和追求幸福人生精神，促进学生全面发展。

（三）评价

校园环境的评价从多方面有针对性地进行，综合全面考察环境建设。由年级组长实地参观，进行点对点反馈。

表 6－15　校园环境布置评价表

项目	指标	评价内容及参考分值	得分
季节性主题环境	陶冶（10分）	根据季节变化，校园环境更新迭代，特色鲜明，布局合理。	
	浸润（10分）	校园环境整洁，制度完善，功能齐全。	
	赋能（10分）	宣传栏、长廊、门厅等彰显学校季节性人文特色。	
	践行（10分）	有师生群体智慧和通力合作的成果和作品展示。	
	融合（10分）	长廊、装饰物、提示牌等人文景观体现师生共同价值追求。	
活动区域性主题环境	陶冶（5分）	与学校文化特色保持高度一致，具有鲜明主题且有机兼容。	
	浸润（5分）	能够根据不同年龄学生特点布置，新颖别致，富有童趣。	
	赋能（5分）	有反映师生积极阳光生活内容，艺术性和思想性统一。	
	践行（5分）	慧心酿造，巧手雕琢，集思广益，用常见物品诠释别样精彩。	
	融合（5分）	物尽其用，传统与现代交织，节约与创意共生。	
学科主题公园环境	陶冶（5分）	楼道长廊结合各学科活动，生成丰富多彩的作品，个性鲜明。	
	浸润（5分）	具有学科特色，有吸引力，富有宣传意义。	
	赋能（5分）	激发学生对于各学科兴趣和潜力，进一步发挥学生创造力。	
	践行（5分）	通过学科主题公园的布置，涉猎广泛，展示学生多面风采。	
	融合（5分）	师生共同设计活动及作品展示，具有多元化、育人功能。	

项目	指标	评价内容及参考分值	得分
期末校园环境展示节	陶冶（5分）	注重整洁、新颖、活泼、美观、大方，凸显班级特色。	
	浸润（5分）	彰显班级的班风、学风，优化、美化班级环境。	
	赋能（5分）	营造浓郁、激人奋进的学习氛围，在班级浓厚的文化氛围中受到熏陶。	
	践行（5分）	通过廊道文化提升建设活动，进一步发挥学生的个性特长。	
	融合（5分）	通过楼道文化学生专心学习，获得新的收获。	
教室月主题环境	陶冶（5分）	设计体现儿童特点，风格协调，整体性强。	
	浸润（5分）	班级有中队角、九宫格好习惯打卡栏，制度上墙，营造浓郁育人氛围。	
	赋能（5分）	班级布置具有文化内涵，体现学生主体，展示良好班风。	
	践行（5分）	融入学生智慧，有学生作品展示栏，具备交流学习功能。	
	融合（5分）	师生衣着整齐、干净，谈吐文明，待人接物有礼貌。	
全局性主题环境	陶冶（5分）	艺术气息浓厚，体现培养阳光健美的世界公民理念。	
	浸润（5分）	校园布置整体协调、美观、大方、富有生机。	
	赋能（5分）	体现学生的德智体美劳，多方面能力。	
	践行（5分）	有符合主题的学生作品，体现创意、美观。	
	融合（5分）	融合学校特色，富有教育意义。	
您的建议			总分

生成式主题校园环境的创建，高视角立意，低重心操作，使环境塑建、生成式主题、文化活动、教育意义有机融合，内容丰富，时时处处体现着校园环境的生机勃勃，快乐幸福因子，点点滴滴都生发着教育的价值追求。

第七章　培养圆梦教师团队

圆梦教师形象的提出，呼应了国家对教师队伍专业发展的需求，也代表了服务学生发展的新时代教师素质的方向。基于此，我们在幸福童年教育改革的实践中，积极思考圆梦教师团队的内涵与标准建构，建构学校和教师自我发展两个层面的平台和制度，不断深入推动教师发展行动计划，形成了学校教师发展校本化的探索与研训体系。

第一节　圆梦教师团队的内涵与成长向度

教师承担着学校教育的实际任务，教师素养决定了学校教育的质量，影响着教育的品质；提升学校办学品质、促进学生身心健康发展和提高学业成就的关键在于教师。在春城实小，"圆梦"包容涵盖了教师团队的专业表征。"圆梦"既揭示明晰了教师团队普适性的教育使命，又强调了学校教师团队校本化的特殊使命。当教师以"圆学生幸福童年之梦"为己任，在成就学生的同时，也成就了教师的专业发展。可以说，圆梦教师团队的发展，也是在构建形成幸福童年教育理念下新型教师文化。基于这样的思考，我们需要进一步明确圆梦教师团队的内涵，赋予其校本化的成长向度。

一、幸福童年教育需要高素质的教师团队

幸福童年教育是具有实验性、探索性，需要专业支持的新型教育模式探索。在学校的教育生活中，我们追求每一位学生都能拥有快乐的童年，拥有快乐的童年经历，显然，幸福童年教育需要高素质的教师团队。

（一）追求幸福人生的教师

康宁、杨东平等指出，教育就是"把教育与人的幸福联系起来，与人的自由联系起来，与人的尊严联系起来，与人的终极价值联系起来，使教育真正成为人的教育，而不是机器的教育；使教育不只是人获得生存技能的一种手段，而且还能成为提升人的需要层次、丰富人的精神世界的一种途径。以现代人的精神培养现代人，乃是以人为本的应有之义"。① 教育的本质在于促进人的生命成长。学生作为拥有完整生命的个体，需要教育呵护其心灵、人格的完整。学生的学校生活不是简单地获得知识，而是身体成长、情感丰盈、精神陶冶、能力提升、知识积累等多维度立体化成长。因此，教师首先要把追求幸福人生作为人生与职业道路的终极目标，无论是自身发展还是评价学生的维度，都要尊重人的全面发展，才有可能实现幸福之梦。

（二）真正理解儿童的教师

在教育实践中，教师切身体验着教育的复杂性和不确定性，教师面对着个性十足、充满鲜明活力的儿童，势必面临着丰富多样的问题。教师作为教育教学活动的组织者，担当着关照学生心灵与成长前景的使命。学生之于教师不是简单的工作对象，而是教师在职业生涯中重要的陪伴。教育教学活动是师生二者重要的共同生命经历，学生的成长对于教师而言不仅是职业工作意义上的完成，更是对于儿童的守护与关照。教师要关爱学生、懂得学生、尊重学生，才能与学生产生心灵上的共鸣，在给予他人关心与爱的同时，实现自身的磨砺与成长。师生在教育场域中的共鸣建立在教师对教育原理透彻的理解之上，也建立在教师将学生的幸福作为至高追求的信念之上。

（三）执著童心崇拜的教师

在充满挑战的教育实践中，教师必须始终坚定对儿童立场的坚守，充分尊重儿童的主体地位和童心之"美"，执著童心崇拜，将教育规律转化为教师的行动准则，凝结实践中的智慧，方能实现学生幸福的愿景。圆梦教师团队正是以实现学生幸福童年作为奋斗目标与终极梦想，为教师和学生的发展滋生了强韧的凝聚力，为幸福童年教育提供了更多的可能与实施途径。

---

① 康宁，杨东平，周大平，周作宇. 教育理念的反思与建设［J］. 教育研究，2003（06）：12.

（四）富有教育智慧的教师

教师的教育智慧在教育教学活动中，决定着是否能保护好学生的个性，充分发挥学生的潜能，为儿童的全面发展赋能。教师要不断学习、掌握和创新教学方法，让学校教育充满生机与活力。教师的教育智慧在学校教育生态中发挥着举足轻重的作用。学校的高质量发展之梦，与教师的发展密不可分。扎根春城实小的教育生活中所形成的教师教育智慧，能够为圆梦教师的专业发展提供新的路径与方向，让教师的专业能力与合作能力得到提升，促进教师队伍不断优化。

二、圆梦教师团队的内涵与校本特征

叶澜早在 20 世纪末就提出，未来教师应该拥有对人类的热爱和博大的胸怀，对学生成长的关怀和敬业奉献的崇高精神，良好的文化素养，复合的知识结构，在富有时代精神和科学性的教育理念指导下的教育能力和研究能力，在实践中凝聚生成的教育智慧。[①] 这就为教师角色转变提供了目标与方向，教师除了扮演好教育实践者（而不是教书匠）的角色之外，更要富有适应时代与学生需要的特征与内涵。幸福童年教育视野下，学校圆梦教师团队也有其特有的内涵与校本特征。

（一）圆梦教师的内涵

1. 有坚定国家教育意志的教师

在学校教育中，负责贯彻落实国家教育意志的就是教师。因此教师要明确自身价值与社会价值的统一，要明确自己是国家意志的体现者和践行者，更要充分认识到作为国家意志代言人的使命。在义务教育阶段，儿童的全面发展、健康成长是教育中最关键的核心因素，也是提升教育教学质量的前提与条件。圆梦教师作为体现国家教育意志的重要角色，必须坚定信念，不断提升自身素养，锤炼教育品格，确保国家教育意志能够不折不扣地贯彻与落实，并以实现幸福童年之梦为己任。

2. 有服务儿童发展情怀的教师

圆梦教师的服务对象是身心发展还不够成熟的儿童，在其成长的过程中，势必需要教师倾注心血，并且有着专业过硬的素养。如果教师没有奉献的精神

---

① 叶澜. 新世纪教师专业素养初探 [J]. 教育研究与实验，1998（01）：46.

与服务儿童发展的情怀，会直接影响其教学质量与效果，儿童很难形成良好的身心行为，也体会不到成长与学习的快乐。这就要求教师要加强服务儿童全面发展的意识，为促进儿童素养进阶、身心健康发展打下良好基础。圆梦教师的追求与定位，也是为儿童幸福成长服务，为儿童的生命成长添色，这也对教师的专业素养和水平提出了更高的要求。

3. 有担当学校教育使命的教师

"相拥幸福童年，结伴自然成长"是所有春城人共同的追求与教育使命，圆梦教师要肩负起学校的育人使命，既要做好教育教学工作，更要全身心地投入到与儿童共同成长的教育蓝图中，肩负起自己的教育使命与担当。教师要了解儿童、研究儿童，遵循教育基本规律，提升教学技能。为每一位儿童提供高质量并适配的教育，是每一位圆梦教师必须具有的自觉追求。圆梦教师对自身的教育使命和角色定位要有深入的认识，并不断迸发出前进的内驱力，才能把学校的教师团队推向专业化发展的良性进程中，充分释放其引领驱动作用。

（二）圆梦教师团队的专业属性

当教师个体有了自己的定位与追求，学校教师团队需要更多专业的交流与协作，才能真正实现教师团队的高质量高水平发展。圆梦教师团队不仅需要个体的积极参与，还需要有专业的引领与提升，才能定位团队的专业属性，有效提升教师团队和团队成员的专业素养，从而推动圆梦教师团队的高水平成长。

1. 前瞻教育视野

教师对教学应具备前瞻视野，并明晰教育改革和发展的方向。教师既要全面了解国家教育改革政策，也要深入领会本校教学要求，更要客观掌握班级教学现状。这就需要圆梦教师转变传统思维，不断学习了解现代教育教学理论、前沿的课程改革教育理念，开拓自身的前瞻视野和全局眼光，方能完整全面地看待学生长远发展的维度与要素，方可更好地落实学生的教育教学工作，通过多种方法激发学生学习兴趣和参与教育活动的积极性，以此全面培养和提升学生的实践能力和综合素养。

2. 本真专业信念

教师的专业信念，能够帮助教师用专业的视角看待自己的本职工作，并且保持虚心好学的心态，做好职业生涯的谋划与考量，在面对挑战与机遇的时候，都能沉着应对，打下扎实基础。圆梦教师所追求的教育愿景与职业目标，要求教师始终保持初心，有着本真的心态，可以不受外力所干扰，纯粹出于自身的教育信念与教育理念，坚定地守护儿童立场，服务于儿童发展本身。这样本真的专业信念，是圆梦教师成长轨迹中重要的组成部分，也是教师主动积极地为儿童幸福成长进行自我审视与自我规划，形成良性持久的专业自觉与专业视野，以及自身长期发展的前提与精神底色。

3. 宽广为师胸怀

圆梦教师应有着乐于奉献、甘于守候的精神与胸怀，才能在面对繁杂的教育教学任务时，始终保持良好的心态与积极的追求。圆梦教师要能够紧扣时代脉搏，树立正确的育人观，立足春城实小的教育实际，主动应对各种挑战及压力，始终以包容的心态及宽广的胸怀去接纳儿童成长过程中的点点滴滴，用自己广博的视野和健全的心智去呵护儿童、引导儿童，逐步提升教育教学质量，良性引导学生进阶成长，实现育人目标，守护学生的幸福童年。

（三）圆梦教师团队的校本特征

随着圆梦教师团队的深入发展，圆梦教师团队的校本需求和校本特色愈发受到重视。春城实小的圆梦教师团队，始终以追求幸福童年教育为终极目标，追求幸福童年愿景，以儿童文化情怀驱动自身主动成长，并在成长进程中逐渐确立其鲜明的校本特征，锻造卓越教师团队。

1. 幸福教育愿景

幸福童年教育的理想场域，应时刻关注学生的幸福、学生的生活、学生的尊严，乃至学生的心灵。因此，教师角色就被自然而然地赋予了幸福教育的新内涵。圆梦教师团队应该具有幸福教育愿景，在日常的教学实践中，教师要始终体现出对学生身心状况的关怀，对学生尊严的自觉维护，对学生个体发展与成长给予鼓励和帮助。用一句通俗的话来概括，就是要关心学生、爱护学生、尊重学生。

2. 儿童文化情怀

传统的教师角色只要求教师做好教学和管理工作，而幸福童年教育认为教育是指向生命完整的活动，生命性在基础教育阶段更应该被强调。这是因为基础教育的对象是处在人生童年期和少年期的学生，他们一方面因为年幼、缺乏生活经验，需要学习；另一方面又处在生命中充满活力和潜力、多方面都需要发展和具有多种发展可能性的重要时期。圆梦教师应具备儿童文化情怀，对儿童生命中这一重要而又特殊的阶段，无比珍视与重视。关注儿童原本的面貌，正视儿童应有的高度，应进入圆梦教师的视野，也是儿童文化应有的情怀。圆梦教师不仅应有儿童视域的关照，还应具备儿童文化的修养与情怀。基于儿童文化情怀的教学才是有生命力的，才是适切每一位儿童生长的。

3. 主动发展使命

传统教育模式下教师鲜有自己创造探索的余地和权力，他们只能严格按照课程标准、教学计划和教科书的要求，按部就班地、机械地将知识灌输给学生。这种机械刻板的教育模式，背离了教育所应有的赋予人完整发展的意义，忽视了教育促进个体生命成长与发展的功能。圆梦教师团队教师角色的首要转变，应该是实现从机械的教书匠转向教育变革者的转变。这就要求教师不仅要具备较高的学科素养和专业知识，更需要具有主动发展的使命与变革的意愿。圆梦教师不再是被动地开展教学活动的人，他们是主动的、积极的、探索的新型教师，是激发学生生命成长与发展潜能的教师，是乐于研究勇于创新的教师，是重视探索自己职业生涯个性化成长之路的教师。

4. 卓越集体形象

面对当今日趋复杂严苛的教育现实，要在日复一日的教育实践中避免职业倦怠，实现高品质教育，教师必须不断提高自身的学识和修养，并不断追求卓越，才能自如地应对不断变化的时代和社会对教育所提出的新要求、新目标，才能真正读懂儿童，组织真正具有生命力与吸引力的教育教学活动，唤起儿童对生活的热爱，体味到学习的快乐，成为儿童成长之路上的榜样和引路人。圆梦教师团队作为春城实小教育活动的直接执行者，要为胜任新时代教育者角色做充分准备，成为学校教育活动的策划者、承担者、指导者和评价者。因此教师势必要具备优秀的能力，并且能够不断进行反思与提升，与同伴之间交流研讨，始终保持教育的专业性和前瞻性，为实现幸福童年教育奠定坚实的根基。

三、圆梦教师团队的成长向度

圆梦教师团队的成长是推进和深化幸福童年教育的重要环节与要素。圆梦教师团队蓬勃发展，促进高素质教师人才脱颖而出，才能真正培养"全面发展的人"，真正"圆学生的幸福之梦"。教师发展的路径固然是多样的，但也有方向可循。在校本化的实践与探索之中，我们认为博爱之心、守望之心、超越之心、至善之心、共荣之心是圆梦教师团队成长的五个向度。

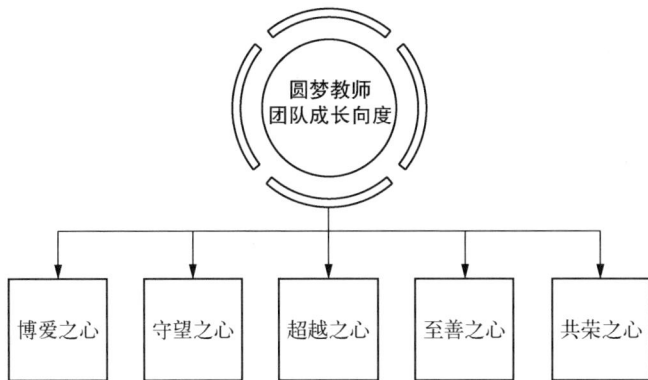

图 7 - 1　圆梦教师团队成长向度结构模型图

（一）博爱之心

人是教育的出发点和归宿。幸福童年教育始终关注学生全面健康的成长，追求圆学生的幸福之梦。因此教师要始终关注学生的身心发展，才能让学生拥有幸福的童年。"每个学生都是完整的生命体，学生的成长过程是一个从真善美走向真善美的过程，对学生的教育过程是一个生命价值的实现过程。"① 每一个个体的生命价值都具有不同的色彩，正如世界上没有两片相同的树叶一样，每一个孩子所展现的资质和隐藏的潜能都是不同的，教师不能只把目光和注意力停留在"智"上，这是不科学也不现实的。提出多元智能理论的加德纳认为："实践证明每一种智能在人类认识和改造世界的过程中都发挥着巨大的作用，具有同等的重要性"。② 我国也素来强调培养学生德、智、体、美、劳五育融合发展。圆梦教师团队的每一位老师，都要努力树立正确的儿童观，平等关切每一位学生，以博爱之心对待每一位学生，才能有学生的幸福成长。

（二）守望之心

每一位儿童的成长过程都是复杂的，如果教师依然沿袭旧的思维方式与理念，那么其看待学生的方式与教学方式也不会发生变化，这样就阻碍了学生的

---

① 周波，黄培森. 关注个体差异：教育过程公平的路径选择 ［J］. 河北师范大学学报（教育科学版），2017，19（01）：93.

② 钟志贤. 多元智能理论与教育技术 ［J］. 电化教育研究，2004（03）：8.

全面发展。儿童的个性与灵动，都会对教学效果产生一定影响，使得教学活动永远处于一种动态的变化中。幸福童年教育以人为本，始终尊重儿童立场，以儿童幸福体验与经历为考量，其过程势必呈现出复杂性与不规则性。儿童成长势必要经历一个曲折而漫长的过程，圆梦教师团队的教师必须有守望之心，不断学习，不断充实自我，真正地去研究学生，才能真正转变自身的教育教学理念，以理性清明的思维判断学生的真实需要，赋予学生更多机会发现自己的潜能，展示自己的特长。团队内的教师要坚定信念，通力合作，努力给每一个学生适切的教育，最终实现所有学生的优化发展，让每个学生体会到幸福感，圆幸福之梦。

（三）超越之心

要为每一位儿童提供适切的教育，充分调动他们的积极性与参与度，使儿童个体得到正确的引导与发展，对教师团队的专业水平与职业素养提出了更高的要求与期望。"自我更新式发展观认为教师是自身专业发展的主人，教师自身的实践活动在专业发展中有不可替代的作用。"① 每个教师都是教育工作中的实践者，拥有自己的成长潜能。这种潜能就在教师每天的行为生活中，并成为影响教师个人行为包括专业行为的因素。如果只是日复一日的重复教学，长年累月只会让教师产生职业倦怠。教师需要保持自我反思的习惯，"反思是自我更新意识的体现，也是实现自我更新专业发展的基础"。② 在实践与反思的过程中，教师不仅是理论知识的接受者、学习者，更应该是知识的创造者、生成者。在圆梦教师团队中，具有共同愿景的教师有着更加广阔的目标视野，在实践与合作情境中不断实现自我超越。同时，教师团队组成的学习共同体有助于激活教师自我专业的发展。

（四）至善之心

每一位儿童都有着独特的个性与发展需求，满足儿童个性化的发展需要，呵护每一位极富个性的儿童，面对的挑战与困难可谓层出不穷。因此，圆梦教师团队的发展，要求教师秉持至善之心，真正地去关注儿童的言行举止，有耐

---

① 齐爽. 强化省级"双师型"名师工作室引领功能的实践与探索［J］. 职业技术教育，2022（17）：59.

② 白益民. 教师的自我更新：背景、机制与建议［J］. 华东师范大学学报（教育科学版），2002（04）：36.

心地对待差异极大的儿童群体。在教育的细节与生活化的情境中，儿童需要适切的感召与引领，当孩童真切感受到了教师的善念与仁爱，以及与教育行为交融的爱心与善意，才能使其在成长过程中，始终怀揣着热情与希望。教师用至善之心去对待每一位儿童，是一种具体行动的教育过程，在与儿童真诚的交流与互动中，儿童也能够感受到教师的纯净的关爱与纯善之心，感受到生活的美好与真情的可贵，从而孕育出全面、健康、和谐、积极的心态，体味教育生活中幸福的时光与滋味。

（五）共荣之心

每一位学生的幸福成长，需要全体老师共同的努力与追求。一支高素质的教师队伍能大力推动学校发展，让幸福童年教育真正落地。学校教育质量的全面提升，不仅仅是依靠校长、学校领导班子的管理水平和教师个体的教学能力，同时也需要教师参与学校发展的力量，以及教师团队的整体力量。教师是教育场域下的主要塑造者，同时也在不自觉地被塑造着。这种双重属性决定了教师自身承载着教育传播使命，同时又在这个过程中吸收着相应的教育养分。所以，教师影响着学生成长，学生的健康成长，也会给教师的正向发展带来更大的动力。当圆梦教师团队始终充满学习的热情，有着共荣共进的情意，就能保持教师团队充沛的活力，让每一位学生都能在学校得到发展，圆幸福童年之梦。

四、圆梦教师团队建设要解决的实践问题

在圆梦教师队伍的实际建设进程中，我们面临着亟待解决的实践问题：小学教师在教育工作中，是否能树立正确的专业信念，始终保有充沛的儿童情怀，并能在实践幸福童年教育的进程中，感受到职业幸福感，坚定教育信念。

（一）专业信念不足的问题

小学教师长期工作在教育第一线，面对不断更新的教育理念、教育教学理论以及现代信息技术的冲击时，往往呈现出被动的姿态，亟需提高理论水平和工作能力。此外，教师缺乏思维方法的引领。他们虽然实践知识丰富，但部分老师专业信念不足，在教育教学的活动与研讨中存在着思维与言语的障碍，无法产生思想的碰撞和共鸣，常常满足于完成事务性的工作，对专业发展与追求缺少反思与规划。

（二）儿童情怀缺失的问题

缺失儿童情怀的很多老师，只关注学生成绩，认为只有教学成绩好才是自己最大的成功。对于那些成绩不理想的学生，这些老师往往会失去耐心，并简单粗暴地判定学生能力不足，没有发展潜力。这种把人的差异性和个体性忽视的教育，势必陷入"唯分数论"的怪圈中，在教育教学中也缺乏了儿童情怀与儿童立场。

（三）职业幸福缺席的问题

随着教育体制改革的不断深入，对教师的职业要求越来越严格，教师面临着非常大的工作压力。部分教师对教改背景下自身能够胜任缺乏信心，加剧了教师心理压力。同时，教师还要面对知识不断更新的客观规律，必须不断更新理念，进行知识的储备与革新，而一线教学各种繁重的工作不减反增，多重压力下，教师的职业幸福感呈现不足，甚至是缺席的状态。部分教师认为自己付出很多，教学效果却不达预期，进一步导致教师心理状态不佳，缺乏幸福感。当教师缺少幸福的关怀，势必也会影响教育学生的效果和体验。

（四）教育信仰不定的问题

春城实小青年老师居多，刚开始工作时往往热情高涨，但学校班额多，教师每天面临着高强度的工作，加上课后服务等活动客观上延长了教师的工作时间，这让教学疲惫现象在教师群体中有扩散趋势。很多教师自我发展的意识沉睡，教育信仰不定。有的教师对工作产生了应付的心态，只满足于完成各项任务，割裂了儿童发展和教师发展的内在联系。部分老师自我行为的控制水平不高，导致教学目标达不到，进一步弱化了老师自我发展的积极性。

（五）团队形象模糊的问题

时代的呼唤和儿童幸福成长的需要，决定了教师要将自我发展的内驱力作为专业发展的不竭动力。圆梦教师团队要不断追求新知，成为教学内容的研究者，在关切儿童成长历程时，实现自身的发展。但在实践过程中，教师团队的定位还不够准确清晰，出现了团队形象模糊的问题。部分教师在团队中缺乏自我发展意识与教学主张，缺少对儿童的关注与研究，发展规划与路径也不够清晰。

第二节　圆梦教师专业发展标准与团队建设标准

随着学校教育改革的深入，学校教师队伍建设的总体水平还亟待提升，教师的职业追求与发展标准有待进一步增强与明晰。制定圆梦教师专业发展标准，是落实学校幸福童年教育理念的一项紧迫任务，是强化教师专业发展自觉的必要手段，对于提高教师团队整体形象，明确教师发展要求能够起到重要作用。

一、圆梦教师专业发展指标的确定

《圆梦教师专业发展指标》明确指向教师要追求实现儿童的美德之梦、学业之梦、才艺之梦和成长之梦，教师的发展要建立在对儿童的全面关照与深入理解之上。根据这四个圆梦向度，确定了圆梦教师的专业发展指标。

圆学生美德之梦的向度，明确了圆梦教师要能实现学生的美德之梦，首先自己就要有极高的职业道德操守。圆梦教师应该具有高尚的师德，对于教育事业始终怀有质朴本真的追求。呵护儿童的幸福童年是圆梦教师的首要使命。教师要尊重关爱每一个学生，在对待每一位学生时都要坚守师德的底线，保护尊重学生。教师要真心赞赏、关爱每一位学生，肯定每一位学生的付出以及发展过程中呈现出的良好品性。从教师自身的师德修养，以及对待学生、教学和专业发展的几个方面，确定了"诚朴"与"仁爱"的指标。

在"诚朴"与"仁爱"的指标下，圆梦教师在专业发展上，应勤勉工作，坚定教育信念。在团队建设中，圆梦教师要具有团队协作、互助互进的精神。圆梦教师还应真切关爱学生，用心呵护每一位学生幸福成长。

圆学生学业之梦的向度，明确了圆梦教师要积极追求实现学生的学业之梦，力求促进学生的全面发展、健康成长。在具体的教育教学活动中，教师要能够让每一位学生都能有成长发展的机会，让学生积极主动地参与学习过程。因此，教师首先要有极高的专业素养，掌握必要的理念与知识，并且不断学习与自我更新，才能实现这一教育追求。教师应尊重学生的差异，满足不同学生的成长需求，积极创设能够引导学生主动学习的教育环境，激发学生学习的主动性，使每一位儿童都能获得充足必要的发展。

圆学生才艺之梦的向度，深刻认识到了每一位学生都有自己的发展潜力和个性特长，圆梦教师要积极地实现学生的才艺之梦，充分挖掘学生身上的可能性与无穷潜力。因此，圆梦教师自身就应该具有高雅的志趣与丰厚的底蕴，并且能够以自身的魅力与涵养，引导学生以积极向上的姿态提高自身素养、知识水平和创造能力，让学生认识到自身的潜力与长远的发展目标，在实现才艺之梦的过程中丰盈幸福成长的意蕴。

圆学生成长之梦的向度，明确了圆梦教师应对人的终身发展有着深刻的理解与追求，才能拥有广阔的视野与长远的格局。圆梦教师的教育行为应始终建立在儿童全面、健康成长的维度之上。因此，教师要不断钻研，并且勇于创新，对利于儿童成长的理念与知识，要充分理解并积极运用，在教育教学实践中积极探索，为培养出德智体美劳全面发展的时代新人奠基。

二、圆梦教师专业发展标准的框架

在圆梦教师专业发展指标确立的基础上，我们制定了圆梦教师专业发展标准的基本框架，以此明确圆梦教师专业发展标准的基本内容和基本表现，以促进学校教师队伍的高速平稳发展，建设真正能为学生幸福童年服务的圆梦教师队伍。这一标准框架是圆梦教师的基本要求与基本准则，也是圆梦教师培养、培训、评价考核等工作的重要依据。

表 7 - 1　圆梦教师专业发展标准框架

圆梦向度	专业指标	专业表现
美德	诚朴	1. 爱岗敬业，对教育事业有崇高的理想和追求。 2. 具有良好的师德修养，注重个人专业发展。 3. 有团结协作精神，在集体中主动研修与成长。
美德	仁爱	1. 关注、关心、关爱儿童，将儿童的身心健康发展放在首位。 2. 尊重儿童独立人格，平等对待每一位学生。 3. 尊重儿童个体差异，努力呵护每一位学生的幸福童年生活。
学业	学高	1. 掌握教育教学基本理论，熟知所教学科的课标理念，专业知识渊博。 2. 具有能适应未来数字化教育的信息素养，通识性知识丰富。 3. 具有终身学习的理念，不断吸收与内化新的理论与知识。
学业	善诱	1. 能够建立良好的师生关系，充分了解学情。 2. 创设适切的教育教学互动，并根据学生的需要及时调整教学活动。 3. 研究儿童，循循善诱，能与学生进行有效沟通。 4. 驱动学生主动学习，发现和肯定每一位学生的成长与进步。

圆梦向度	专业指标	专业表现
才艺	雅趣	1. 处事正直，落落大方，为人善良，有开阔的胸襟。 2. 追求精神世界的高雅和情趣，有丰厚的底蕴。 3. 积极向上的志趣、较高的艺术修养、健康的生活方式。 4. 坚定教育理想与信念，在生活中不断积淀与提升。
	卓识	1. 严于自律，严谨治学，将追求学生幸福童年作为至高理想。 2. 将打造高质量教育作为自觉追求，在教育教学上有自己的研究方向。 3. 有创新思维能力，有个人教学主张，关注学生综合、长远的发展。 4. 充分尊重学生的独特性与差异性，挖掘每位学生的潜能，为学生终身发展奠基。
成长	格局	1. 有学习精神，善于协作，与同仁分享交流，促进自身快速成长。 2. 能与家长进行有效沟通合作，共同促进学生健康成长。 3. 能助力学生与社区建立合作关系，指导学生利用好社会资源，将所学知识与技能运用到生活中。 4. 把握时代脉搏，培育新时代中国需要的全面发展的人才。
	超越	1. 不断汲取新时代育人观念、理念，积极推动育人方式改革。 2. 研究素养导向下新课堂的实施样态，重视学生思维发展、问题解决能力的培养。 3. 培养和激发学生的好奇心与探索欲，充分发挥学科育人功能。

圆梦教师专业发展标准框架的确立，体现了鲜明的校本特色和儿童本位的教育发展需求。该标准框架强调了圆梦教师的专业性和独特性，圆梦教师不仅要注重自身的专业发展，更要关注儿童生长以及儿童追求幸福童年的强烈诉求。圆梦教师专业发展的标准框架的基本内容包含"向度""指标"和"基本表现"三个层次，即"四个向度、八个领域、二十八项基本表现"。"四个向度"是"美德""学业""才艺""成长"；在各个向度下，确立了两个指标；在各个指标之下，又列出了三至四项不等的专业表现。

基于"诚朴"与"仁爱"的专业指标，列出了六项基本表现。这些表现明确了教师应具有良好的师德修养，并且要树立正确的儿童观，比如尊重儿童人格、尊重儿童个体差异等。教师自身的专业精神与正确的儿童观，利于塑造儿童良好品格，圆学生的"美德"之梦。

基于"学高""善诱"两个指标，列出了七项基本表现。表现明确了教师除了掌握教育理论与学科知识，还应该不断补充通识知识，提升内涵。在教学活动中，要循循善诱，组织适切的教育教学活动，引导学生主动学习。这样是为了确定教师能够根据学生发展需要组织教育教学活动，促进学生全面发展，也对教师的教学水平提出了要求。

基于"雅趣"与"卓识"的指标，列出了八项基本表现。这些表现明确了教师应该脱离低级趣味，具有一定的文化修养与高雅的精神世界，并且能够关注学生综合、长远的发展，尊重学生的独特性与差异性，努力在教育教学活动中，让每位学生都能有所发展，展露自己独特的才能与技艺。

基于"格局"与"超越"的指标，列出了七项基本表现。这些表现明确了教师必须与时俱进，不断更新教育观，拓宽教育视野，帮助学生走进生活课堂，活用所学知识，发展解决问题的能力。在课堂教学中，树立以素养为导向的新教学观，为培养创新型人才打下坚实的基础，让学生成为主动的学习者，积极迎接未来的挑战。

圆梦教师专业发展指标，要求学校教师必须紧跟时代步伐，更新教育观儿童观，同时，该指标也为教师的发展指明了方向，提供了可以参照的标准和重要依据。

三、圆梦教师专业发展标准的实施要求

在圆梦教师专业标准框架建立的基础上，为了给教师的发展创造更多有利的条件，让该标准得以真正落地实施，我们紧扣学校实际，确定了一系列行之有效的实施要求。

（一）依据标准，锚定教师自我发展目标

要将《圆梦教师专业发展指标》作为教师自我发展的重要根据，明确教师发展的本质是教师的自我成长。教师需要不断地反思自己的教学方法和教育理念，不断地学习和提高自己的专业水平。只有不断地自我反思和提高，才能更好地适应教育的变化和学生的需求，更好地完成自己的教育使命。因此，教师在教书育人的过程中，其真正的追求和成果就是和学生结伴成长，共同呵护幸福童年，这与学校"相拥幸福童年，结伴自然成长"的办学理念是相契合的。

（二）依据标准，作好教师分层培养

要将《圆梦教师专业发展指标》作为教师分层培养的重要依据。为了教师能够迅速成长，学校根据教师年龄、从教经验、骨干水平等将师资团队按新岗教师、骨干教师、卓越名师进行划分并分层培养，1—3年的新岗教师立足课堂、研读课标，从常规入门、上课过关、能力达标三个方面锤炼技能；6年以上的骨干教师在课程文化、品格提升等各类项目的实践中进行内容设计、开展主题研讨、提升专业素养；10年以上的卓越名师要有自己的教学研究方向与教学主张，促进自身的多维发展，辐射带动更多教师共同成长。力争一年常规入门、两年站稳讲台、三年逐梦弄潮，沿着"教学新秀—教学能手—学科带头人—学科名师—特级教师—教育名家"的骨干教师分级培养模式不断稳步进阶。

（三）依据标准，明晰教师评价导向

要将《圆梦教师专业发展指标》作为教师考核评价的重要依据。要深化学校教师考核评价制度改革，突出全面育人导向，坚决扭转重分数、轻育人等倾向，开展深化教师评价改革的积极探索，绩效评价指标体系、改革科研评价、匡正教师评价的导向，让教师明确奋斗目标和发展方向，体现了考核评价体系的导向价值，让学校教师充分认识到全面育人的重要性与迫切性。

（四）依据标准，加强师德师风建设

要将《圆梦教师专业发展指标》作为师德师风建设工作的重要依据。明确师德为首，以及立德树人的重大意义。学校要切实加强教师思想政治工作、积极开展师德师风专题培训，实施《春城实小教学一日常规要求》等制度。在教师队伍中要认真进行师德师风宣讲，要求教师签订师德师风承诺书，倡导教师做真心奉献、用心教书、醉心课堂、潜心研究、倾心教育的"五心教师"，引导广大教师更好担起学生健康成长指导者和引路人的责任，落实立德树人的根本任务。

（五）依据标准，锻造圆梦教师团队文化

要将《圆梦教师专业发展指标》作为教师团队文化塑造的重要依据。教师团队文化建设就是要让习以为常的事情都变得有意义有原因，让老师们感到自己在校内有价值有贡献；让每个人感到互相依存、各有贡献。对春城实小而言，"幸福童年"既是一种教育理想，也是一种教育实践。学校以"相拥幸福童年，结伴自然成长"为办学理念，使圆梦教师团队的每一位教师坚定热爱教育事业的决心，进而内生出强劲的自我发展意识与动力，做学生信赖的良师益友，教师在共同理念的引导下，凝心聚力，"结伴成长"。

（六）依据标准，创设教师交流成长平台

要将《圆梦教师专业发展指标》作为助力教师交流学习的重要依据。教育需要前瞻性理念的引领与驱动，博采众长才能为我所用。学校要多为教师创设交流乃至轮岗学习的机会，阶段性地选派教师赴省内外名校参观交流，积极利用好区内外资源，与优质学校开展联合教育教学活动，与江溪小学、南丰小学结为"春至江南"联盟校，开展师资共育、课程共建等活动，共享教育资源，群策群力，在幸福童年教育理念的感召下，打造区域教育品牌，加快推进学校教育优质发展。

（七）依据标准，强化教师科研发展机制

要将《圆梦教师专业发展指标》作为培养教师教科研素养的重要依据。学校要组织教师结成学习共同体，在实践反思中提升教科研素养。例如"青橙成长团""诚毅桔灯工作坊"等学习型组织，以教育科研为主题，以学科组为培训实体，以专家专题讲座、素质拓展、课题研究、读书会、沙龙研讨等形式开展各类项目化研究与课题研究活动。通过科研转变教师的教学理念和行为，激励教师不断探索教育规律，研究教学方法，积聚教师的教育教学智慧，让教师真正去了解儿童，研究儿童，为儿童创设适切的教育教学活动，成为教育智慧的创造者。

（八）依据标准，深入开展教师培训活动

要将《圆梦教师专业发展指标》作为进行教师培训活动的重要依据。学校围绕"师德为先""文化认同""业务为本""科研支撑"四个方面厘清了学校教师专业发展的逻辑框架，并以此制定圆梦教师成长计划和成长规划，每年度为教师培养实施各项培训实践活动，在教师群体内形成良好的示范效应。培训要以理论学习与研讨、校本教研活动、课堂教学实践等为载体，搭建发展平台，重视理论与实践相结合，促进教师专业成长，通过专题培训、参与研究、承担任务等方式，全方位地让教师在具体的培训实践活动中提升专业素养，完善专业知识，提高专业技能。

（九）依据标准，锤炼教师教学技能

要将《圆梦教师专业发展指标》作为锤炼教师教学技能的重要依据。一切教育变革皆要落地在一线的教育教学活动中。教师要深入研究新课程新课标教学理念，关注学生的学习兴趣，关注教学中存在的问题，在研究与反思中提高自己的能力和课堂教学水平。教师要认真钻研，认真指导学生开展每一次教学活动，通过各级各类课堂展示交流的平台，开展课堂交流学习，深入探讨新课标理念下，素养导向课堂的范式、途径和策略，锤炼教师素养及驾驭解读教材的能力，努力使自己的教学扎实有效地进行，在教学过程中，关注学生素养发展，引导学生主动学习，体悟学习之乐，满足学生幸福成长路上的需要。

（十）依据标准，保障各项资源落实到位

要将《圆梦教师专业发展指标》作为教师专业发展资源保障的重要依据。学校要高度重视教师专业发展工作，建立教师专业发展培训工作领导小组，确定分管领导和负责科室，加强对培训工作的领导，及早进行科学规划，明确教师专业发展的目标与要求，保证培训工作顺利开展。学校还要积极提供物质保障，健全管理制度，利用好学校的各项资源以及专项经费，确保用在实处，为教师专业成长做好保障，激励教师主动谋求发展，逐步提升专业发展水平。

第三节　圆梦教师的自我建构

圆梦教师专业发展标准的确立，为教师指明了哪些专业素养是必须的，也明晰了圆梦教师特有的品性和行为要求，让教师深刻地意识到在专业成长的道路上自己所要追求的方向和角色定位，进而在专业发展中进行积极的自我对照、自我反思、自我规划和自我建构，主动积极地投身于教育教学的实践活动中去。

一、圆梦教师形象需要自我建构

圆梦教师的成长，同样迫切需要教师的自我建构，以帮助教师界定自我成长目标，科学合理地制定好成长规划，并有效地进行自我管理，实现快速飞跃的专业成长。

1. 圆梦教师的校本发展需要处理好学校引领和自我界定的关系

在教师专业发展的过程中，无论是学校引领，还是教师的自身努力，都是保障教师持续性成长的重要因素。圆梦教师的校本发展，无疑需要学校的大力支持与引领的。学校的支持，能够给予教师充分成长的空间，但同时，教师真正的成长来自内部，教师发展的主体性需要得到高度重视。学校引领更加侧重于外驱型的培养，如果教师发展只依靠学校提供的渠道和平台，会不可避免地出现局限性，并很容易陷入被动和怠惰的行动模式中。教师的发展归根结底是积极主动的内生型培养。圆梦教师是为了圆学生幸福之梦所努力奋进的教师队伍，更需要对自我成长进行清晰的界定，从而始终围绕这一目标不断反思，不断进取。教师要借助多渠道多平台，对自我发展进行科学合理的自我界定，唤醒自我成长的内在动力，并借助外力，不断汲取成长的养分。所以，圆梦教师的校本发展，必须高度重视教师发展的自主性，引导教师正面积极的价值取向，促使其形成强大的发展动力。

2. 圆梦教师形象塑造中自我建构的必要性

为了真正实现幸福童年教育理念，教师的主观能动性显得尤为重要。圆梦教师的形象塑造，是以教师主动提高自身专业素养，促进自身专业成长为前提的。圆梦教师只有不断完善自己的生命价值，才能理解并努力实现学生的幸福童年。圆梦教师的自我建构，是教师在教育教学活动中自愿自觉地不断发展与自我超越的过程。圆梦教师发展的基本方式与过程，就是基于幸福童年教育理念的教师自我建构的过程。

3. 圆梦教师自我建构的基本路径

（1）进行自我反思

圆梦教师应有针对性地开展教师自我反思行动。教师的自我发展需要有内生性的强大驱动力，才能促使教师更积极投入到自我革新与自我超越的过程中去。自我反思能够帮助教师始终以高标准来对照自己的教育教学行为，不忘教育初心，坚守教育情怀，按圆梦教师的标准来严格要求自己。教师要建立阶段性自我评价的内在机制，从而形成自我反思能力，督促自己不断追求上进，实现快速成长。

（2）保持真我活力

圆梦教师在与学生交往时，要能够让学生处于快乐、放松、舒畅的情绪中。因此，圆梦教师应时刻保有童心，不盲目追求标新立异，不过分宣扬个性。但也不过分死板，保持真我，释放活力，能与儿童进行真诚互动，将儿童的成长需要放在第一位，将教育教学转化为自我成长的内需，强化职业发展的动力。

（3）提升内在素养

圆梦教师在自我建构的过程中，要不断提升内在素养。圆梦教师应具有与时俱进的教育理念，对教育工作有着深刻理解；有较高的科研素养，参与教改与教育科研活动；努力寻求科学的教育方法，同时在教育活动中不断地完善自己。教师应具备较高的业务素质，善于接受新事物，不断创新，具备多方面、多层次的文化知识和业务技能。教师应具备健康的心理素养，善于调节心态，保持良好的心理状态，公正对待每个学生，以自己健康的心理引导学生，培养学生的健康心理。

综上所述，圆梦教师唯有主动进步，积极自我建构，始终保持追求卓越的意识，提升自身的专业素养，才能创造性地开展教育教学活动，才能在教育教学活动中关照每一位学生，构建学生的幸福童年之路。

二、基于圆梦教师标准的自我发展规划

圆梦教师明确自身发展的目标任务和行动计划，更利于自我成长和自我完善的体系建立，才能更好、更高效地实现自我成长，更好地服务儿童发展。每一位教师都应参照圆梦教师专业发展标准，选择适宜的规划策略，确保发展规划的达成。

（一）做好精准目标定位

切实可行的发展规划，需要教师对自我发展有着清晰准确的认识，才能够规划出合适可行的发展目标。对学校而言，"幸福童年"既是一种教育理想，也是一种教育实践。教师唯有通过不断自我学习与自我建构，加强对学校幸福童年教育理念的认同，对照圆梦教师专业发展标准，不断增强责任感与认同感，基于与儿童共成长的教育立场，才能准确定位圆梦教师自我形象发展目标。

例如学校的青年音乐教师冯玺晴，在刚踏上工作岗位的时候，曾经有一段迷茫期。冯老师在管理班级时，因为不知道该如何与学生相处，上课效果不好，一度感到苦恼与丧气，甚至开始怀疑自己是否选错了职业。直到她听了自己的师父——陈洁老师的音乐课，开始有了反思与成长。陈洁老师巧妙的课堂设计以及有序的课堂管理，皆给冯老师留下了深刻的印象。自此，冯老师逐渐体会到，如果要呈现高效的课堂，首先教师要能吸引学生的目光，要为学生精心备好每一节课，要了解班级里学生的特点与发展需要，才能成为让学生"听话"的老师。所以教师要充分了解儿童、亲近儿童，真正尊重儿童，才会善于教育儿童。

冯老师决心要成为让孩子们喜爱的音乐老师，努力上好每一堂音乐课。她在音乐课上鼓励学生自主学习，发展学生的音乐个性，激发学生对音乐的兴趣与主动性，实现师生的双向互动学习。她鼓励他们体验音乐学习的快乐，为幸福童年奠基。冯老师工作以来一直驻扎在"春之声"合唱团，担任指导老师。在长时间的训练中，她和学生一起成长，学生专注音乐的神情，是冯老师幸福的源泉。陪他们从校级舞台到区级舞台，再一路站上市级舞台，乃至在"紫金"合唱节中亮相，一展歌喉。冯老师自身也得到了迅速成长，她先后三次在新吴区音乐教师基本功比赛中获一等奖，在新吴区小学教师技能大赛中获一等奖，在新吴区"美育桃李"教师展演中两次获得一等奖。冯老师专注儿童发展的职业目标，让她在工作几年后就有了阶段性的成长，并向成为一个成熟型教师的道路上继续前行。

（二）规划自身学习计划

教育的蜕变与教师的成长，建立在教师能够不断地自我更新与学习的基础之上。个人的有效学习是教师发展过程中无比重要的一环。教师必须富有前瞻意识，规划自己的学习计划。教师的学习计划并不是盲目随意的，而应该将自己的个人发展目标与学生的成长需求紧密联系在一起。圆梦教师可以借助圆梦教师专业发展标准，来分析自己的学习需求，找准发展目标，让个人的学习为成长助力，使专业发展获得源源不断的动力。

例如在春城实小心理健康老师郁舒雅刚刚工作时，心理健康学科还是一个"冷门"学科，没有专用场所，没有教学阵地，甚至连教材都没有……但热爱儿童，热爱专业学科的她，一直没有放弃耕耘这块有待开发的"沃土"。彼时，江苏省中小学心理健康教育教材还在试用阶段，她便开始自主钻研，研究心理课堂。随着学校心理工作的深入展开，她在实践中积累了许多思考，接连在《江苏教育》上发表了两篇文章。教学论文也在各级论文比赛中获奖若干。经过思索和沉淀，郁老师对心理课堂又有了新的理解，并将自己的思考融入教学。

随着心理健康教育的深入实施，郁老师成了心理健康专职教师，她拥有了专用场所——心理咨询室。郁老师鼓励孩子们在课间前来参观玩耍，闻闻"心理味儿"。与儿童同行的日子里，郁老师也愈发感到幸福。这幸福便是给予她继续学习前行的动力。为了做好心理个案，她自费学习各类心理课程；为了导演心理剧，她利用暑假与同行结伴参加培训；为了上好心理课，她关注行业动态紧跟理论前沿……走近儿童、看见儿童、理解儿童，郁老师一边践行，一边求索，在实际工作中也有收获：她的心理优质课评比获得市级一等奖，她还被评为省优秀心理辅导员。持续不断地自我学习，让郁老师走上了一个又一个崭新的平台，也收获了幸福童年教育灿烂的一幕。

（三）制定教学研究计划

圆梦教师应有广博的视野，不断汲取智慧与经验。圆梦教师还应具有高超的专业技能，以先进的教育理念和科学理论为指导，成为一名具有高度专业精神的教师。教师要能够以问题为导向，制定教学研究计划，结合课堂实践探索新教学模式，寻求主动成长。

例如春城实小学生发展中心主任佘昕祎老师，工作 10 年来，不断地充实自己，专业底蕴日渐丰厚。2019 年，佘老师要参加心理健康教育赛课，《插上想象的翅膀》这节课如何具象地让学生学会想象成为突破的难点。备课期间，佘老师一度找不到状态，十分苦恼。时任春城实小副校长的钱雷指导佘老师要将关注点落在儿童身上，抓住课堂上生成性的亮点和学生真实的感受，通过猜想、联想、幻想的层层递进达到教学目标。于是，佘老师立足儿童本位，灵感纷至沓来，一举获得当年新吴区心理健康教育赛课特等奖。

2022 年 5 月，佘老师参加了新吴区教师技能大赛。在准备过程中，她总觉得自己准备得不尽如人意，录制视频多次 NG。她开始放慢节奏，学会了审视自己平时的教育教学和管理工作。佘老师认识到，提升自我的前提是对教学的深度审视与思考。于是她开始有目地寻找理论的支撑和实践的参考，制定完善教学研究计划，接下来的每一次活动她都带着问题来设计和演绎，才渐渐有所悟获。在这个过程中，她始终坚持自己的教育信条：把自己当作孩子，把孩子当作老师。最终，她获得了 2022 年新吴区教师技能大赛特等奖的好成绩。

10 年间，佘老师始终依然热爱着教育工作，喜欢着一张张孩童幸福的面庞。她在审视自我中反思，在专业淬炼中攀登高峰，并一次次体悟到了超越自己的幸福。

（四）依托多维专业力量

圆梦教师要以契合时代发展和儿童需要的理念指导自己，并能够借助同伴、团队及专家的力量，在交流学习中，不断提升自己的综合能力与专业素养。沙龙活动、专家讲座、名师课堂、骨干培育站、教师成长营等多维专业平台，都能够快速提升教师的专业水平，让其能在一系列实践中反思、重构专业知识，实现跨越式成长。

例如春城体育组的青年教师储海林，参加工作不久后，便积极参加学校课题组活动，投身于"幸福童年"校本课程开发和研究中，参与创编了"100个幸福童年游戏"课程，形成了多篇论文，并将"幸福童年"游戏融入每一节体育课和大课间活动中去。他坚信，幸福童年育人理念下，能够让孩子们锻炼体魄，健全人格，感受幸福。作为学校幸福童年课程的开发者与实施者，他逐渐找到了自己的前进方向与目标。

他认真上好每节课，积极寻找校内外听课学习机会，课后及时反思问题，举一反三，积累了很多经验。春城实小体育组是一个团结的集体，从集体备课到主题教研，积极而热烈的研讨氛围让储老师感受到了智慧的生成。体育组的老师们常常在办公室、操场上、食堂饭桌上，就某个问题展开讨论，最终又能兼收并蓄，不断提升自己。当储老师得到了参加市级赛课的机会，体育组同商方案，分工收集素材，与储老师共同设计、磨课、修改，思考适宜儿童健康成长的体育课堂样态。功夫不负有心人，储老师获得了市体育赛课一等奖。在教师成长的道路上，储海林老师脚踏实地，稳步前行。坚实的教研活动给了他更多的信心，也让他坚信，只要认准方向，团结协作，幸福童年的教育之路，会更加光明坦荡。

三、圆梦教师形象自我建构的目标和行动计划

当学校教师制定了个人的专业发展目标，就希望尽快达成目标。但在实现目标的过程中，无疑是存在着困难与挑战的。圆梦教师必须要对教师承担的角色与定位有着准确的把握，才能在自我发展的道路上始终如一地践行。建构新时代教师的形象观是时代所需，是教师的期待，更是儿童发展的重要推力。我们需要锚定圆梦教师形象自我建构的目标，重构教师角色定位，合理调整教师形象，让教师始终站在儿童立场，守护儿童的幸福童年，这也是建构圆梦教师形象的意义与价值。

（一）圆梦教师形象自我建构的目标

随着时代的变迁、社会的发展、儿童观的演变，我国教师的"传授知识的教师"这一传统形象，随着角色特征及社会地位而迭代演进。师生关系也因此从主客关系到儿童为本的双主体关系，从机械传授——被动接纳知识到重视情感——全人发展。在人工智能进入教育领域的新常态下，在基于信息数字变革的智慧课堂中，教师必然需要重塑角色，努力成为学生成长的引路人和教学变革的推动者。我们需要描绘圆梦教师的形象，重构教师角色定位，合理调整教师形象。这种身份改变的探索很有现实意义。

1. 圆梦教师的整体形象目标

圆梦教师具有高尚的道德与人格，热爱教育事业，对学生一视同仁，能够耐心地解答学生提出的各种问题，真正做到为人师表，他们不会以学生的成绩而对学生产生偏见，对学生一视同仁。教师从自我做起，率先垂范，作出表率，以高尚的人格感染人，以整洁的仪表影响人，以和蔼的态度对待人，以丰富的学识引导人，以博大的胸怀爱护人。教师不仅有着扎实的专业知识，并且知识面广，有终身学习的思想，有着科学的教学观与儿童观，真正关心学生的发展。教师循循善诱，能够平等地与学生交流沟通，不仅在课堂上是教学能手，在生活中也是学生的益友。在教学生活中，教师能够做到沉稳、睿智、善解人意，与学生共同打造幸福童年。

2. 圆梦教师的外在形象目标

圆梦教师仪表、仪容、仪态皆能做到举止文明、大方得体，待人接物时神态自然、文雅稳重。在与学生交往时，能够亲切微笑，让学生处于快乐、放松、舒畅的情绪中。圆梦教师外在形象要符合教师礼仪，并与教育教学场景相契合，不盲目追求标新立异，不过分宣扬个性。但也不过分死板，要保持真我，释放活力。教师要善于与学生进行口头交流，能让学生见证言语的力量，言语温柔有亲和力，能与儿童进行真诚互动，能在恰当时机用肢体语言对学生进行鼓励与交流。

3. 圆梦教师的内在素养目标

圆梦教师应具有与时俱进的教育理念，对教育工作有着深刻理解，从而形成对教育事业的责任感和荣誉感，以儿童幸福成长为本，把人的全面发展放在首位。有较高的科研素养，参与教改与教育科研活动，努力寻求科学的教育方法，同时在教育活动中不断地完善自己，形成独特的教育教学风格。教师应具备较高的业务素质，善于接受新事物，不断创新，具备多方面、多层次的文化知识和业务技能，有教科研意识，能把理论学习和实践反思有机结合，不断积累总结教育教学经验，为开展教育创新活动打下坚实基础。

（二）基于圆梦教师标准的教师自我发展规划

圆梦教师的自我发展规划，是基于圆梦教师标准而来的。专业发展规划的制定，必然是以教师对自己专业发展状况的深入反思为基础的。因此，教师要能够对自己的现状进行科学有效的评估，而这一评估的过程，也是反思的过程。教师需要积极思考自我发展规划是否反映了自身实际发展的需要，是否契合学生幸福童年的需求，是否结合了学校的发展目标和计划。个人的专业规划是否符合圆梦教师标准的指向性和要求。由于教师专业发展规划呈现出了阶段性、动态性的特点，因此教师可以依据圆梦教师标准，制定自我发展专业规划表，在自我分析的基础上进行综合规划，并明确自己的发展目标与需要得到的帮助。

表 7 - 2　圆梦教师自我发展专业规划表

一、基本情况

姓名		性别		出生年月	
学历		民族		参加工作时间	
职称		职务		班主任年限	
任职年限		任教学科		骨干称号	

二、专业发展现状分析

（一）基于标准的自我评价
（二）专业发展的优势
（三）专业发展的不足

三、专业发展的三年目标

（一）总体发展目标	
师德目标	
教学研究目标	
班主任能力目标	
专业理论学习目标	
课题研究目标	
教学写作目标	
信息素养提升目标	
骨干荣誉称号目标	
业务竞赛目标	
其他发展目标	
（二）阶段目标	
第一学年目标	
第二学年目标	
第三学年目标	
达成措施	

四、自我专业发展三年行动计划

（一）学习计划
（二）工作质量提升计划
（三）教育研究计划

五、对学校支持的诉求

（一）目标达成中可能会遇到的困难
（二）希望学校给予的支持

教师专业发展自我规划表，能够帮助教师对照圆梦教师专业发展标准，对自己的专业表现进行综合考量，并进行全面诊断与分析，思考阶段性目标与达成措施。教师每三年进行一次发展规划，并制定切实可行的总体发展目标，之后细分到每一学年，切实地找准自己发展的方向与定位。通过这样的评估，教师方能积极地进行自我参照与自我建构，从而实现整体全面的长远发展，并不断为更高层次的目标努力。

（三）强化圆梦教师走向自我建构的自我管理和调控

基于圆梦教师标准的评价体系能够帮助教师制定明确清晰的职业生涯规划，激发教师的内在动力和教学生命力，为提升教师的育人实效提供强有力的保障，在这一过程中评价体系也促进了教师可持续发展的诊断，体现了监督与激励的作用。

教师对照圆梦教师标准进行自我评估的同时，也要进行自我管理和有效的自我调控。教师在教学中要做到关注与跟踪，精细化管理，日积月累，形成严谨的治学态度。因此，教师要约束自身，以更高标准要求、完善自己。要做好对自身的规划，坚持专业的研究发展，在不断发展中完善自我，实现自我。教师要根据自身现状，及时调控与修正发展目标和计划，助力早日实现圆梦教师的自我发展专业规划。

第八章　进化型学校组织

幸福童年教育作为一种教育文化，必然对学校的组织管理提出新的诉求。从这个层面来看，学校在管理上面临着管理观念、管理组织、管理制度和管理行为传统守旧、缺乏活力、弹性不足、机械刻板等诸多问题。要在管理上保障幸福童年教育能够实施到位，必须对原有学校管理体系进行改革和重建。进化型组织的管理模式，本身代表了管理创新的基本方向，与义务教育管理体制、与国家所倡导的管理行为具有一致性。进化型组织理论为学校组织的管理提供了新的视角，也为学校组织的改革指明了方向。学校能够在对进化型组织的探索中不断完善自身，同时也可以为学校管理变革提供一些经验和参照。

第一节　适应幸福童年教育的进化型学校组织

学校在不断推进教育改革的同时，也为学校的幸福童年教育寻找到一条符合时代要求、符合自身需求、符合儿童诉求的现代化治理之路。面对传统学校组织形式功利性强、层级分明、目中无人、缺乏活力等问题，学校坚持以儿童为本位、以实践探索为基础，提出了进化型学校组织的管理模式，并从管理观念、管理目标、管理制度和管理行为这四个角度出发，针对目前学校组织管理中存在的问题进行了一系列理论研究和实践探索。

一、幸福童年教育需要建立进化型学校组织

理想的幸福童年教育与学校现有的组织架构存在大量冲突，因此幸福童年教育的实施需要学校通过优化组织架构提供空间。但可以肯定的是，无论学校的组织架构朝什么方向进化，都必须符合幸福童年的教育观念，都必须服务于

儿童本位。

（一）幸福童年教育与现有组织的冲突

苏霍姆林斯基在《家长教育学》中说："谁的童年被爱的阳光照耀着，那他就会互相创造幸福。"[①] 学校所坚守的幸福童年教育，便是这样一种让学生和教师互相创造幸福的教育。然而，要想实现这样一种理想的教育模式，学校仍然面临着传统的管理观念、管理目标、管理制度和管理行为，与新生的幸福童年教育的冲突。

1. 观念冲突

观念落地是幸福童年教育实施的第一步。幸福童年的教育观与传统的学校组织观念存在众多冲突。幸福童年教育秉持儿童本位，将儿童的发展放在教育的第一位，强调儿童的天性，强调童真和童趣。而传统的学校组织往往重教师而轻学生，将学生视为被管理的对象。学校往往站在教师的成人角度而非学生的儿童角度去思考和管理相关的问题。

2. 目标冲突

目标层面的冲突是传统学校组织无法开展幸福童年教育的根本原因。幸福童年教育强调学生和教师身心完整的发展，而传统的学校管理目标错误地将学习、工作同生活割裂开来。学生和教师都是在机械地完成既定任务，而非实现自身身心完整的发展，这样的管理目标"目中无人"，注定无法为幸福童年教育服务。

3. 制度冲突

幸福童年教育内生机制和传统学校组织的制度冲突，要求传统学校组织尽快作出改变。小学阶段儿童的认知水平、道德情感水平都尚未达到成熟阶段，传统学校组织却往往将家长和社会功利化的目标强加在儿童身上，忽视了儿童的发展潜能，与幸福童年教育"培育快乐真诚的时代少年，奠基阳光健美的世界公民"的培养目标有所出入。

4. 行为冲突

幸福童年教育和传统学校组织最具象化的冲突，便是二者在行为上的冲突。幸福童年教育倡导人人负责、共同决策的管理行为，在决策层面尽力做到

---

① （苏）瓦・亚・苏霍姆林斯基. 家长教育学［M］. 蔡汀译. 北京：中国妇女出版社，2021：31.

尊重每一个学生和教师的选择。而传统的学校组织往往采用科层化的管理模式，权力分配呈金字塔形，无法实现全部组织成员的权利平等。也正是因为现有的组织制度从观念、目标、制度、行为等各个角度而言，都同学校所倡导的幸福童年教育理念存在一定的冲突，所以学校最终选择了建设适应幸福童年教育的进化型学校组织，选择突出儿童本位、关注儿童成长、重视全人管理和倡导权利平等。

（二）进化型组织与进化型学校组织

进化型组织作为一种新型学校管理模式，在实践前必然需要结合学校自身情况进行深入学习。首先要通过理论学习明确进化型组织和进化型学校组织的概念，其次要结合学校在开展幸福童年教育过程中发现的具体问题，选择合适的进化型学校组织架构。

1. 进化型组织的概念

人类组织模式的发展历史和人类意识形态进化密不可分。数百年来，学者们研究了人类意识在各个方面的发展，比如马斯洛的需求层次理论、皮亚杰的认知发展理论、格瑞夫斯的价值层次理论等。他们在探究中发现人类意识的进化并非一个循序渐进的过程，而是存在着阶段性的突变。因此，比利时管理学家弗雷德里克·莱卢结合肯·威柏尔的后人本心理学和珍妮·韦德的认知理论，从人类意识形态进化的角度，用颜色将组织形态的发展划分为五个阶段。其中，进化型组织属于第五个阶段。[①]

第一阶段是红色——冲动型组织，没有正式等级，也没有职位头衔，靠武力凝聚在一起。

第二阶段是琥珀色——服从型组织，开始制定中长期计划，并且创造出稳定的组织架构。

第三阶段是橙色——成长型组织，突破点在于创新、责任和精英制。

第四阶段是绿色——多元型组织，主张废除权力和等级制度。

第五阶段则是青色——进化型组织。进化型组织，也叫"青色组织"，是建立在生物学世界观上的一种开放性组织。在进化型组织里，成员将组织视为一个不断进化的生命体，每一个成员都能够实现自主管理，而不是依赖指令进

① （比）弗雷德里克·莱卢. 重塑组织［M］. 进化组织研习社译. 北京：东方出版社，2017：51－53.

行管理。

2. 进化型学校组织需要解决的问题

进化型学校组织和传统的学校组织相比，无论是管理观念、管理目标、管理制度还是管理行为上都实现了从琥珀色模式到青色模式的三级跨越。因此，传统学校组织存在的问题，在建设进化型学校组织的过程中就显得尤为突出。

一是管理观念"成人本位"。传统学校组织倾向于从成人的视角看问题，因此容易陷入"揠苗助长"的困境。传统学校组织往往更强调儿童"要做到"哪些，而忽视了儿童"想做到"哪些。而进化型的学校组织从组织中的每一个个体出发，让儿童表达自己的需求和想法。

二是管理目标"目中无人"。传统学校组织的管理更倾向于把学校看作一台运转的机器，学生和教师都是机器上的零件，这是对学生和教师自我意志的忽视。而进化型学校组织把学校看成一个有机的生命体，学生和老师的思想和行为共同促进这个生命体的茁壮成长。

三是管理制度"功利至上"。传统学校组织强调形成性评价。评价内容强调知识和技能，而非思维和方法；价值取向强调效果和目标的一致性，忽略过程的价值；评价方法强调客观的标准化测验，而非"质"与"量"相结合的多样化测评，进化型学校组织恰与之相反。

四是管理行为"崇尚霸权"。传统学校组织往往采用科层制度。金字塔形的权力结构决定了监督只可能由上而下、由点及面地进行，因此话语权往往集中在位于顶层的少数人手中。进化型学校组织强调自主管理、人人负责，恰好能够弥补传统学校组织的这一漏洞。

二、进化型学校组织的特点

进化型学校组织以其更大的管理规模、更灵活的适用情况、更高效的管理效能著称。它的特征主要表现为三个核心思想：自主管理、身心完整和不断进化。自主管理利用基于同侪关系的系统，实现最简层级结构下决策的公开。身心完整倡导全人化管理，帮助学校实现良性发展。不断进化实现组织宗旨的自我觉醒，摆脱对管理目标的传统定义。

（一）自主管理

进化型学校组织的自主管理主要体现在三个方面：信任、信息与决策、责任和问责。信任是信息公开与决策透明的基石，责任和问责则弥补信任机制的漏洞，同时完善信息与决策处理过程中的问题。

1. 信任

信任是自主管理的根基。学校组织本身就是复杂多样的。就行政而言，划分了不同的校区和职能中心。就教学而言，又划分了学科组和年级组、备课组。一个个体的不信任，往往导致的是多个团体的不和谐。因此，在进化型学校组织中，对信息的信任是建立在对组织里每一名成员的信任之上的。

2. 信息与决策

在信息与决策方面，自主管理意味着信息公开、德位相配和集体智慧。进化型学校组织的信息是对内部所有教师公开的，每位教师都要有能力去处理一些突发情况。在决策方面，决策者会参考所有被决策影响的个体的意见。为了确保这一点，学校设立教师工会、教代会、家委会等决策组织，帮助学校管理实现信息透明化和决策民主化。

3. 责任和问责

在责任和问责方面，进化型学校组织强调全体负责。每一个教师在学校里都有多重身份，每一个身份都意味着一份责任，所有的职责分工明确，因此并不存在问责的模糊。为了确保每一位教师都在忠实地履行自己的职责，学校的各个行政部门会对教师进行月度考核，以抽检的形式确保管理制度的顺利实施。

（二）身心完整

进化型组织身心完整的主要思想具体表现在价值观、工作、学习氛围、交际原则这三个方面。价值观决定着交际原则和工作、学习氛围。交际原则和工作、学习氛围是身心完整的价值观在环境和行为层面的具体表现。

1. 价值观

进化型学校组织的价值观认为组织内每个人的价值都是"同等"而非"同样"的。学校要允许教师和学生以个性化的方式为集体作出贡献，尊重他们的差异，从而打造多样的教学生态，为进化型学校组织提供良好的内部环境。学校尤其倡导以学生为本，尊重学生的价值。教师并不是学生的领导者或监管者，而是学生的引导者，是为学生服务的。

2. 工作、学习氛围

进化型学校组织倡导安全又充满关怀的工作和学习氛围，以便教师和学生展现真实的、个性的自我。进化型组织鼓励教师使用充满积极情绪的表达，同时也鼓励他们打破工作的"自我"和生活的"自我"之间的壁垒，展现全部的"自我"。由此，进化型学校组织更强调德育为先，帮助学生培养良好的行为习惯，塑造以真善美为基准的人生观、世界观、价值观。

3. 交际原则

进化型学校组织的交际原则是以身作则，它是建立在对自己的言行负责的基础上的。遇到问题，首先进行自我反思，不要把问题盲目归咎给别人，更不要散布谣言，背后语人是非。如果和其他教师或学生产生分歧，一对一解决，不要把矛盾的范围扩散。简而言之，在进化型学校组织中，要做到严于律己，宽以待人，遇到问题先反省自身。

（三）不断进化

不断进化是进化型学校组织对其集体宗旨、个人宗旨和未来规划的总结。集体宗旨和个人宗旨在大方向上是统一的，但是个人又有权利保留个人宗旨与集体宗旨中不同却不冲突的部分。无论是集体宗旨还是个人宗旨，都是基于组织当下实践反思自然形成的。

1. 集体宗旨

进化型学校组织的集体宗旨认为组织是一个拥有独特的精神风貌的生命体，并不需要强行为其赋予宗旨和目标。以学校为例，正是因为广大的学生群体向教师、家长展现了孩子富有童真童趣的一面，在互相陪伴成长的同时，也感染了许许多多富有奉献精神的教师，因此凝练出"相拥幸福童年，结伴自然成长"的办学理念。

2. 个人宗旨

进化型学校组织的个人宗旨认为，教师对自己和学校都负有探寻自我使命的责任，因此要时刻记住用责任和完整的自我来浇筑教师在教学工作中所扮演的多重角色。教师也是成长的个体，教师也有职业生涯的"童年期"，也有幸福成长的新体验，因此，更需要全身心投入，用责任和关怀发展自身职业道德素养，帮助更多的孩子实现幸福童年。

3. 未来规划

进化型学校组织认为，预测和控制未来是没有必要的。如果每一位教师都放下掌控之心，放下对权力的渴望，选择去感受和回应学校的本心，学校才有可能向着更好的方向发展。教育不是一个功利的行业。作为教师，生活处处皆学问，只有多体验、勤反思，才能真正做到思想上的成熟，才能和集体一起进步、一起茁壮成长。

三、进化型学校组织的建设目标

进化型学校组织建设本质上是学校组织形态的变革。要建设适应幸福童年教育的学校组织，首先要确定的是变革方向。学校组织只有从教学质量、教师队伍、组织效能等方面做出全方位提升，最终才能实现将整体的学校组织形态转变为进化型学校组织的目标。

（一）保障教学质量稳步提升

将保障教学质量稳步提升放在进化型学校组织的建设目标的首位，是学校结合其自身办学情况做出的重要抉择。自 2013 年创办以来，学校的办学规模呈现逐年递增的态势。扩张速度之快，对教学质量来说是一个不小的考验。

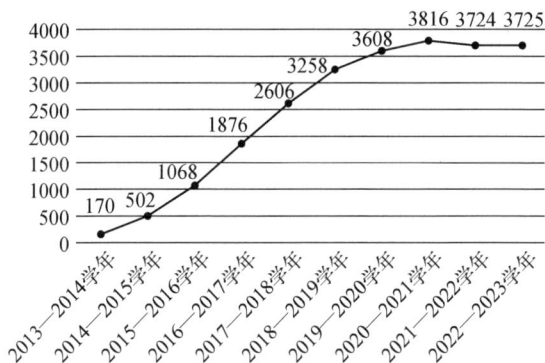

图 8 – 1　春城实小 2013—2023 学年学生人数

学校学生以随迁子女为主，占比达到学生总数的 92％。根据中央教育科学研究所 2008 年发布的《进城务工农民随迁子女教育状况调研报告》表示，随迁子女在我市具有规模庞大、递增明显、集中于公办小学就读等特点，恰与学校的情况相符。如何保证教学质量的稳步提升，成为学校长期面临的一道难题。[1]

为了保障教学质量稳步提升，学校在建设进化型组织的过程中，首先明确

---

[1] 中央教育科学研究所课题组，田慧生，吴霓，张宁娟，李晓强. 进城务工农民随迁子女教育状况调研报告 [J]. 教育研究，2008（04）：13 – 21.

儿童本位的价值取向，尊重学生的发展需求，为学生搭建多层次的发展平台；其次，注重儿童的个性化发展，创建特色班本课程、"幸福童年"级本课程、"春晓俱乐部"校本课程三位一体的幸福童年课程体系[①]；再者，重视校内外资源的高效利用。学生通过"双师课堂"及"诚毅少年"职业启蒙实境体验创享活动拓宽视野，为未来的职业规划奠定基础；最后，保留儿童的童真童趣。

（二）实现教师全员发展、全面发展

2018 年 1 月 20 日，中共中央、国务院发布了《关于全面深化新时代教师队伍建设改革的意见》，意见指出，"全面提高中小学教师质量，建设一支高素质、专业化的教师队伍"[②]。然而学校在办学初期长期面临着"两新"教师的困境。

所谓"两新"教师，一是指新进教师队伍庞大，二是指新手教师占比大。前者意味着教师队伍迅速扩张带来的管理压力，后者意味着教师队伍缺乏中坚力量带来的成长压力。

为此，学校全力建设进化型学校组织制度。新手教师通过"青蓝工程"的师徒传、帮、带和成熟教师沟通经验；"春天里"学习班撰写教育随笔，分享读书心得，并和东亭实小"煮时光"学习班联合举办读书沙龙，实现跨校经验分享。此外，诚毅"桔灯工作坊"和"至新"课堂种子营、"至新"课题研究所、"至新"教学领雁队帮助青年教师各展所长；"幸福童年·SCES"好教师团队为教师搭建经验分享平台。除了对教学、教研能力的培养，学校还有由 12 个教工俱乐部组成的"教工微笑运动社团"，把教师的职场生活和休闲生活串联起来。

（三）全面提高学校的组织效能

学校从办学之初的 4 个班级到如今的 88 个班级，只用了 10 年时间，无论对学校的硬件设施还是管理制度都是一项巨大的考验。在学生和教师人数不断增长的情况下，信息传送效率降低，分工也难免出现重合。

学校在创办之初规模小、人员精简，采用的是直线型管理。然而随着办学

---

① 钱科英，左元金."幸福童年"课程的内涵与建设路径［J］.江苏教育，2022，（18）：44－46＋3.
② 中共中央国务院关于全面深化新时代教师队伍建设改革的意见［N］.人民日报，2018－02－01（001）.

规模的不断扩大，直线型管理无法满足学校的管理需求，于是改用矩阵式管理，在校长室、党总支和各年级部之间添设若干职能部门，形成横向的管理层。

然而，矩阵式的管理模式是学校组织形式对于企业管理模式的借鉴，与我国大多数学校科层制和扁平制相结合的组织形式还存在诸如管理制度缺乏弹性等冲突。[①] 为此，学校进一步引入进化型学校组织的管理模式，以级部为并行团队，打破了传统科层制金字塔形的权力结构，把更多的权力分配给基层，从而激发自主管理意识，全面提高学校的组织效能。

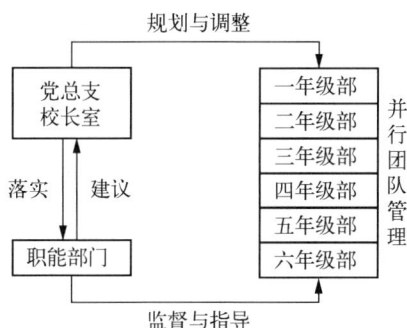

图 8-2　无锡市春城实验小学组织架构图

第二节　进化型学校组织的制度建设

学校给予管理者相应的权限，让他们能在自己职责范围内拥有决策权和行动权，赋予他们一定程度的自主权和独立性。通过"行动指南"——建构行为准则；通过"行动计划"——优化管理思维；通过"项目进度表"——提升管理效能，去行政化淡化行政意识，逐步培养"非正式领导"和推行"首席教师任务负责制"，允许教师给学校带来改变，尊重教师专业判断，给予老师一如既往的关注信任，把教师成长放在第一位，把学生发展放在第一位，做到人人能干事、能干成事，逐步实现人才梯队建设。

---

① 苏君阳. 我国学校内部组织管理：科层化与扁平化的冲突和协调［J］. 北京师范大学学报（社会科学版），2010（01）：13-20.

一、团队绩效考核制度

团队绩效考核制度旨在调动组织团队成员的积极性与创造性，更好地完成组织的预期目标。绩效考核结果是团队成员待遇调整、职位提升的重要依据，与教师个人的切身利益紧密相关。因此，无论是对整个团队还是对教师个人而言，绩效考核均有着重要意义。

（一）明确团队绩效考核制度

团队的绩效应当是团队的工作成果和工作行为的统一，包含做什么与如何做，是团队运行的过程状态，并且应体现团队的学习能力以及适应外界环境与工作任务变化的能力，即团队的绩效包括工作行为、工作成果、素质能力三个方面。

对此，学校制定了严格的分级考核体系，考核内容包括：社会效益、科技实力与创新、学习与人才培养三个维度。以"教科研实力及创新"一级指标为例，其主要通过考察"教科研项目情况""教科研成果获奖情况"和"论文专著"这三个二级指标，以及更多的三级指标，来更准确地进行反馈和考核。论文专著主要是指团队成员发表的论文质量、层次、被引用的次数等。团队承担的项目情况主要是指承担或者是获得的其他级、省部级和国家级的科研项目。教科研成果获奖情况主要是指团队在完成一定的课题之后所获得的奖项数量，如表8-1所示。

表 8 - 1　教科研实力与创新维度指标

一级指标	二级指标	三级指标
教科研实力及创新	教科研项目	国家级项目数 省部级项目数 其他等级项目数
	教科研成果获奖	国家级奖项 省部级奖项
	论文专著	发表论文数量 出版学术专著数量 国际重要核心期刊引文数 国内重要核心期刊引文数 国际重要核心期刊发表论文数 国内重要核心期刊发表论文数

以"团队效益"作为一级指标，学校又有不一样的三级评价体系。二级指标包括"团队整体的社会评价"和"团队成员参与度"。"团队整体的社会评价"包括"团队的学术声誉"和"教科研成果的社会贡献度"。"团队成员参与度"包括"原有成员对科研的参与贡献度"和"引进人才对科研的参与度"。教科研成果的社会贡献度指的是教科研团队所获成果应用于社会、文化、科技发展与进步的数量与教科研成果总数的比值，比值越大，则科研成果的社会贡献就越多，团队效益就越大，如表8-2所示。

表8-2　团队效益维度指标

一级指标	二级指标	三级指标
团队效益	团队整体的评价	团队的学术声誉 教科研成果的社会贡献度
	团队成员参与度	原有成员对教科研的参与度 引进人才对教科研的参与度

分级评价体系能够更灵活地适应进化型学校组织不断进化的特点，从而帮助学校管理制度自我更新。在分级评价体系的基础上，学校在组织架构上采取的并行团队模式，设置了考评流程。

（二）优化考核程序

在教师角色多元化的背景下，需要创新教学团队组织模式，组织教师共同开展教学研究、教材建设和教学改革，促使团队成员之间相互协作、知识共享。

1. 鼓励多元教师团队

教师团队在组建时特别要考虑教学团队的年龄结构、学科结构和能力结构。从年龄结构的角度出发，要做到老中青合理搭配。从学科结构考虑，多学科协同发展，可以相互促进。从能力结构角度看，教学团队成员具有不同的能力，可以提高教学质量，建设高水平课程体系。学校圆梦教师团队以幸福童年教育作为共同愿景，依托进化型学校组织，组建了一批批优秀的"四有好教师"团队。

2. 制定教师团队分类考核标准

高水平教学团队的建设要以学科为基础，依托优势学科加以发展。教学团队以教学活动为主要使命，通过经营学习活剧课堂，在教学设计中注重结合学科的特点，深度设计学习刺激，对课堂生态进行重塑，同时完成对课堂教学模式的改进和完善，形成更加深刻的学习体验过程。

3. 优化教师团队绩效考核过程

团队牵头人一方面监督教学团队整体情况，另一方面激发团队成员个体能动性，因此其考核也应从两个层面进行。第一是从学校出发，对教学团队进行考核。第二是针对教学团队的各个成员，对各成员的教学、教研水平进行考核。积极组织教师团队积极参加市、区级骨干晋升评选，赋能教师专业成长，以教育科研为主题，以学科组为培训实体，以专家专题讲座、素质拓展、课题研究、沙龙研讨等形式为教师创设展示舞台，促进教师专业化成长。

二、问题导向的协商会议制度

在学校管理实践中，学校引进了"协商管理"的理念。和协商性学习评价一样，协商管理由评价者和被评价者相互协商达成一致认定的结果。

（一）完善制度，制定"协商会议"议事规则

学校创立的"年级部协商会议"，类似于固定组织会议。为了保障其有效运行，学校还制定了《"年级部协商会议"议事规则》，内容包括：第一，协商会是针对有争议的问题共同讨论以取得一致意见的会议，会议的成员应抱有互相理解、补充、吸纳的态度；第二，议题提出方在会议前形成一个明确的、可操作的动议，并提前将议题告知参会人员，便于他们提前思考准备；第三，会议主持人宣布开会制度，分配发言权，提请表决，维持秩序，执行程序，需适时记录发言者观点，推进讨论。

（二）改进机制，创新学校组织结构

一般学校传统的管理模式为"决策→执行→反馈→调适"，而"协商管理"的模式为"协商→决策→执行→反馈→调适→协商"。运用"协商管理"的理念，改进原本模式存在的弊端，使各部门分工更加明确科学，部门间合作更加紧密，管理工作更加务实有效。

（三）探索方法，建立协商管理平台

协商管理需要充分发挥年级部作用，在党总支校长室的规划与调控下，在职能部门监督与指导下，各年级部携手并行，共同管理。

1. 完善会议协商平台

在日常工作中，"协商管理"产生了很好的沟通效果，但也带来了新问题。因此，学校一直致力于完善学校的"协商会议"制度。首先，尽量不召开所有班主任或所有教师参加的大会，要充分发挥年级部本身的管理与协调作用；其次，尽量少开会，要运用好"协商管理"的数字平台，同时制定执行学校的会议审批制度。

2. 探索网络协商平台

网络协商平台主要具有以下特点：全员参与，有效协商，有序互动，便捷高效。① 学校通过依托钉钉数字化办公软件，构建"春天里"学校管理平台，实现教务、课务、后勤等线上管理，实现政策公开、资源共享、成果共建等信息流通渠道，为教师提供便捷的沟通平台，从而实现共同监督、协商管理。

三、有限弹性工作制度

弹性制度是学校管理团队根据现代教育管理原则，针对转型时期教师工作的特点，为创建宽松的工作环境和实现高效教育目标，将教师工作时间的他控与自控有机地结合所形成的一种具有伸缩性的时间管理制度。

（一）提升教师团队幸福指数，新创"舒心半日弹"制度

实施"双减"以来，学校开展了课后延时服务，通过多元化的弹性工作模式，尽可能给教师更多可自主支配的工作时间。为了让教师有可以自主支配的时间，实施基于核心工作时间的弹性工作模式：一是实行一周一次下午4点弹性下班制度；二是实行每月一次"舒心半日弹"制度，以上下班时间的"弹"，促进教师负担的"减"，实现课堂效益的"增"。

在每个月的舒心半日弹中，教师自主规划时间，能够同时兼顾工作和生活。不少教师表示，有了弹性制度，让他们能够更好地平衡工作和家庭的关系，从而更加幸福地面对每一天的学校工作，有更多热情投入更有创造性的教学中去。

（二）分担班主任的工作压力，建立配班制度

班主任作为班级文化的建设者，肩负着管理和指导班集体的重要责任。学校通过设置配班制度以分担班主任的班级管理责任。多人合作的配班制度，一

---

① 陈罡. "协商管理"：实现学校治理的路径探索 [J]. 中小学管理，2015（05）：19-22.

方面改变了班级管理的性质，建设更和谐共融的班级①；另一方面，更新育人观念，激发学生超越前人的新活力。②

学校的每一位班主任和配班老师，都尽心尽力为班级的发展出谋划策。他们配合默契、要求一致，孩子们无形中感受到了有爱班集体的凝聚力，这就是言传身教、为人师表的力量！正是在这样和谐的氛围中，学校多个班集体成绩卓著，荣获各类称号。

（三）升级课后服务活动内容，实现教师多元成长

课后服务是落实"双减"政策的重要部分，是检验教育水平的重要尺度，提升教师综合素养成为推动课后服务可持续发展的重中之重。

学校基于对"快乐"的哲学思考，在实行国家课程的基础上自主开发了"幸福童年自助课程"。每周三，孩子们放下书本，前往各自的教室，参与幸福童年自助课程。课程内容包罗万象，从有趣益智的数字游戏，到细致精巧的发卡制作，从底蕴深厚的趣品三国，到你来我往的中国象棋，在这一个小时里，欢声笑语一直萦绕在学校校园，孩子们的笑容也绽开在幸福的校园中。③

课后服务应当集合教师、家长、社会等多方主体，相互监督，共同达成意见共识，通过家校社合作导入多元评价主体，开发多样评价方式，使课后服务更公开透明。

（四）关心关爱教师成长，助力教师全面发展

学校积极关注教师的健康发展，为了提升教师凝聚力，丰富教工文化生活，加强老师们的交流与合作，营造昂扬向上的学校氛围。

每年积极开展教工微笑运动系列活动，运动日益成为老师们工作之余交流沟通、锻炼体魄、愉悦身心的"品牌活动"，备受老师们欢迎。在党的九十九周岁生日时，全校教职员工在学习报告厅用一场精彩纷呈的演出为党的生日献礼。为了提高教师专业成长水平，学校工会组织开展了暑期教师"五好"活动，抚一卷书香、拍一张好景、练一手好字、做一次美食、写一手好文，丰富了老师们的暑假生活。

---

① 李伟胜."班主任制"的多种探索_深层因素与发展趋势［J］.中小学管理，2012（10）：7.

② 鱼霞．在中小学实施弹性工作制：更积极还是更懒散［J］.人民教育，2022（19）：8－9.

③ 北京市西城区教育委员会．整体设计 五育并举 护航学生健康快乐成长——北京市西城区关于"升级版课后服务的思考与实践［J］.人民教育，2021（12）：13.

四、项目取向的岗位轮换制度

岗位轮换是指有计划让教师轮换担任不同岗位工作的一种做法。岗位轮换有利于尊重差异，定向发力，精简效能，科学规范，评聘结合；在导向上，重师德，重能力，重业绩，重贡献，激管并重，奖优罚劣，最终要真正实现能上能下、能进能出。

（一）安排科学合理的轮换岗期限

学校根据每一个岗位的具体要求和特点，在方便教师日常工作的前提下安排轮换岗。因教师的工作是以年度为核算时间的，轮换的时候最好在每学期期初，时间为一年或两年轮换一次，科学合理地制订轮岗的期限。随着轮岗教师在流入校工作的逐步推进，多数教师发现新学校能为其提供学习机会，对其专业发展有一定的促进作用。

（二）充分发挥个人优势调整岗位

在进行岗位轮换时，应当结合学校实际情况和教师个人学历背景、职称、能力、性格特点等方面情况，充分考虑能够发挥教师的个人优势，最大限度地尽其才，充分调动每个人的主观能动性。[1]

（三）加强对教师的培训工作

学校应加强对教师的培训工作，定期组织教师集中学习，努力提高教师的教育教学水平和专业技能。同时，学校也应加强与联盟校的紧密联系和交流沟通，到联盟校进行考察学习交流，了解其岗位的设置、人员的分工等诸多方面，借鉴好的经验和做法。

1. 为熟悉多种技能而开展的岗位流动培训

一位教师长期在一个岗位工作，会使其能力得不到充分发展。因此，应考虑有计划地对教师进行岗位流动培训。学校施行"区管校聘"，定期对教师的晋升条件进行适时调整和公示，探索出有利于教师人力资源开发路径，使学校教师人力资源的质量得到优化提升。[2]

---

[1] 张佳，叶菊艳，王健慧. 教师参与交流轮岗的意愿与行为——基于理性选择理论视角的混合研究 [J]. 教育研究，2023，44（06）：147-159.

[2] 许永令. 在高校实行会计岗位轮换制度的探究 [J]. 河北企业，2021（02）：89-90.

2．不同岗位之间的人员互换

教师的单向流动培训，可能使一些部门人力不足；而在两个部门之间，由于工作内容的交叉，可能需要获取相互的知识。这是进行不同岗位互换的原因。岗位互换的目的，是相互学习知识和技能。

3．以新项目为契机进行的岗位轮换

正处于向进化型学习组织迈进的学校，新的工作项目如雨后春笋般地出现。组建年级部是应对新工作而频繁采用的管理方式。面对新的工作任务，年级部之间相互不断进行探索，共享成员的知识、技能和经验。经过一段时间，相互都能够得到提高。①

第三节　进化型学校组织的管理行为创新

学校引入符合进化型青色原则的组织架构、系统、流程和做法，致力于打造进化型学校组织。在管理行为方面，取得了以下三个方面的创新成果：建立共同愿景的动力源、完善同伴互助的行动系统、实施全人管理策略。

一、打造共同愿景的动力源

青色理念认为组织具备生命力并拥有自身的方向感，教师应当致力于发现学校组织的宗旨和发展方向。

（一）发挥共同愿景的管理凝聚力

意识决定行动，共同价值观、目标、信念是成功的基石。学校发展关键之一是建立具有凝聚、激励、导向、规范等作用的教师共同愿景。愿景应适应学校理念、宗旨和文化，为成员提供共同目标和使命。

1．愿景的创设：基于学校的宗旨与理念

据研究表明，共同愿景可以分为三个层次：个人愿景、团队愿景和组织愿景。这些层次按照从微观到宏观的顺序进行嵌套发展，形成一个"成功"的共同愿景。为了建立更加稳固、得到广泛支持的共同愿景，必须自下而上地从基层到领导层进行建立。

---

① 随伟民，王玲．定期轮换馆员岗位 提高馆员综合能力［J］．黑龙江科技信息，2011（31）：121．

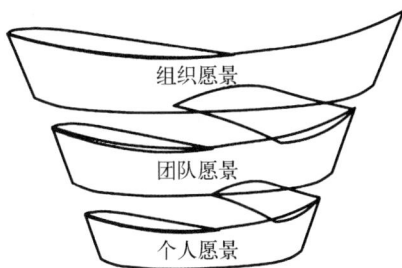

图 8 - 3 无锡市春城实验小学共同愿景层次图

根据马斯洛需要层次理论，学校只有先满足教师的生理与安全需要，教师才能自主履行应尽的责任和义务。学校在鼓励教师建立个人愿景前，通过专家讲座、职业规划、教育教学专业能力竞赛等方式帮助学校教师明晰自身定位，锚定发展方向，助力专业成长。

学校主要通过以下方式引导年级部建立团队愿景：根据耶克斯多德森定律可知，最佳水平为中等强度的动机，中等难度的任务最能激发人们的潜力。因此，团队愿景要忠于事实、切合实际，是在当前现状的基础上对未来的期许。建立团队愿景应取年级部内教师个人愿景的最大公约数，整合绝大多数人的愿景。年级组长邀请团队教师共同商讨，最大程度代表团队意向，尊重并包容个人愿景的差异性，发挥团队教师的优势特长，更好地构建队愿景。

2. 策略性实践：推广"共同愿景"

为了让教师能了解、认可以及全心全意地贯彻共同愿景，学校主要通过深入渗透学校文化来实现共同愿景的推广。弘扬"幸福童年教育"学校文化，重要的是培养共同语言、共同话语体系。学校主要从精神和物质层面抓起：在精神上通过开设有学校特色级本走班课程、读书会等活动；在物质上，通过发放印有学校标记的文化衫、文化袋，设计关于学校形象的吉祥物等形式，使教师真心接受共同愿景，并把共同愿景当作自己的目标。

3. 愿景的适应性与进化：实践参与式领导决策

学校采用参与式领导决策模型，大家共同决策，通过倾听学校社区核心成员的声音，增强凝聚力，提高成员们对管理政策的接受度。学校定期举行各类全民会议，包括全体教师大会、教代会、学代会以及家长委员代表会等，以便让成员都有机会表达自身的观点和建议，并在会议结束后及时进行反馈。举例来说，每逢组织春、秋季学生社会实践活动时，学校会邀请教师代表、学生代表、家委代表等多方共同参与决策，讨论并确定社会实践活动的主题、方案和具体操作流程等。各方均积极参与这些决策，旨在实现孩子们幸福童年的所想、所需和所求。

（二）共同愿景的认同、导向与达成是并行团队的一致管理目标

学校鼓励教师在日常的教育实践中，结合学校愿景，设计和实施各种创新的教育项目和活动。学校的办学理念为"相拥幸福童年　结伴自然成长"，这个愿景绝不仅仅是一句标语，更是学校所有教育实践的核心。它涉及学校的教学方法、课程设置、师生关系，以及学校与家长、社区的互动方式。

学校倡导基于共同愿景开发特色项目。面临挑战或机会时，不同团队成员组成临时项目团队共同讨论应对。学校开发的特色体育项目有着长远的目标和规划，并成功地将无锡市羽毛球队、网球市队校办项目落户学校，各年级部积极配合市队队员的选拔与日常训练工作。

（三）完善与愿景贡献相关的激励机制

根据 ERG 理论，个体的需求并不严格遵循需求层级的顺序，高层次需求的满足同样会影响低层次需求。教师是一个具有特殊性的职业群体，他们受过高等教育，是具有高尚情感和追求的人，因此对教师的激励应当因人而异。

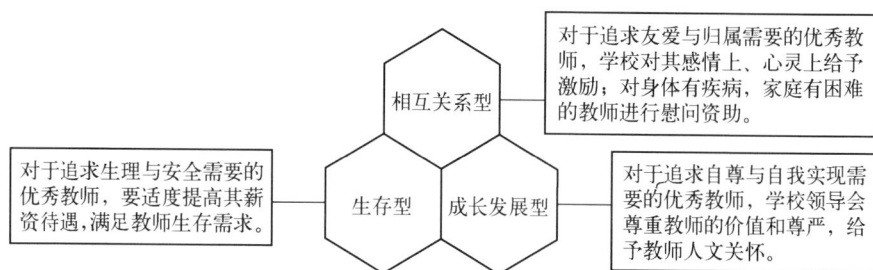

图 8 - 4　无锡市春城实验小学教师激励系统

1. 生存型教师激励方式

学校根据无锡当地物价水平，保证教师初始工资，依据教龄、职称、绩效、职务等不同程度提高绩效工资，提高教师总体收入。学校给予优秀教师发

放交通补贴、租房补贴、高温补贴、餐饮补贴、加班补贴、节日补贴等不同形式的补助。学校加大后勤保障服务，食堂菜品多样且健康，安保力度不断加强。这一系列举措，使教师能够在一个安全舒适的环境中教书育人，没有后顾之忧，全身心地为共同愿景奋斗。

2. 相互关系型教师激励方式

学校给予教师足够的安全感与归属感，使教师感受到学校是坚强的后盾。节假日时，学校会为教师准备"惊喜礼物"，比如红包、生活用品、购物券等，给予教师生活关怀。在激励过程中，学校保证公平公正对待每位教师。只有激励机制建立在公平的基础上，激励才有意义。学校领导高度赏识、信任教师，对教师充满期望，并且保证了与教师的沟通交流，尽可能解决教师的后顾之忧。当学校教师出现失误的时候，领导会以说服教育为主，鼓励教师继续努力。领导更会赞赏教师，因为赞赏是最智慧的激励方式。

3. 成长发展型教师激励方式

学校不断完善培训措施，固定培训周期，全部经费支出均由学校承担。在培训前，管理层实地调研教师，根据教师的切实需要组织培训内容。培训内容以理论和实践为主，从教育、教学两个层面入手。理论学习包括教育学、教学方法等，实践学习以真实教学案例演示和情景模拟教学为主。

除了传统的理论培训和实践培训外，学校支持优秀的教师进修提升，提高自身水平，并根据进修期间取得的不同成果奖励教师。在教师进修期间，会给予最大的支持，减轻教师经济负担与工作负担。鼓励教师实现自我，无疑也是贯彻共同愿景的体现。

此外，学校合理分配奖励比例，奖励覆盖面适度扩大。通过扩宽"优秀班主任""先进个人""先进党员"等比例的手段，让大多数教师看得到希望，从而追求荣誉的机会，提高对自己的要求，在一定程度上激发了教师的活力，有利于贯彻共同愿景。

二、完善自我管理的同伴互助行动系统

《重塑组织》一书中多次提到"自主管理""同侪教练"等理念，学校将其与级部并行团队管理模式以及现存教育制度中名师工作室制度相结合。基于德国 ESBZ 学校提出的"迷你学校"概念，将班级与班级形成迷你学校，备课组与备课组之间也形成迷你学校，甚至年级部与年级部之间也可以形成迷你学校，这些迷你学校就是一个个自主管理的团队，最终形成了特色化的同伴互助行动系统，旨在针对日常教学与各类繁杂问题迅速做出反应。

（一）提高学校各种正式团队的合作水平

学校强调团队文化与自我组织原则，推崇跨团队协同合作。学校引入数字化资源库，促进资源共享与深度协同学习。通过定期团队反馈及自评机制，学校确保团队方向与愿景保持一致，旨在优化团队合作效能。

1. 构筑自我组织和协作的团队文化

团队文化是推动团队合作水平提高的核心力量，健康的团队氛围对实现教育目标至关重要。

学校强调的是协作氛围，而非单纯的竞争模式，注重团队间如何协同工作、共同成长。例如多校联动的跨学科教研活动：以数学和美术备课团队为例，他们携手探讨如何将数学理论与几何图形的美相结合，为学生提供丰富的学习体验。这种协作方式体现了学校注重跨学科教研和团队合作的精神。

为进一步加强协作的团队文化，学校特别强调反馈机制。在项目或活动结束后，团队会集体反思，分享在合作中的经验和教训，进而优化工作模式和策略。

2. 推进同伴间的资源共享与协同学习

真正的资源共享不只是简单地节约成本或提高效率。更重要的是，它可以让团队成员感受到真正的互助与支持，从而加强团队的凝聚力。为了实现这一目标，学校采取一系列措施：建立了一个全面的数字化"钉钉"资源库，涵盖了从教学材料到学术论文的各种资源。这不仅方便了教师的教学，还为学校教师搭建了一个展示和交流的平台。

当然，推进这种深度的资源共享与协同学习绝非易事。学校需要面对的挑战有很多：如何确保资源的质量、如何激发团队成员的积极性、如何平衡协作学习的深度与广度等。但正因为有了这些挑战，学校才坚信，真正的团队合作是基于深度的资源共享与协同学习。

3. 利用团队反馈和自评持续提升合作效能

学校致力于打造一个开放、真实的团队沟通氛围，鼓励成员之间积极分享个人观察和感受，以增进相互之间的理解和信任。为确保团队能够从不同角度进行深入反思，学校定期组织团队反馈会议并邀请外部专家进行客观评估。

除了团队反馈，自评也是一种重要的优化工具。学校成员都被鼓励对自己的工作进行深入思考和自我评估，明确自己的长处和不足之处。这种自评机制不仅提升了个人的工作效能，还确保了团队的整体方向与学校的共同愿景保持一致。

（二）鼓励各种任务驱动型非正式团队的专业行动

学校领导层认识到，非正式团队在应对特定任务时，其内部成员的灵活组合和对特定问题的深度挖掘具有独特优势。这些团队往往围绕学校的特定项目或活动展开，虽然存在时间短暂，但其发挥的影响力不容忽视。

例如，在"小小银行家"职业劳动体验周的组织过程中，年级组内各中队的目标明确——确保学生和家长都能积极参与活动。因此从策划到预算，再到具体执行，每一步都需有明确的责任和职能划分。年级组内成员与家长团队进行了频繁沟通，使其了解学校共同愿景，从而达到活动目的。

为了确保非正式团队能够有效地贡献其专业和能力，学校特别强调团队的自我管理和同伴互助。学校一个自发组成的团队可能会负责特定的课题研究或活动方案。在这样的团队中，成员们明确职责，确保每一步行动与学校的愿景保持一致。当面对挑战或困难时，团队成员会自我调整，寻求同伴帮助，共同克服困难，确保活动顺利进行。

（三）开展形式多样的情境型问题小组协同解决行动

学校倡导情景模拟，团队在模拟环境中洞察问题，确保解决方案的针对性。同伴反馈作为策略调整的重要手段，为团队提供了实时和真实的调整建议。

1. 结合情景模拟与探究进行问题解决

学校始终坚持将学习者置于核心位置，特别重视团队协同解决问题的方式。在实际教育管理中，积极倡导备课组团队进行情景模拟。在每学期期初的教学研讨活动中，每一学科备课组均模拟真实教学环境，让团队成员深入体验和观察教师进行模拟课堂。以便能更清晰地洞察问题的实质，从而提出有针对性的建议和策略。

2. 同伴反馈：策略的持续完善

无论是团队决策还是日常实践，同伴的反馈都是一个宝贵资源，能够为团队提供真实、有效的信息，帮助团队发现并修正不足。当各团队面临挑战或在新策略的实施中遇到困惑时，常常不会选择孤军奋战，而是与团队成员分享心得、交流看法。比如，当老师尝试符合新课标理念的教学方法时，遇到困难，备课团队会及时聚集资源，汇集各方的见解，共同探讨，从而更精准地调整方案。

3. 强化跨领域协作，发挥小组的互助潜能

跨领域的协作是现代教育管理中不可或缺的一部分，特别是在追求综合性、开放性教育的学校环境中。学校引入了"跨学科项目设计"这一策略。在这种项目中，数学教师可能会与美术教师合作，共同设计一门以几何图形为主题的课程，让学生在学习数学的同时，也能体验艺术的魅力。或者，语文教师和劳动教师可能会携手，探讨课本中的传统玩具是如何制作与推广。

三、创新超越专业的全人管理策略

春城实小关注教师个人成长和情感需求，实现全人管理，包括职业发展、生活状态和情感健康等方面。学校尊重教师个性差异和个人选择，提供足够的发展机会，允许教师根据兴趣和特长选择适合自己的发展路径。每位教师都有机会提升专业技能、实现职业目标和发展个人兴趣。这种管理模式增强了教师对学校的归属感和付出意愿，提高了组织凝聚力、合作效率和创新能力。

（一）形成"以人为本"的组织管理文化

学校在管理学生和教师过程中，以人性化管理为本，通过"进化—青色"理念塑造组织文化，并制定相应的管理战略。在日常教学中，学校保证教师拥有足够的空间去处理日常事件，各职能部门在确保合理性的基础上，给予教师足够的支持，让班主任能够根据自己班级的实际情况采取最合适的管理方法。例如，学校积极打造"一队一品"特色少先队工程，班主任在制定本班特色时，既考虑班级整体性，又充分尊重学生的个体差异性，确保合情合理。在课余之际，学校为教师组织开展"微笑运动"，打造 12 个活动社群，如羽毛球社、徒步社、舞蹈社等，人人都能根据自己的需要参加，都有机会展现自己，抒发自己的情感，让老师们对学校有一种归属感。

（二）全面关照：平衡教师的专业成长与个人福祉

进化型学校组织的个人宗旨倡导教师要用责任和完整的自我，投入在教学工作中所扮演的多重角色，全人管理倡导在教师有一定自律能力且能够完成工作目标的基础上实现灵活性的工作时间。达到两者平衡，这对于教师的专业成长和个人福祉至关重要。

学校在同伴互助行动系统中实施了"青橙成长团"制度，通过这一制度，

资深教师指导新教师，给新教师分享自身的教学经验和策略。这不仅有助于新教师快速适应教学环境，还能增强他们的教学能力。学校还提供定制化的职业发展计划，帮助教师根据自己的需求和兴趣选择专业发展路径。此外，学校在注重教师专业成长的同时也不忽视教师的个人福祉。学校通过提供丰富的员工福利，如教师节校长寄语、赠书和灵活的工作时间等，来增强教师的个人福祉。平衡教师的专业成长和个人福祉是一项需要精细处理的任务。学校进一步强化"以人为本"的组织文化，提高教师的职业满意度和个人福祉水平。

（三）适应与进化：全人管理策略在应对教育变革中的作用

进化——青色组织的第三大突破，便是进化宗旨，其认为进化型组织是有生命并且具有自己的方向感，组织成员需要倾听并理解组织想成为什么以及想要服务于怎样的宗旨。[①] 学校建校虽短短 10 年，但正是处于一个不断变化的教育环境中，适应和进化是不可避免的。

全人管理策略在教育变革中通过提升教师和学生的能力，增强灵活性和适应性以应对外部环境变化，同时培养教师和学生的适应性思维来增强适应能力。学校主要通过提供教师参与个人职业发展、班主任工作、中层管理等培训，教师可以学习新的教学方法和技术，来适应学校中的不同岗位职责，以及适应教育领域的变化。学生通过参与职业体验的多元化课程，培养批判性思维和问题解决能力，为未来的职业生涯做好准备。

持续的自我反思和学习是作为进化型学校组织实施全人管理的核心。学校定期组织战略规划会议、教师反馈会议等，会议前基本以自我管理的级部为单位，收集在组织工作过程中发现的制度、管理方式等方面的问题，上报党总支、校长室，并及时召开会议，在充分倾听各团队成员建议后，做出相应的优化调整，以保证学校的可持续发展。

---

① 张彭跃. 进化型组织：用"全人"去工作——助读《重塑组织》［J］. 人力资源, 2019（03）：96 - 99.

参考文献

1. （美）艾伦·C.奥恩斯坦，（美）费朗西斯·P.汉金斯.课程：基础、原理和问题〔M〕.王爱松，译.南京：江苏教育出版社，2013.

2. 安妮塔·伍尔福克.教育心理学〔M〕伍新春，译.北京：机械工业出版社，202.

3. 北京市西城区教育委员会整体设计五育并举护航学生健康快乐成长——北京市西城区关于"升级版课后服务的思考与实践〔J〕.人民教育，2021（12）.

4. 曹敏华.挖掘生态资源担负教育使命〔J〕.小学科学（教师版），2019（07）.

5. 陈罡."协商管理"：实现学校治理的路径探索〔J〕.中小学管理，2015（05）.

6. 陈惠文.让师生、生生关系生动而温暖〔J〕.广东教育（综合版），2017（12）.

7. 陈琦，刘儒德.当代教育心理学〔M〕.北京：北京师范大学出版社，2007.

8. 成尚荣.儿童立场：教育从这儿出发〔J〕.人民教育，2007.

9. 成尚荣.核心素养的核心〔N〕.中国教育报，2017（01）.

10. 茨达齐尔.教育人类学原理〔M〕.李其龙，译.上海：上海教育出版社，2001.

11. F.麦克尔·康纳利，D.琼·克兰迪宁.教师成为课程研究者——经验叙事〔M〕.刘良华，邝红军，等译.杭州：浙江教育出版社，2004.

12. 冯璇坤，刘春雷.幼小衔接阶段教育的节奏与目的——复归"童年期幸福"〔J〕.教育学术月刊.2019（02）.

13. （比）弗雷德里克·莱卢.重塑组织〔M〕.进化组织研习社，译.北京：东方出版社.2017.

14. 符宏志.小学校园文化建设的思考与探索〔J〕.新丝路：下旬，2020（14）.

15. （英）怀特海.教育的目的〔M〕.徐汝舟，译.北京：生活·读书·新知三联书店，2002.

16. 教育部等十三部门关于健全学校家庭社会协同育人机制的意见［J］.中华人民共和国教育部公报 2023（03）.

17. 教育部.基础教育课程改革纲要（试行）［M］.2001.

18.（德）卡西尔.人论［M］.甘阳,译.上海:上海译文出版社,2013.

19.（捷克）夸美纽斯.大教学论［M］.傅任敢,译.北京:教育科学出版社,2015.

20. 黎亚军,张贵英,王耘.小学生人际交往的相互关系及其与自我概念的关系研究［C］,2009.

21. 李斌辉.童年幸福与学校教育［J］.教育发展研究,2009（08）.

22. 李丁.愉快教育的新时代价值——天府三小的愉快教育理论实践与创新［J］.四川教育.2022.05.

23. 李恩来.符号的世界［J］.安徽大学学报,2003（02）.

24. 李姗泽,卢瑶.论游戏精神对儿童生命的哺育［J］.教育与教学研究,2020（09）.

25. 李伟胜.“班主任制”的多种探索——深层因素与发展趋势［J］.中小学管理,2012（10）.

26. 李希贵.构建高质量基础教育育人模式的思考［J］.基础教育课程,2021（02）.

27. 刘西梓.小学校园文化建设浅析［J］.科学大众（科学教育）,2019（05）.

28.（法）卢梭.爱弥儿［M］.李平沤,译.北京:商务印书馆,2017.

29. 马克思.资本论［M］.郭大为,王亚南,译.北京.人民出版社,2018.

30.（英）麦克尔·康纳利,琼·克兰迪宁.教师成为课程研究者—经验叙事［M］.刘良华,邝红军等,译.杭州:浙江教育出版社,2004.

31.（意）蒙台梭利.童年的秘密［M］.江雪,译.天津:天津人民出版社,2003.

32. 钱科英,周玲妹.幸福童年:开启儿童发展的无限可能［J］.江苏教育,2019（50）.

33. 钱科英,左元金.“幸福童年”课程的内涵与建设路径［J］.江苏教育,2022,（18）.

34. 钱阳辉.乐在其中——儿童文化视野下的乐学教育［M］.南京:江苏凤凰教育出版社,2017.

35. 佘昕祎.职业启蒙:小学生品格提升的重要途径［J］.中小学班主任,2022（01）.

36.（苏）苏霍姆林斯基.怎样培养真正的人［M］.蔡汀,译.北京:教育科学出版社,1992.5.

37.（苏）苏霍姆林斯基.家长教育学［M］.蔡汀,译.北京:中国妇女出版社.2021.

38. 苏君阳.我国学校内部组织管理:科层化与扁平化的冲突和协调［J］.北京师范大学学报（社会科学版）,2010（01）.

39. 随伟民,王玲.定期轮换馆员岗位提高馆员综合能力［J］.黑龙江科技信息,2011

（31）.

40. 陶行知. 地方教育行政为一种专门事业 ［J］. 教育汇刊（南京），1921（1）.

41. 王守仁. 王阳明全集：中 ［M］. 吴光，钱明，董平，等编校. 上海：上海古籍出版社，2011.

42. 王文英. 如何帮助学生练就"数学的眼光" ［J］. 河北教育（教学版），2022（10）：16-18.

43. 魏文琦. 为孩子的终身幸福奠基——佛山市南海区罗村实验小学"幸福教育"特色办学探幽 ［J］. 广东教育（综合版），2018（06）.

44. 我们需要怎样的"教育家"型校长 ［N］. 教育导报，2019（01）.

45. 邬志辉，范国睿，李立国等. 教育高质量发展笔谈 ［J］. 清华大学教育研究，2022（2）.

46. 吴江宏. "一带一路手拉手，一班一国看世界"PBL晨会课程设计 ［J］. 华夏教师；2018（31）.

47. （德）席勒. 美学书简 ［M］. 徐恒醇，译. 北京：中国文联出版社，1984.

48. 许永令. 在高校实行会计岗位轮换制度的探究 ［J］. 河北企业，2021（02）.

49. 亚里士多德. 尼各马科伦理学 ［M］. 王旭凤，陈晓旭，译. 北京：中国社会科学出版社，1999.

50. 杨四耕. "学校整体课程规划的七个关键 ［M］. 上海：华东师范大学出版社，2021.

51. 叶澜等. 教育理论与教学实践 ［M］. 北京：高等教育出版社，2000.

52. 于伟. "率性教育"：建构与探索 ［J］. 教育研究，2017，38（05）.

53. 鱼霞. 在中小学实施弹性工作制：更积极还是更懒散 ［J］. 人民教育，2022（19）.

54. 元琴. 让儿童获得感受幸福的能力——幸福童年是幸福人生的基础——儿童幸福感和幸福观的调查研究 ［J］. 少年儿童研究，2018（11）.

55. 袁振中. 素质、素质教育与素养、核心素养 ［J］. 教育文化论坛，2016（09）.

56. 张华等. 课程流派研究 ［M］. 济南山东教育出版社. 2001.

57. 张佳，叶菊艳，王健慧. 教师参与交流轮岗的意愿与行为——基于理性选择理论视角的混合研究 ［J］. 教育研究，2023（06）.

58. 张建伟，陈琦. 从认知主义到建构主义 ［J］. 北京师范大学学报：社会科学版，1996（4）.

59. 张彭跃. 进化型组织：用"全人"去工作——助读《重塑组织》［J］. 人力资源，2019（03）.

60. 郑文樾. 乌申斯基教育文选 ［M］. 北京：人民教育出版社，1997.

61. 中共中央国务院关于全面深化新时代教师队伍建设改革的意见［N］. 人民日报，2018（001）.

62. 中华人民共和国教育部. 义务教育数学课程标准（2022 版）［M］. 北京：北京师范大学出版社，2022.

63. 中央教育科学研究所课题组，田慧生，吴霓，张宁娟，李晓强. 进城务工农民随迁子女教育状况调研报告［J］. 教育研究，2008（04）.

64. 朱永新. 新教育实验二十年：回顾、总结与展望［J］. 华东师范大学学报（教育科学版），2021（11）.

65. 朱云卿. 小学校园环境文化建设的实践研究［D］. 山东：鲁东大学，2015.

后　记

　　2013 年，无锡高新区和江溪街道创办春城实小，无锡师范（并入城市职业技术学院）和无锡师范附属小学热情伸出援助之手，扶持新校成长。我们在锡师附小"乐学教育"引领下，提出"幸福童年教育"。"让孩子拥有幸福的童年""让幸福童年成为人一生的精神家园"这是我踏上三尺讲台就有的初心。从教 30 多年来，我做过数学老师、班主任、教导主任、教研员、校长，在多重角色中交织前行。角色变换，我丝毫没有改过初心，我和我的同事们一直秉承并实践着。

　　春城实小成立于 2013 年，今年正好是建校 10 周年。作为这所年轻学校的首任校长，10 年以来，我倾注了所有的心血和智慧，围绕"幸福童年教育"的理念进行学校管理、文化营造、课程设计、教学实践等。在实践思考过程中，逐渐有了些浅显经验和自得做法，便萌生了结集成册、撰写成书的想法。

　　此书取名为《丰富成长叙事——小学"幸福童年教育"理论与实践》，是立足于 10 年来学校践行幸福童年理念的点滴印记，也是学校"十四五"省教育规划课题《指向生命完整教育的"幸福童年"课程深化研究》（D/2001/02/75）阶段性研究成果。我想，幸福童年是一个比较抽象的样态，"成长叙事"是这一理念的核心阐释。丰富童年的幸福经历，构成儿童的成长叙事，让他们的成长有痕有迹、有声有响，是写成这本专著最大的初衷和价值。我想，若干年后，这本专著仍会静静躺在我的案头，每当翻开它，书中泛起的那一张张孩童笑脸仍然会激荡着我的内心。

　　从 2022 年 12 月萌生想法，到 2023 年 12 月完结成书，一路劳累、惊喜、满足、期待，个中滋味回味无穷。完成这部书稿，我心中充满了感激。我从萌生想法到完书成稿，受到了省市区各级专家的支持与帮助。他们的指导和支持让我能够在教育研究的道路上不断前行。同时，我也要感谢我亲爱的同事们，他们不辞辛苦将这些美妙的创意付诸教学实践，并在第一时间形成了实践成果，使这部书有了底层逻辑，帮助我在书中得以较为科学正确地实例阐述和论证。我觉得我应该记住这些一起为此书做出贡献的好伙伴们：王炎萍、周玲妹、陈洁、黄澄皎、左元金、王义东、曹玥、惠晓婷、周恬羽、佘昕祎、陶美、万燕娜、华嫣芸、王脉宇、陈露、高丹芳、马颗颗、袁祖未、陶娴磊、钱滨、陆帧、张谦、崔银姣、朱燕、宋小芹、刘李蕾、沈心仪、顾沂航、赵梓凯、倪恬欣。我还要感谢可爱的孩子们，他们既是全书的主角，也是我写书的根本出发点，他们在学校里生活学习的每一天，都焕发着各不相同的精彩际遇，他们的幸福是教育工作者最大的追求。

回顾整个写作过程，我深感教育工作的不易，但同时也体验到了其中的乐趣和满足。我希望通过这本书，能够激发更多教育工作者对教育的热情，并且鼓励他们以创新的方式去探索和改进育人方式。我期待着未来教育事业的发展，我相信，只要我们持续努力，就一定能够为孩子们创造一个更美好的学习环境，让她们在幸福中成长。

回望从教 30 年，正如打开一本书，篇幅不长但厚重丰富。30 年的人和事，汇作生动鲜活的光影，传诵如诗。所有的故事，用寻常铸就伟大，以热爱演绎传奇。

回望建校 10 年，看小树长大，百木成林。向下扎根，厚植大地；向上生长，向往长空。风正时济，自当破浪前行；任重道远，更需快马加鞭。

用心记录每一个故事，每一段成长，是对过往的尊重和纪念，对岁月的回眸和礼赞。让我们回顾培育与耕耘，体验温暖与感动。浩渺行无疆，扬帆但信风。面对千帆竞发的新起点，让我们用最浓的生命激情，去书写更加壮丽的教育人生！